Bruxelles – Paris
http://www.editionsjourdan.com

Les Éditions Jourdan sont sur Facebook. Venez dialoguer avec nos auteurs, visionner leurs vidéos et partager vos impressions de lecture.

ISBN : 978-2-87466-267-6 - EAN : 9782874662676

Dépôt légal : D/2013/9685/27

Couverture : Abraham Lincoln, 16ème Président des États-Unis & Barack Obama, 44éme Président des États-Unis.

LES
MYTHIQUES

LA SAGA DES PRÉSIDENTS US.

FRÉDÉRIC
LECOMTE-DIEU

« Ceux qui espèrent dans le Seigneur retrempent leur énergie : ils prennent de l'envergure comme des aigles, ils s'élancent et ne se fatiguent pas, ils avancent et ne faiblissent pas ! »

Is 40, 31.

A ma femme Nancy

A Chloé, Bryan et William
que leurs vies soient un exemple

∞

A Pierre Salinger en souvenir de notre amitié,

A Eshan Naraghi en mémoire de notre amitié et de ses efforts pour l'exposition KENNEDY THE AMERICAN DREAM présentée au siège de l'UNESCO en juin 1998. Qu'il repose en paix.

A la mémoire du commandant Ahmed Chah Massoud mort pour la liberté de son pays

A l'Amérique ce pays si cher à mon cœur

∞

« La vie des grands hommes doit nous rappeler que nous pouvons faire de nos vies des choses sublimes. Et, lors du départ, laisser derrière nous, nos empreintes dans les sables du temps »

Henry Longfellow (1807-1882)

« Ce n'est pas l'adversaire qui compte ; ni celui qui signale que l'homme fort trébuche ou comment l'homme d'action aurait pu mieux agir. Le mérite appartient à l'homme qui se bat dans l'arène, le visage maculé de poussière, de sueur et de sang. Il persévère, s'égare, manque à nouveau son but car il n'y a pas d'effort qui ne s'accompagne d'erreurs et d'échecs. Oui, le mérite appartient à celui qui lutte pour agir, éprouve de grands enthousiasmes, se dévoue, se dépense pour une juste cause. Dans le meilleur des cas, il rencontre le triomphe de la réussite. Dans la pire des hypothèses, s'il échoue, ce sera pour avoir beaucoup osé. Si bien que sa place ne sera jamais parmi les âmes frileuses et timides qui ne connaissent ni la victoire ni la défaite. »

Theodore Roosevelt

« Il y en a au Congrès qui gagnent leur paie en se contentant d'écouter, jour après jour. Mais, eu égard à la longueur des discours, je pense qu'ils méritent largement leurs huit dollars quotidiens. Il est si difficile d'y rester éveillé ! ».

Davy Crockett

I

GEORGE WASHINGTON

LE PERE DE l'AMERIQUE

MANDAT PRÉSIDENTIEL : 1789-1797
VICE-PRÉSIDENT : JOHN ADAMS
RELIGION : ÉPISCOPALIEN
PARTI POLITIQUE : FÉDÉRALISTE

> *« Les Etats-Unis sont et doivent être en droit, des Etats libres et indépendants ».*
> Richard Henry Lee

Le mardi 22 février 1732, George Washington voit le jour à Pope's Creek en Virginie. Il est l'ainé du second mariage qui a uni Augustine Washington à Mary Ball.

Depuis 1674, les Washington, dont les origines touchent les côtes rocheuses de l'île de Ré, symbolisent la réussite sociale de la Virginie. Leur éducation exemplaire est le reflet des gentlemen de cette époque. Si le courage anime cette illustre famille virginienne, elle n'est pas en reste quant aux prières laissées entre les mains du Tout Puissant. Dieu est au cœur de leurs joies et de leurs drames.

Augustine Washington multiplie leur fortune en exploitant avec succès le tabac, le coton et le manioc. La Virginie elle-même est en pleine expansion avec l'arrivée massive des esclaves. En 1738, Augustine Washington s'installe avec sa seconde épouse, Mary et leurs cinq enfants, dans une superbe propriété baptisée Ferry Farm. La vie y est paisible jusqu'à ce qu'un incendie ravage leur propriété, provoquant la mort de deux de leurs enfants.

Le 23 avril 1743, à 49 ans, Augustine Washington, usé par le malheur, rend son dernier soupir. Il laisse, face à son destin, un fils de onze ans : George Washington.

Les funérailles qui ont lieu dans la petite ville de Fredericksburg resteront à jamais dans la mémoire de ce dernier comme l'un des pires jours de son existence. Toutes les personnalités que compte le comté de Stafford y sont présentes.

Plus de cinquante ans plus tard, George Washington deviendra le premier président des Etats-Unis d'Amérique. Avant cette consécration, son caractère va se bâtir à travers toute une série d'événements.

Son demi-frère, Lawrence Washington hérite de la responsabilité du domaine Little Hunting Creek qu'il rebaptise Mount Vernon en hommage à l'amiral Edward Vernon avec lequel il a servi pendant la dernière guerre.

Peu enclin aux études, George Washington ne dépasse guère le niveau élémentaire. Il quitte l'école à 15 ans. Lawrence lui enseigne l'essentiel qu'un jeune homme de bonne famille doit connaître. Fort heureusement, l'adolescent, surdoué en mathématiques, aime la lecture. Excellent cavalier, George Washington se passionne également pour l'art de la guerre.

A seize ans, en 1748, il est employé en tant qu'arpenteur chez un riche propriétaire virginien : Lord Thomas Fairfax. Avec son salaire et de l'argent de côté, il achète des terres à l'ouest de la Virginie. Malheureusement, George Washington tombe éperdument amoureux de Sally Fairfax (1730-1811) qui n'est autre que l'épouse de son meilleur ami. Cet amour impossible le force à quitter son domaine pour s'engager dans l'armée. L'Angleterre est alors en guerre avec la France.

George veut oublier Sally dans le vacarme des canons anglais et dans la peur des fantassins, compagnons de ses nuits froides. Il n'a que 21 ans. Mais il finit par lui écrire des lettres enflammées, oubliant l'horreur de cette longue guerre.

En 1751, il accompagne son frère tuberculeux pour une cure sans espoir à Berkeley Springs. En vain : Lawrence Washington décède à 34 ans. Quant à George, il est atteint par la variole. Son visage en sera irrémédiablement marqué.

Quelques mois plus tard, en juillet 1752, il achète les parts de sa belle-sœur en devenant l'unique propriétaire du domaine Mount Vernon. Il développe, à sa manière, l'exploitation qui s'étend sur plus de 270 hectares. Il officie également dans la plus importante distillerie de la Virginie. Le 4 novembre, il entre, en tant qu'initié, dans la loge maçonnique de Fredericksburg.

En novembre 1753, il se rapproche du lieutenant-gouverneur de la Virginie, Robert Dinwiddie (1693-1770) pour lui proposer de le servir. Il prend acte de sa première mission : apporter une missive demandant aux troupes canadiennes et françaises de quitter immédiatement la région de l'Ohio.

Sous de fortes chutes de neige, Washington parvient jusqu'au fort français le 11 décembre 1753. Accompagné de huit soldats, il demande à être entendu par Jacques Legardeur de Saint-Pierre (1701-1755). La conversation tourne court. Washington rentre de mission avec une lettre pour le gouverneur : la paix entre les Français et les Anglais est loin d'être signée…

Le 28 mai 1754, tôt dans la matinée, le colonel George Washington commande une milice composée d'une centaine d'Anglais et d'Iroquois. Il doit reprendre les lignes stratégiques de la haute vallée de l'Ohio occupées par des troupes canadiennes et françaises. Elles sont logées dans le fort Duquesne. Washington attaque le campement par surprise. A la fin des combats, on déplore la mort de l'officier en chef, Joseph Coulon de Villiers. Ce dernier a été tué d'un coup de tomahawk. Son cadavre et ceux de neuf de ses soldats sont laissés aux loups. Le roi Louis XV condamne sévèrement ce massacre. Des rumeurs évoquent un assassinat. La guerre entre la France et l'Angleterre est désormais inévitable.

Plus de 500 hommes commandés par le frère de Coulon de Villiers sont envoyés pour capturer, «*mort ou vif*», l'Américain ! Washington et ses hommes se rendent, sont faits prisonniers et enfermés au fort Necessity. Le 3 juillet 1754, devant un tribunal militaire français, il est condamné pour le meurtre de Coulon de Villiers. Il évite de justesse la pendaison en avouant être l'auteur de ce crime. Plus tard, il confiera qu'il ne comprenait rien au document français qu'il avait dû signer…s'engageant ainsi à être le seul responsable de la mort de cette haute personnalité.

Les Français reprennent le fort Duquesne. Les Indiens rejoignent l'armée française. Les scalps qu'ils exhibent terrifient les civils et les soldats anglais.

En février 1755, George Washington prête main forte au général Edward Braddock, 60 ans, venu remettre de l'ordre dans la haute vallée de l'Ohio. Le 9 juillet, lors de la bataille de Monongahela, Braddock est tué. Le cheval de Washington, touché, s'écroule sur son jeune cavalier. Plus de 900 soldats anglais sont tués par les Français et les Indiens. Les survivants, menés courageusement par Washington, rejoignent péniblement la ville de Philadelphie. Cette fois, Washington est traité en héros.

En Amérique du Nord, la guerre ne fait que débuter. La Virginie met sur pied sa propre armée qui passe sous le commandement de Washington. Malgré le manque de munitions et d'hommes, il doit défendre, coûte que coûte, les positions contre l'avancée des Français et des Indiens. Il demande une aide militaire qui ne viendra jamais. Aux yeux des officiers anglais, George Washington n'est qu'un colonialiste !

En 1758, il rejoint les troupes menées par le général John Forbes (1707-1759) pour reprendre le contrôle du fort Duquesne. C'est une immense victoire pour les Britanniques. Le fort s'appelle désormais Pittsburg en hommage au chef des armées, William Pitt. Les Anglais peuvent maintenant gagner la guerre. Ils maîtrisent également la mer. Le Québec tombe. L'empire français en Amérique aussi. Un traité est signé à Paris. La France perd quasiment toutes ses colonies y compris celles du Sénégal et des Indes.

Pendant la guerre, les actes courageux de Washington ont été décrits par la presse. Il est désormais incontournable au sein de la vie politique de la Virginie.

Le 6 janvier 1759, George Washington épouse Martha Dandridge

Curtis. Ils n'auront pas de descendants. Jeune héritière des plantations de tabac de son défunt mari, Martha a perdu deux de ses quatre enfants. Le mariage a lieu dans sa propriété qui porte le nom de « *La Maison Blanche* »...

La veille de son engagement à l'église, George Washington écrit une dernière fois à Sally Fairfax pour lui avouer que son amour pour elle sera éternel.

En avril, le couple emménage à Mount Vernon. Washington s'occupe brillamment de la production agricole. Il étend la richesse de l'exploitation en commercialisant des moulins de pêche au bord du Potomac. Profitant de leur situation financière, les Washington organisent de somptueuses réceptions.

En 1763, les colonies anglaises de l'Amérique comptent désormais plus d'un million d'habitants dont 200 000 personnes de couleur.

Dans la nuit du 16 décembre 1773, la « *Boston Tea party* » scelle à jamais la naissance de l'Amérique. S'opposant à la dure application fiscale des Britanniques et de la Compagnie des Indes, une centaine des « *fils de la Liberté* », déguisés en Indiens, jettent 342 caisses de thé du navire Dartmouth, de la Compagnie des Indes, dans les eaux de Boston.

Treize colonies marquent ainsi leur désapprobation vis-à-vis de l'empire britannique : elles ne payeront plus d'impôts aux Anglais ! Ce sont le New Hampshire, le Massachussetts, Rhode Island, le Connecticut, New York, la Pennsylvanie, la Virginie, la Caroline du Sud, la Georgie, le New Jersey, le Delaware, la Caroline du Nord et le Maryland. La nouvelle politique impériale de la Grande-Bretagne, depuis sa victoire contre les Français, vit ses derniers jours dans les eaux froides de Boston.

Le Congrès, représentant les treize colonies, cherche avant tout une issue non militaire. George Washington est nommé commandant en chef de l'armée des colons. Il y met de sa propre fortune pour entretenir ses soldats et ses officiers.

Une lettre est adressée au Roi George III : « *Dans leur inlassable zèle à nous imposer leurs lois, les ministres de Votre Majesté, ont suscité une hostilité patente. En forçant l'exécution de ces lois, ils nous ont forcés à nous défendre. Ils nous ont entraînés dans un conflit épouvantable qui est à l'encontre des sentiments de vos loyaux sujets dans la colonie…* »

Le Roi enrage en lisant cette « infâme traîtrise ». Il hurle : « *Les colonies doivent se soumettre ou triompher !* »

C'est le début d'une guerre sans merci entre les colons et la Couronne d'Angleterre. George III fait appel à des mercenaires afin de renforcer son armée pour briser au plus vite cette insurrection.

Le 19 avril 1775, la bataille de Lexington est épouvantable. Une boucherie. « *Le sang coule, partout, les morts, les mourants sur le sol, des cervelles ouvertes, une vision horrible* » écrit l'un des officiers au Roi. Ce dernier ne ressent aucune pitié pour ses ennemis, ils doivent être anéantis.

Le 10 mai 1775, la bataille de Bunker Hill est tout aussi terrible. Les Anglais perdent plus de 1 000 hommes dont un grand nombre de leurs officiers. Faute de balles, les colons utilisent d'autres projectiles : des clous ! C'est un massacre. Ils perdent Bunker Hill mais en laissant un goût amer aux troupes britanniques.

Ces victoires militaires britanniques ne parviennent pas à briser la détermination des colons anglais. On les surnomme désormais les « *patriotes* ». Au royaume de France, une jeune figure de l'aristocratie est persuadée du bien-fondé de leurs revendications : le marquis de La Fayette. Du jour où ce dernier entend parler de l'Amérique et du rêve de ces patriotes, il déclare à la Cour du Roi Louis XVI : « *J'ai décidé de verser mon sang pour Elle.* » Les services secrets du Roi pensent que ces Américains peuvent gagner cette guerre contre l'Angleterre. La France n'a pas oublié sa défaite face aux Anglais lors de la dernière guerre. Elle y voit une belle revanche.

Le 4 juillet 1776, autour des représentants des treize colonies, la Déclaration d'Indépendance, rédigée en grande partie par Thomas Jefferson, est proclamée officiellement : « *Nous considérons comme allant de soi les vérités suivantes : « tous les hommes sont nés égaux. Leur créateur les a dotés de certains droits inaliénables dont la vie, la liberté et la recherche du bonheur.* » Aux yeux des opprimés dans le monde, la ville de Boston, capitale de la Nouvelle-Angleterre, symbolise le berceau de la liberté. Le peintre John Trumbull immortalise la scène. On y découvre : John Adams, Roger Sherman, Livingston, Jefferson, Franklin et Charles Thomson.

De son côté, le Roi George III ordonne à ses généraux de déchirer ce bout de papier ridicule.

Des volontaires français rejoignent les patriotes. Ils sont commandés par le richissime marquis de La Fayette (1757-1834). Au printemps de 1777, pour rejoindre l'Amérique du Nord, La Fayette, 19 ans, achète avec ses propres fonds un navire, la Victoire. Le vaisseau est chargé de plus de six mille fusils. A peine débarqué, La Fayette rejoint aussitôt Philadelphie. Il est nommé général dans l'armée américaine grâce au soutien de Benjamin Franklin.

La Fayette retrouve George Washington dans une taverne de Philadelphie et le prie de lui apprendre le métier de militaire. La Fayette est affecté comme aide de camp à l'état-major de Washington. Tous les deux maçons, ils deviennent rapidement amis et «*frères*».

Au cours de la bataille de la rivière de Brandywine, La Fayette se bat au milieu de ses hommes mais reçoit une balle dans la jambe. Ses soldats admirent son courage.

Il est soigné chez Washington à Mount Vernon. Le général ordonne à son personnel : « *Traitez-le comme s'il était mon fils* ». Une fois guéri, La Fayette prend la tête d'une milice de dix-sept mille Virginiens. Il écrit régulièrement à son épouse, restée en France. Adrienne devient *l'ambassadrice* de ses actes courageux et de ceux des patriotes. La Cour est ainsi officieusement informée des avancées de cette guerre contre les Anglais. Un traité d'alliance est signé entre Louis XVI et Benjamin Franklin. La France a choisi son camp.

Fin 1778, La Fayette est envoyé par le Congrès à Paris. Il doit rencontrer Louis XVI. Le roi décide d'envoyer les forces françaises en Amérique du Nord. Plus de six mille hommes cherchent un commandant. On pense à La Fayette mais il est jugé trop jeune et cette armée est finalement confiée au Comte de Rochambeau. En février 1780, La Fayette rejoint Washington avant que les troupes françaises arrivent en Amérique. Il lui annonce ce succès diplomatique. Il doit préparer l'arrivée des Français qui se dirigent vers le sud.

En attendant, La Fayette, avec une milice, part à Yorktown pour affronter les sept mille hommes du général Cornwallis. Il y mène une magnifique guérilla. L'amiral français Comte de Grasse empêche la marine anglaise de reprendre les troupes de Cornwallis pour les débarquer ensuite à New York. Les troupes du Comte de Rochambeau arrivent de Boston sur Yorktown.

Du 26 septembre au 19 octobre 1781, la bataille de Yorktown verra une des plus impressionnantes victoires américaines et françaises. Lord Charles Cornwallis remet son sabre aux généraux.

Les troupes anglaises quittent l'Amérique par le port de New York. La guerre est finie mais a coûté deux mille millions de livres à la France… L'Amérique respire. En 1782, La Fayette rentre en héros au pays. Il devient un véritable objet de culte à la Cour. Il retrouve enfin son épouse Adrienne.

A Paris, la paix est officiellement signée le 3 septembre 1783. Le traité de Versailles confirme la création de la République Fédérée des Etats-Unis d'Amérique où vivent désormais plus de 4 millions d'Américains dont 500 000 esclaves noirs. Le 25 novembre 1783, le dernier navire anglais quitte New York et rejoint l'Angleterre.

Le 2 décembre, George Washington abandonne ses fonctions militaires pour retrouver sa famille et ses plantations à Mount Vernon : « *Je suis un agriculteur avant tout* ». Toujours actif au Congrès, il confie au Marquis de La Fayette son intention « *de prendre, en douceur, des mesures qui aboliront l'esclavage dans cette jeune démocratie.* »

En 1787, la Constitution des Etats-Unis est rédigée. Elle précise le rôle de la présidence : « *Etre né citoyen américain, être âgé au moins de 35 ans, avoir été résident aux Etats-Unis pour une période minimale de 14 années et remplir un formulaire en trois exemplaires pour l'adresser ensuite à la Commission électorale.* » Le président sera élu au suffrage universel. Les électeurs voteront pour des grands électeurs qui formeront eux-mêmes le collège électoral. Celui-ci élira le président des Etats-Unis d'Amérique. Quant au perdant de ces élections, il sera nommé vice-président.

Le 30 avril 1789, George Washington, surnommé « *le père de l'Amérique* », remporte les premières élections présidentielles face à John Jay et à John Adams. Il est élu à l'unanimité des voix du collège électoral.

George Washington prête serment à New York, la capitale « *provisoire* » des Etats-Unis d'Amérique. Il est venu à cheval de Virginie. Du haut du Federal Hall à Wall Street, le premier président des Etats-Unis d'Amérique s'adresse aux Américains émus. Des milliers de pétales blancs sont lancés. La main sur le cœur, il annonce qu'il renonce au moindre salaire pour sa fonction de président et ajoute : « *La liberté est une plante qui croît vite une fois qu'elle a pris racine* ».

Son vice-président, John Adams, s'interroge quant au protocole à observer. Comment appeler le président ? *Sa Majesté ? Son Excellence ? Sa Seigneurie ?* Ces différentes marques de respect faisant ressurgir les fantômes de la Royauté britannique, John Adams conclut : « *Ce sera... Monsieur le Président.* »

Le premier gouvernement est composé de quatre illustres personnalités : Thomas Jefferson, secrétaire d'Etat, Alexander Hamilton aux finances, Henry Knox à la défense et Edmund Randolph à la justice. Jefferson et Hamilton se détestent. Le ministre des finances présente au Congrès un premier bilan : l'Amérique doit plus de douze millions de dollars à l'étranger et ses dettes s'élèvent à plus de vingt-deux millions de dollars.

Des nouvelles de la France et de son ami La Fayette surprennent George Washington : le peuple de Paris s'est emparé de la Bastille.

Le Roi Louis XVI est en danger. La Révolution française vient de commencer. Malgré tout, le couple royal ne considère pas à sa juste mesure l'ampleur dramatique de cet événement. Le 5 octobre 1789, des milliers de Parisiens marchent vers le palais. La garde nationale est commandée par le général La Fayette. Le 6 octobre, vers six heures du matin, les émeutiers s'engouffrent dans les couloirs de Versailles. Les gardes sont assassinés sauvagement. La Reine s'enfuit par une porte dérobée. La Fayette est endormi pendant l'émeute. Il se réveille au milieu des hurlements de la foule qui demande « *la mort de l'Autrichienne* ». Le couple royal est envoyé au palais des Tuileries. La Fayette est toujours en poste pour leur sécurité. Le 20 juin 1791, le couple royal s'enfuit sans prévenir La Fayette qui se sent trahi mais il est arrêté en route grâce à un aubergiste qui a reconnu le Roi. Les Jacobins sont persuadés que La Fayette était informé de cette fuite. Au Champ de Mars, le 17 juillet 1791, les jacobins exigent que le roi soit jugé. La Fayette et ses gardes tirent sur la foule. Ce geste est condamné par la révolution. Le marquis est envoyé au front lors de la guerre contre l'Autriche. Il revient un an plus tard, l'ambiance dans la capitale est épouvantable. On guillotine à tout va. Le roi est gravement menacé.

A l'assemblée nationale, en juin 1792, La Fayette prend la défense du couple royal. Son discours est des plus courageux. Il est déclaré traître à la Nation le 19 août 1792. Il s'enfuit et se fait arrêter par les Autrichiens. Il est envoyé en prison en Moravie où il restera cinq longues années. George Washington fait tout pour le libérer. Leur correspondance est importante. La Fayette lui envoie les clefs de la Bastille – ses clefs sont toujours à Mount Vernon. Le 21 janvier 1791, le roi Louis XVI est guillotiné.

En avril 1793, le président Washington déclare au Congrès que l'Amérique restera neutre à l'égard des événements de la révolution. La reine Marie-Antoinette est guillotinée le 16 octobre 1793.

Parmi ses grandes initiatives, George Washington lance la construction de la Capitale. Le président des Etats-Unis choisit le cœur de la Virginie. C'est un formidable coup de pouce pour cette région traversée par le Potomac. L'architecture des bâtiments publics est confiée à Pierre Charles L'Enfant (1754-1825).

Fils du peintre français Pierre L'Enfant, ce talentueux architecte a travaillé en tant qu'ingénieur aux côtés du marquis de La Fayette. Il a déjà à son actif le Federal Hall dans le quartier de Wall Street, à New York où Washington avait prêté serment. Le président avait apprécié le style « *Greek Revival* » de l'édifice. On lui prédit que la chose ne sera pas aisée en raison du caractère de cochon de l'Enfant. Malgré ces réticences, Washington lui donne son feu vert.

Pour ces travaux, l'architecte collabore avec le mathématicien noir Benjamin Banneker (1731-1806), fils d'esclave.

Comme prévu, le gouvernement et l'architecte ne s'entendent plus dès la présentation des premières ébauches. Les crises colériques de L'Enfant scellent son sort, il est remercié rapidement. Malgré les menaces, L'Enfant refuse de remettre ses plans au gouvernement. Benjamin Banneker, qui les a mémorisés, transmet ces précieuses informations au cabinet qui reprend le chantier.

Les honoraires de L'Enfant demeureront impayés. Disgracié, il meurt quelques années plus tard dans la misère. Il faudra attendra 1909 pour que le Congrès reconnaisse enfin son génie. Sa dépouille sera exposée dans la Rotonde du Capitole, puis, finalement, enterrée au cimetière militaire d'Arlington à Washington D.C., parmi les plus grandes personnalités du pays telles que le président John Fitzgerald Kennedy.

Les travaux du Palais présidentiel, au 1600 avenue de Pennsylvanie, débutent dans le froid, le 13 octobre 1792. George Washington y dépose officiellement la première pierre sous les applaudissements de son gouvernement et de ses concitoyens. Les ouvriers du chantier sont essentiellement des esclaves qui travailleront jour et nuit. Ils sont dirigés par l'architecte irlandais James Hoban (1762-1831). Bien plus réservé que L'Enfant, Hoban a remporté avec fierté le concours qui l'opposait à huit de ses confrères. Il a alors 30 ans.

Son cabinet à Philadelphie est à quelques pas de l'ébéniste français

Michel Bouvier (1792-1874), arrière-grand-père de Jacqueline Bouvier Kennedy.

George Washington insiste : « *La résidence doit être plus grande que le projet de départ validé par le Congrès* ». Le président désire, entre autres, un hall suffisamment grand pour pouvoir recevoir les personnalités du monde entier. James Hoban lui promet une résidence grandiose. Les plans annoncent une demeure avec une double entrée : un portique décoré du côté de Pennsylvania Avenue et une autre entrée, plus imposante, donnant sur la face sud. Autour de la propriété, plus de vingt-cinq hectares de prairies qui seront occupées par du bétail et des chevaux !

La réalisation de ce projet coûtera la somme de 230 371 dollars (soit près de 3 millions d'euros) et s'étalera sur huit longues années. Le couple présidentiel réside dans sa ferme à Mount Vernon, à la sortie de la ville en construction. Il ne profitera jamais de la résidence.

Parmi les œuvres qui seront installées dans le futur palais, le gouvernement évoque le portrait officiel du président. Washington donne son accord. Il sera réalisé par Gilbert Stuart (1755-1828). Cet artiste de 40 ans, au talent indéniable, revient d'un long séjour à Dublin. Il a enfin rouvert son atelier à Philadelphie. A son actif, plusieurs centaines de personnalités dont il dessine le portrait avec une exactitude impressionnante.

En attendant une reconnaissance nationale, le portraitiste est un homme avisé et prudent. Il n'ignore pas la dentition déplorable de son nouveau modèle. Le président porte des dentiers luxueux composés de dents humaines, d'ivoire de vache ou d'hippopotame ! Le Père de la Nation n'est pas réputé pour son sourire. De mémoire, au Congrès, personne ne l'a entendu rire. Stuart lui propose habilement de garder une pause « officielle ». Au final, il réalise six portraits de Washington dont un qui restera inachevé. Après avoir vu son travail, Martha Washington accepte volontiers de poser pour lui.

Gilbert Stuart deviendra le peintre officiel des présidents et des premières dames bien avant l'arrivée des photographes officiels à la

Maison Blanche, comme Cecil Stoughton (1920-2008). Il réalisera notamment des portraits de John Adams, Abigail Adams, John Quincy Adams, Thomas Jefferson, James Madison et James Monroe.

En attendant la fin du chantier, deux résidences présidentielles sont mises à la disposition du couple présidentiel. Elles se situent à New York et à Philadelphie. Martha Washington y organise les premières réceptions présidentielles. Le mot d'ordre est « *la simplicité* ».

Les six chevaux blancs, appartenant au président, reçoivent des soins extravagants chaque matin : leurs dents doivent être brossées !

Parmi les objectifs de sa présidence, Washington doit résoudre les dettes immenses du pays dues aux dépenses militaires : « *Se préparer à la guerre est le meilleur moyen de préserver la paix* ».

Il donne aussi son aval à la mise en place du premier réseau routier et fluvial du pays.

Son premier mandat terminé, Washington exprime le désir de retourner dans sa plantation de deux mille hectares. Il aime sa terre, ses livres et le calme de Mount Vernon mais les citoyens américains ne veulent pas le « *laisser partir* ». Ils le supplient de rester au pouvoir. Washington essaye de convaincre du contraire James Madison mais rien n'y fait. En 1792, il est réélu à l'unanimité au collège électoral. C'est en traînant les pieds qu'il entame son second mandat présidentiel. Le 4 mars 1793, son nouveau discours d'investiture est le plus court de l'histoire de la présidence américaine : il contient 135 mots.

Quelques semaines plus tard, la France déclare la guerre à l'Angleterre. Washington leur annonce la neutralité des Etats-Unis dans ce conflit. Pourtant, deux de ses ministres ne sont pas convaincus de cette position : Thomas Jefferson est pro-français et Alexander Hamilton est pro-anglais. Les deux hommes ne s'appréciaient guère, cette fois ils ne s'adressent quasiment plus la parole. Sans perdre patience, Washington apprend à gérer leur conflit quotidien.

Le 29 août 1796, le président s'adresse à la nation Cherokee en leur offrant de nouveau le soutien de son gouvernement : « *De nombreuses années se sont écoulées depuis que l'homme blanc est arrivé sur vos terres. Dans ce laps de temps, certains de ces hommes ont voulu examiner la condition des Indiens pour qu'elle puisse être améliorée. Mais à ce jour toutes ces tentatives n'ont pas abouti. J'ai beaucoup pensé à ce sujet avec anxiété. J'ai examiné la façon dont cela pourrait se faire pour que l'homme blanc et les tribus indiennes puissent profiter ensemble des terres de ce pays et jouir ensemble de leurs abondantes richesses. Je sais, après informations reçues, que vous, peuple Cherokee, vous êtes prêts à suivre aussi ce chemin... que le Grand Esprit vous préserve.* »

La Fayette est finalement relâchée de sa prison en 1796 grâce au jeune Napoléon Bonaparte.

Le 7 décembre 1796, Washington fait sa dernière apparition publique en tant que président des Etats-Unis pour un dernier discours au Congrès. Il y exprime avec ferveur son désir le plus élevé de préserver la paix avec la France et recommande la création d'une loi nationale pour protéger le commerce américain. Avant de quitter la scène, il félicite le peuple américain et le Congrès pour leur ténacité et leur courage qui auront permis la réussite «*d'une nouvelle Nation*». Il termine son discours par : « *Vive l'Amérique!* ». Les applaudissements couvrent son émotion. Ce vacarme lui rappelle celui de son premier discours. L'Amérique avait mis ses espoirs dans sa clairvoyance et son honnêteté.

En janvier 1797, le président Washington renonce à un troisième mandat présidentiel. Il quitte hâtivement ses fonctions sans avoir résidé une seule fois dans le palais présidentiel.

Pendant sa retraite, les visiteurs de haut rang défilent à Mount Vernon. L'ex-président se consacre à la lecture, au billard, aux courses de chevaux et à l'exploitation de son domaine de 40 000 hectares!

En 1799, il est victime d'infections respiratoires et ses médecins lui conseillent des saignées. Il meurt le 14 décembre 1799 dans sa propriété, assisté de Martha. Dans son testament, il exige que ses 140 esclaves soient libres après la mort de son épouse. Il est enterré dans la chapelle de Mount Vernon.

Avant de mourir, le 22 février 1802, de fortes fièvres, Martha Washington brûle leur correspondance intime. Elle est enterrée à ses côtés. Le couple n'ayant jamais eu d'enfants, la propriété devient un sanctuaire pour les Américains. Il est, aujourd'hui, l'une des demeures les plus visitées aux Etats-Unis.

Durant l'été 1824, sous la présidence de James Monroe, le marquis de La Fayette est officiellement attendu en Amérique. Il fait partie des grandes figures de l'Indépendance américaine. Les écoliers ont entendu parler de lui dans les livres d'histoire. C'est une légende vivante qui arrive à Washington D.C. Il a 67 ans. Il visite le pays entier durant près d'un an. Il est invité chez son vieil ami et ancien président, Thomas Jefferson, à Monticello où plus de 100 personnes l'accueillent Les deux hommes s'embrassent en se retrouvant. A New York, La Fayette est invité à un diner officiel où sont réunis les derniers survivants de l'indépendance. La réception a lieu autour des membres de la société des *Cincinnati*, fondée en 1783, qui se veulent les gardiens de la mémoire de ces événements.

Le Marquis de La Fayette se rend ensuite à Mount Vernon pour se recueillir sur la tombe de son père spirituel : George Washington. Il s'agenouille, en compagnie de son fils, militaire qui porte le nom de George Washington La Fayette (1779-1849).

Revenu en France, La Fayette se bat pour plusieurs causes dont l'abolition de l'esclavage. C'est un grand sage que l'on vient consulter en ces temps de crise.

A 76 ans, le 20 mai 1834, La Fayette meurt de la grippe. A l'un de ses doigts, il porte une bague en or dans laquelle est insérée une mèche de cheveux de George Washington et sur laquelle est gravée l'inscription : « *Mount Vernon* ». Le peuple américain lui rend hommage comme le pionnier des Droits de l'Homme.

Durant la première guerre mondiale, en 1916, une escadrille de 42 pilotes américains volontaires dont le premier pilote noir, surnommé le cygne noir, s'engagent contre l'Allemagne. Elle est nommée *l'escadrille La Fayette*. En 1917, le major général américain John

Pershing (1860-1948) arrive à Paris avec un corps d'expéditionnaires. Il tient à se rendre au cimetière de Picpus, sur la tombe du marquis de La Fayette. Devant celle-ci, il déclare ému : « *La Fayette, nous voilà* ».

Le 8 août 2002, le marquis de La Fayette reçoit, à titre posthume, la citoyenneté d'honneur des Etats-Unis. Plus de trente villes américaines portent également son nom. Sans compter les universités. A quelques pas de la Maison Blanche, entre la 15e et la 17e rue, une statue est érigée, qui lui est consacrée. En 1962, ce monument sera sauvé de la démolition par Jacqueline Bouvier Kennedy.

*
**

II

JOHN ADAMS

L'ATLAS DE L'INDEPENDANCE

MANDAT PRÉSIDENTIEL : 1797-1801
VICE-PRÉSIDENT : THOMAS JEFFERSON
PARTI POLITIQUE : FÉDÉRALISTE
RELIGION : UNITARIEN

« Personne ne pourra me dire que j'étais un politicien car je ne l'ai jamais été ! »

John Adams

« Les hommes et les nations se forgent dans l'adversité. »

John Adams

John Adams naît le 30 octobre 1735 dans le Massachussetts. Il fait des études de droit à Boston et est nommé au barreau, en 1758, reprenant ainsi la succession de son père.

Le 25 octobre 1764, John Adams épouse Abigail Smith, 20 ans. Ils auront cinq enfants : Abigail (1765-1813), John Quincy (1767-1848) qui deviendra président des Etats-Unis en 1825, Susanna (1768-1770), Charles (1770-1800) et Thomas (1772-1832). Héritière des grandes traditions de la Nouvelle-Angleterre, Abigail se passionne pour la lecture et ce depuis qu'elle a eu le droit, étant enfant, d'emprunter des livres dans l'impressionnante bibliothèque de son père.

John Adams s'intéresse très vite à la politique. Il fera partie des avocats qui travaillent à élaborer la Constitution. En 1770, il est élu député du Massachussetts. Il entre au Congrès en 1775 et y défend, notamment, le projet d'avoir pour le pays une marine militaire forte. George Washington ne sollicitant pas un troisième mandat, son vice-président John Adams se présente aux élections présidentielles pour le parti fédéraliste. Il les remporte. Son adversaire Thomas Jefferson, candidat du parti démocrate-républicain, obtient la vice-présidence.

Notons, au passage que ce n'est qu'en 1951 que fut ratifié le 22e amendement qui officialisait la limite de deux mandats pour le président des Etats-Unis d'Amérique. Lors des débuts de la présidence cette restriction n'existait donc pas mais, traditionnellement, l'occupant de la Maison Blanche ne dépassait pas ses deux mandats. Seul Franklin D. Roosevelt sollicita trois mandats mais il mourut durant le dernier.

Le 4 mars 1797, devant le peuple américain, John Adams, « *l'atlas de l'Indépendance* », s'engage à poursuivre le travail de George Washington afin de préserver l'Union. Il fait l'éloge du patriotisme et célèbre les vertus de la Constitution : « *Mon esprit est préparé sans hésitation à me mettre sous les obligations les plus solennelles afin de soutenir la Constitution des Etats-Unis au maximum de ma puissance... le Patron de l'ordre, la Fontaine de la justice et le Protecteur de tous les âges du monde de la liberté vertueuse maintiendront leur bénédiction sur cette grande nation et sur son gouvernement.* »

La tâche présidentielle de John Adams est rude tant l'aura de son prédécesseur est encore présente dans le cœur des Américains. Il préserve les dispositions de George Washington dans le conflit opposant la France à l'Angleterre : l'Amérique restera neutre. Les Français s'irritent de cette nouvelle « *trahison* ».

En représailles, des corsaires, sous pavillon français, pillent avec acharnement les navires marchands américains. Le Congrès est outré... on réclame la guerre. Le 2e président des Etats-Unis renforce la flotte américaine pour les protéger et, le 11 juillet 1798, il inaugure le premier corps des Marines.

Le 19 décembre 1799, John Adams annonce officiellement la mort de George Washington survenue cinq jours plus tôt : « *C'est avec une douleur inexprimable que je dois vous annoncer la mort du grand et bon général Washington. Il est mort entre dix et onze heures le 14 décembre après une agonie de vingt heures. Il avait attrapé froid vendredi dernier et sa gorge était enflammée… Trois docteurs ont été appelés à son chevet, toute l'assistante médicale a été employée mais sans effet. La dernière scène du général est à l'image de sa vie : pas un gémissement. Avec une parfaite résignation, il nous a quittés* ». Lors des funérailles nationales, plus de 30 000 Américains marchent de la capitale jusqu'à Mount Vernon où sa dépouille mortelle sera déposée.

La « *quasi-guerre* » entre la France et l'Amérique se termine raisonnablement le 30 septembre 1800 lors de la signature du traité de Mortefontaine : « *Une amitié vraie et sincère sera respectée entre la République française et les Etats-Unis* ».

Le 1er novembre 1800, John Adams quitte Philadelphie pour s'installer dans la capitale fédérale des Etats- Unis. Huit mille cent quatorze Américains y résident déjà. John Adams entre pour la première fois dans le palais présidentiel. Le soir de son arrivée, il écrit à son épouse Abigail : « *Je prie le ciel de répandre ses bénédictions sur cette maison et sur toux ceux qui l'habiteront. Puisse-t-il faire que seuls des hommes honnêtes et sages règnent sous ce toit.* »

Malgré les huit longues années de chantier, la résidence n'est toujours pas achevée. Le bureau du président est au deuxième étage. Les commodités se trouvent dans les jardins. Deux domestiques sont affectés au bon service de la Maison. La Première Dame n'est pas ravie de ce cadeau empoisonné. Elle utilise la grande salle est pour le séchage du linge familial ! Organiser des réceptions de qualité dans cette demeure humide et lugubre la décourage. Son époux lui promet que les derniers travaux se termineront rapidement. Le couple se réfugie dans une des rares salles chauffées pour affronter l'hiver.

L'un des fils du président, Charles Adams, s'est mis à la boisson à la suite d'un scandale financier. Depuis, la relation avec ses parents est pénible. Diplômé d'Harvard, avocat brillant, marié à une jolie femme qui lui avait donné deux filles épatantes, Charles Adams fait malgré tout bonne figure au cours des diverses réceptions.

Le 30 novembre 1800, Charles Adams, 30 ans, meurt à Manhattan d'une cirrhose du foie. Sa mère est effondrée. Apprenant la nouvelle, le président murmure : « *Je ne lui pardonne toujours pas.* » Ses funérailles seront organisées en toute discrétion.

Décidément, 1800 est une bien fâcheuse année : John Adams perd les élections présidentielles pour un second mandat face à Thomas Jefferson. Il est totalement dépité, persuadé qu'il était de les remporter aisément malgré une division dans son propre parti. Furieux de cette défaite, il n'assiste pas à la prestation de serment de son successeur.

Dès la nuit tombée, il regagne sa ferme à Quincy dans le Massachusetts. La bâtisse, en bois blanc, recouverte de végétations, possède autant de pièces que le palais présidentiel à une différence près: elles sont toutes bien chauffées !

Pendant sa retraite, John Adams s'adonne surtout à la lecture. Sa bibliothèque ne compte pas moins de 10 000 livres. En 1812, il reçoit une lettre du président, Thomas Jefferson. Il lui répond aussitôt. Leur correspondance amicale durera quatorze années.

Le 28 octobre 1818, Abigail meurt de la fièvre typhoïde : « *Ne sois pas triste, je suis prête à partir ... John, ce ne sera pas aussi long que tu le crois.* » Le chagrin de l'ex-président est inconsolable : « *Elle a été plus qu'une épouse, elle était ma meilleure amie, ma meilleure conseillère, mon meilleur appui...* ».

Lors des obsèques, Thomas Jefferson est le premier à le soutenir.

Adams rejoint son épouse le 4 juillet 1826. Le peuple américain célèbre ce même jour le 50e anniversaire de la Déclaration d'Indépendance.

La correspondance entre Abigail et John Adams reste aujourd'hui un précieux trésor témoignant de cette période riche des Etats-Unis. Chaque année, des milliers de touristes venus du monde entier visitent leur maison, bien préservée, qui est encore à ce jour un véritable havre de paix.

⁂

III

THOMAS JEFFERSON

L'HOMME DU PEUPLE

MANDATS PRÉSIDENTIELS : 1801-1809
VICE-PRÉSIDENT : AARON BURR (1801-1805), GEORGE CLINTON (1805-1809)
PARTI POLITIQUE : DÉMOCRATE-RÉPUBLICAIN
RELIGION : DÉISTE

« Le style est l'homme même »
Buffon

« J'ai juré sur la Bibl e mon éternelle hostilité contre toute forme de tyrannie sur l'esprit de l'Homme. »
Thomas Jefferson

Thomas Jefferson, 58 ans, est un propriétaire fortuné qui possède plus de 5 000 hectares de plantations à Monticello en Virginie. Il est né le 13 avril 1743 à Shadwell, d'un père pionnier et agriculteur.

Depuis ses débuts en politique, Jefferson s'est toujours opposé à la politique envahissante des Britanniques. Son parcours semé de victoires est salué par George Washington. Ses fonctions de gouverneur de Virginie, ambassadeur des Etats-Unis en France, ministre des affaires étrangères durant la première présidence du pays, vice- président aux côtés de John Adams le conduisent légitiment vers le pouvoir suprême.

Le principal auteur de la Déclaration d'Indépendance des Etats-Unis prête serment le 4 mars 1801. Dans son discours inaugural, Jefferson souligne l'importance d'une unité entre fédéralistes et les républicains : « *Nous sommes tous des républicains et nous sommes tous des fédéralistes !* » Il énumère ses principaux objectifs pour ce nouveau gouvernement et insiste sur l'égalité des droits quels que soient la religion ou l'engagement politique du citoyen, sur la préservation de la Constitution et sur le contrôle civil de l'armée.

Pour une partie des Américains, sa présidence est une véritable révolution… la deuxième aux Etats-Unis.

C'est un veuf qui s'installe au manoir présidentiel. En 1782, son épouse, 34 ans, est décédée après un dramatique accouchement. Le couple avait déjà perdu trois de leurs quatre enfants : Jane (1774-1775), Lucy (1780-1781) et Lucy II (1782-1785).

Seule Martha, surnommée Patsy, 30 ans, survit à l'hécatombe. Aux côtés de son père, elle tiendra le rôle de Première Dame des Etats-Unis. Cultivée, mariée au 21e gouverneur de la Virginie, elle aura pas moins de douze enfants.

Grand, mince, des taches de rousseur sur le visage, des cheveux poivre et sel, Thomas Jefferson est un très bel homme. Il est aussi admiré pour sa culture : « *Je ne peux pas vivre sans mes livres* ». Sa bibliothèque personnelle est composée de 6000 ouvrages. Il inaugure d'ailleurs les premières bibliothèques publiques en faisant don d'une partie de son importante collection à la bibliothèque de Washington D.C. Pour montrer l'exemple !

Fin gourmet, il surveille minutieusement la cuisine des réceptions officielles. Fier de son chef français, il fait découvrir à ses invités la crème glacée, les gaufres et les macaronis dont il améliore la préparation…Il faut dire que, pendant son séjour à Paris en tant qu'ambassadeur des Etats-Unis, il a particulièrement apprécié la cuisine française. Il raffole du bœuf à la mode, du bœuf bourguignon, de galantines, de poulets rôtis, de chartreuses de légumes, de terrines diverses et du veau aux olives. A Paris, il a fait la connaissance du jeune marquis de La Fayette avec lequel il s'est lié d'amitié. Il a la curieuse habitude de recevoir ses invités en simples pantoufles ce qui amuse beaucoup le marquis.

Dès qu'il quitte le manoir présidentiel pour quelques jours, Thomas Jefferson rejoint sa propriété à Charlottesville en Virginie pour y jardiner. Il y cultive une multitude de fruitiers et plus de 300 espèces de légumes et de fleurs. Monticello est, pour cet initié, un lieu d'études. Car le domaine renferme un incroyable laboratoire botanique dont une grande partie est consacrée à la salade, son aliment préféré ! Il y soigne avec passion des courges d'Italie, des figues de France et des poivrons du Mexique. Ses recherches en la matière sont d'ailleurs publiées et font vite référence.

Passionné aussi par les sciences naturelles, Thomas Jefferson entretient une correspondance avec le naturaliste Georges Louis Leclerc de Buffon dont les encyclopédies l'ont émerveillé. Il encourage et finance les premiers explorateurs qui partent vers le grand Ouest. Ainsi, Meriwether Lewis et William Clark veulent traverser l'Amérique en remontant jusqu'au Pacifique. La presse est impressionnée par le courage des deux hommes. L'expédition durera 8 ans et coûte 2500 dollars à Thomas Jefferson. Une fortune à cette époque. A leur retour, les deux expéditeurs lui rapportent des brocolis, des haricots, des salsifis…et un ours qui sera installé dans les jardins du palais présidentiel. La résidence est aussitôt surnommée « *le jardin de l'ours président* ».

Sous sa présidence, la résidence compte, en personnel : quatorze servantes, une gouvernante et le maître d'hôtel, Etienne Lemaire, le Français ayant répondu à l'offre d'emploi écrite de la main même du président : « *Nous recherchons un maître d'hôtel honnête et compétent pour les desserts !* » Les deux hommes prennent l'habitude de s'écrire – les lettres sont conservées à la bibliothèque de San Marino en Californie – pour l'inventaire des achats en cuisine ou autres.

Parmi les difficultés liées à sa présidence, Thomas Jefferson doit gouverner aux côtés d'Aaron Burr, son vice-président. Adversaires depuis la dernière campagne présidentielle, ils se détestent cordialement.

Trois ans après l'élection, le 11 juillet, Aaron Burr provoque en duel l'ancien ministre des finances de George Washington, Alexander Hamilton. A l'aurore, sur une plaine du New Jersey, les deux hommes se font face au pistolet. Hamilton tombe, agonise et meurt le lendemain. Le vice- président des Etats-Unis est accusé de meurtre et doit s'enfuir immédiatement en Caroline du Sud.

Il revient quelques mois plus tard à Washington D.C. pour terminer son mandat de vice-président dans un climat épouvantable mais quitte définitivement la capitale pour Philadelphie où il fait une mauvaise rencontre : Jonathan Dayton. Ensemble, ils préparent un complot visant à créer un nouvel Etat ! Ils seront arrêtés avant d'entreprendre la moindre action et l'ancien vice-président des Etats-Unis est accusé de haute trahison. Bien qu'il ait été innocenté, sa carrière est finie et Aaron Burr disparaît à jamais de la scène publique.

Jefferson mène une autre bataille. Dans la capitale, une rumeur l'accuse d'une paternité illégitime. Il serait l'amant de Sally Hennings, une de ses esclaves noires. De cette liaison serait né un garçon nommé Tom. Un article est publié. L'auteur n'est autre que le sulfureux exilé écossais James T. Callender. Rédacteur en chef du journal fédéraliste, *The Richmond Recorder*, l'homme n'en est pas à sa première affaire. Ennemi juré d'Alexander Hamilton, il l'avait accusé d'entretenir une liaison extraconjugale avec une jeune femme, Maria Reynolds. Il mit un terme à la carrière politique d'Hamilton en prouvant que ce dernier avait détourné des sommes du trésor public. Hamilton avoua et quitta la capitale.

Cette fois, c'est le président lui-même qui est visé par ces calomnies. Dans son papier, le journaliste insiste sur des détails qui troublent l'opinion américaine. Tom, 12 ans, ressemble à s'y méprendre au président.

Les fédéralistes en profitent pour attaquer le gouvernement de Jefferson. Ils exigent, au Congrès, des explications. En homme avisé, Thomas Jefferson choisit de se taire et le scandale sombre peu à peu dans l'oubli. Quelques jours après la fête nationale, dans la nuit du 17 juillet 1803, Callender, ivre, se noie dans une rivière, en Virginie.

De retour aux affaires, Thomas Jefferson a fort à faire.

La population américaine est concentrée à 85% à l'est du pays. Jefferson prédit au Congrès : « *Si nous continuons de la sorte, il nous faudra mille ans pour peupler les Etats-Unis ! Nous devons agir vite !* ».

En 1803, persuadé que cette ouverture géographique permettra le commerce des fourrures et l'extension des territoires occupés par les Américains, Jefferson achète, à Napoléon Ier, la Louisiane, pour quinze millions de dollars.

Jefferson assiste aux derniers travaux du palais présidentiel. La résidence est composée du salon des diplomates, du salon des porcelaines, du salon vermeil, d'une impressionnante bibliothèque, de plusieurs cuisines. Au premier étage, d'autres salons portent le nom d'une couleur : bleu, vert, rouge... on y trouve aussi la salle à manger personnelle du président et de sa famille. Au deuxième étage : de nouveaux salons, des chambres et le bureau du président. Au troisième étage : salles de sports, chambres et une serre.

Le 4 juillet 1802, Thomas Jefferson inaugure, avec le soutien du Congrès, l'académie militaire de West Point qui deviendra la plus prestigieuse école militaire aux Etats-Unis. Elle est installée dans l'état de New York, au bord de l'Hudson River. De grandes figures en sortiront: le général Robert Lee, le général Ulysse S. Grant, le général Mac Arthur, le général Patton, Dwight Eisenhower, le colonel Buzz Aldrin,...

Il supprime les impôts impopulaires sur le whisky. Ses premiers succès confortent sa réélection. Il en profite pour faire passer une loi interdisant le commerce d'esclaves. Il reste neutre durant les conflits napoléoniens.

Le 4 mars 1805, après avoir été réélu, le président Thomas Jefferson demande au gouvernement de faire des efforts pour ne pas dépasser les budgets que le Congrès lui a alloués. Il s'adresse aussi à la Nation et rassure le peuple sur l'achat de la Louisiane : « *Elle garantira notre sécurité nationale.* » Il insiste également sur les relations amicales avec les tribus indiennes qui sont « *nécessaires pour notre Nation* ».

Le 6 décembre 1805, il intervient au Congrès pour promettre au peuple la protection des droits de chaque citoyen américain à l'étranger. Enfin, il rejette l'option de la guerre comme solution à un conflit commercial.

Le 4 mars 1809, Jefferson quitte définitivement l'avenue de Pennsylvanie. A cheval, il regagne Monticello pour le plus grand bonheur de Sally Hemings.

Les migraines qui emprisonnaient son esprit durant ses deux mandats disparaissent. Il retrouve ses livres, ses projets d'inventions et le calme de Monticello. Durant sa retraite, il travaille sur les plans de la future université de Charlottesville en Virginie, en dessine les principaux bâtiments et supervise leur construction. Il participe au recrutement des professeurs et sélectionne les ouvrages mis à la disposition des étudiants.

Le 4 juillet 1826, Thomas Jefferson meurt lors du 50e anniversaire de la Déclaration d'Indépendance quelques heures avant John Adams. Il demande à Sally : « *Sommes-nous le 4 juillet ?* » Quelques jours plus tard, Patsy Jefferson émancipe Sally Hemings et ses enfants.

John Fitzgerald Kennedy, 35e président des Etats-Unis, lui rendra plusieurs fois hommage. Dans son livre « *Le courage en politique* » qui recevra le Prix Pulitzer et au cours d'une soirée officielle réunissant les Prix Nobel à la Maison Blanche, il dira : « *Il n'y a jamais eu autant d'intelligence ici, excepté quand Thomas Jefferson dînait seul à la Maison Blanche !* ».

*
* *

IV

JAMES MADISON

LE PERE DE LA CONSTITUTION

MANDAT PRÉSIDENTIEL : 1809-1817
VICE-PRÉSIDENT : GEORGE CLINTON (IL MEURT DURANT SON MANDAT EN 1812) – ELBRIDGE GERRY (IL MEURT DURANT SON MANDAT EN 1814)
PARTI POLITIQUE : DÉMOCRATE-RÉPUBLICAIN
RELIGION : ÉPISCOPALIEN

James Madison est né le 16 mars 1751 en Virginie.

Le 15 septembre 1794, il épouse une jeune veuve, Dorothea « *Dolley* » Payne Todd. Ils ont 17 ans d'écart. Ils n'auront pas d'enfants. Il n'avait pas pu participer à la révolution en tant que soldat en raison de sa petite taille. Les yeux bleus, les cheveux blonds, rares, toujours vêtu de noir, James Madison impressionne surtout par son intelligence et sa culture. Il participe activement à la rédaction de la Constitution et de la loi sur la liberté religieuse.

A Washington D.C., le 4 mars 1809, il prête serment devant une foule très nombreuse. Durant son discours, il présente d'un ton grave ses inquiétudes pour la suite du conflit qui oppose toujours la France à l'Angleterre : « Cette situation pourrait causer des dommages aux échanges commerciaux entre ces deux nations et pourrait aussi remettre en cause la neutralité des Etats-Unis dans cette guerre.» Il insiste encore sur le fait que son gouvernement fera tout pour rester neutre vis-à-vis de ce conflit. Son parti, fort divisé sur le sujet, ne lui rend pas la tâche facile pour composer son gouvernement.

De santé fragile - il ne pèse que 45 kg - James Madison est régulièrement malade durant ses deux mandats présidentiels. Il est le premier président à porter des pantalons, ses prédécesseurs s'habillant de culottes courtes avec bas. Réservée, son épouse organise des réceptions somptueuses au palais présidentiel. Dolley

Madison surnomme la résidence « *le château du président* » La journaliste, Margaret Bayard, écrit : « *Elle a l'air d'une véritable reine.* »

Le 18 juin 1812, la tension entre les Etats-Unis et la Grande-Bretagne est à son apogée. Le 19 juin, le président des Etats-Unis s'adresse au Congrès pour déclarer officiellement la guerre à la Grande- Bretagne et à tous ses territoires pour avoir violé la neutralité des Etats-Unis « *sur la haute mer* ». Il ajoute que la Grande-Bretagne a renouvelé illégalement la guerre contre les Indiens des territoires du nord-ouest des Etats-Unis. Le Congrès adopte sa déclaration.

James Madison veut récupérer les territoires canadiens toujours occupés par les Anglais. Le Congrès approuve sa décision malgré la fragilité de l'armée américaine. Les Anglais remportent des batailles navales décisives grâce à l'importante de leurs frégates. Ils menacent à présent le sol de l'est des Etats-Unis.

Le 22 août 1814, 4 000 soldats britanniques menés par le général Robert Ross envahissent la capitale. Ils veulent venger la destruction de Toronto par les Américains, un an plus tôt. Les 20 000 résidents de Washington D.C. fuient dans une pagaille effroyable. Le 24 août, les Britanniques brûlent le palais présidentiel et la majeure partie des bâtiments publics dont le Capitole et la bibliothèque du Congrès. Dolley Madison sauve courageusement des flammes les textes de la Déclaration de l'Indépendance et le portrait officiel de George Washington. L'Amérique lui en sera éternellement reconnaissante. Du palais présidentiel, il ne reste que les murs extérieurs éventrés par l'incendie. Les objets pillés au palais finiront au fond de l'océan le 24 novembre 1814 après le naufrage du navire les ramenant vers l'Angleterre. Seule une boîte à bijoux sera restituée en 1939 au président Roosevelt par l'un des descendants des pillards anglais.

Dolley Madison prie son mari de quitter rapidement la capitale avec leurs esclaves. James Madison est persuadé que la milice pourra défendre Washington D.C. Il se trompe. C'est la débâcle.

Sur la mer, la flotte américaine remporte d'importantes victoires.

Le traité de paix est signé à Gand le 24 décembre 1814. En dépit de la signature – dont les nouvelles arrivent en retard en Amérique- une bataille sanglante, dans laquelle s'illustrera le général Andrew Jackson, a lieu le 8 janvier 1815 à la Nouvelle Orléans. Plus de 2 000 victimes sont à déplorer chez les Britanniques.

Le 14 février, James Madison annonce officiellement, à Washington D.C., la fin de la guerre. Les prisonniers sont renvoyés dans leur foyer, les esclaves retournent dans les plantations.

Première conséquence de la paix : les fédéralistes, qui s'étaient opposés à la guerre, sont éliminés de la vie politique américaine. Le parti disparaît.

En 1815, la reconstruction des bâtiments publics de Washington D.C. débute. On installe le chauffage central dans la résidence présidentielle. On repeint les murs de grès en blanc : la Maison Blanche est née !

En 1817, Madison quitte Washington D.C. Il se retire de la vie publique et en 1826, Il succède à Thomas Jefferson en tant que recteur de l'université de Charlottesville.

Il meurt le 28 juin 1836 après une forte éruption cutanée qui couvre tout son corps. Son majordome, Paul Jennings, confie à la presse : « *Pendant six mois, avant de mourir, il a été incapable de marcher...* ». Dolley Madison retourne à Washington D.C. où des amis l'aident financièrement jusqu'à sa mort le 12 juillet 1849, à l'âge de 81 ans.

Dolley Madison est encore aujourd'hui l'une des Premières Dames les plus appréciées aux Etats-Unis.

*
**

V

JAMES MONROE

LE DERNIER BICORNE

MANDAT PRÉSIDENTIEL : 1817-1825
VICE-PRÉSIDENT : DANIEL D. TOMPKINS.
PARTI POLITIQUE : DÉMOCRATE-RÉPUBLICAIN
RELIGION : ÉPISCOPALIEN

A 59 ans, James Monroe s'installe à la Maison Blanche. Comme ses prédécesseurs, James Monroe est né en Virginie le 28 avril 1758 de parents fermiers.

Le 16 février 1786, il épouse Elisabeth Kortright, 18 ans, jeune New-Yorkaise fortunée. C'est une grande histoire d'amour qui unit le couple. Ils auront trois enfants. La carrière militaire puis politique de Monroe les conduit à Washington D.C. où le président Thomas Jefferson rend hommage à son honnêteté et lui confie les négociations avec la France pour l'achat de la Louisiane.

James Monroe remporte facilement les élections présidentielles. Il n'a perdu que dans trois Etats : le Massachussetts, le Connecticut et le Delaware. Le 4 mars 1807, il prête serment devant un peuple déjà conquis par ses idées électorales. Il y a exposé les défis que la Nation avait déjà surmontés depuis la présidence de George Washington et les dangers à venir. Pour prouver au peuple sa volonté de sauvegarder l'Union, le président des Etats-Unis voyage ensuite dans le pays pour prêcher la bonne parole et rencontrer ses concitoyens. C'est une première !

Dès le début de sa présidence, il doit se méfier de la Russie. D'une part, elle souhaite s'octroyer l'Oregon. Et, d'autre part, avec ses deux alliés, l'Autriche et la Prusse, elle vise également les anciennes colonies espagnoles en Amérique Latine. James Monroe affirme la position de l'Amérique: « *Ceux-ci ont été avertis que les États-Unis considéraient que les nations latino-américaines sont libres et indépendantes, et qu'en conséquence, elles ne peuvent être sujettes d'une future colonisation par aucune puissance européenne.* »

Monroe et son ministre des affaires étrangères, John Quincy Adams – fils du président John Adams – travaillent à la rédaction d'une politique isolationniste qui restera propre à l'Amérique. Le 2 décembre 1823, la doctrine Monroe est ratifiée au Congrès : « *Le Continent américain se veut libre et indépendant. Il n'a pas la vocation à être colonisé par les puissances européennes* ». Le président annonce que les Etats-Unis ne se mêleront plus des conflits européens : « Dans les guerres entre les puissances européennes et dans les affaires de leur ressort, nous n'avons jamais pris parti... Notre politique vis-à-vis de l'Europe – qui fut adoptée au début des guerres qui l'ont agitée récemment – reste inchangée : ne pas interférer dans leurs affaires internes et considérer les gouvernements *de facto comme légitimes.* »

Parmi les grandes actions du gouvernement Monroe : le projet de loi établissant l'abolition de l'esclavage. En 1819, le Missouri, Etat esclavagiste, se propose de rejoindre l'Union. Le président refuse. Afin d'éviter un conflit politique et militaire, une solution est trouvée : le Missouri s'associe avec le Maine, Etat libre. En contrepartie, le Missouri jure d'interdire l'esclavagisme au nord et à l'ouest de son territoire.

Tenant compte de la récente guerre contre les Anglais, James Monroe forme une puissante armée de 10 000 hommes commandés, entre autres, par le général Andrew Jackson.

Elisabeth Monroe et sa fille, Eliza, revoient l'intérieur de la Maison Blanche. Il est temps de mettre un terme à son style colonial. C'est la tendance new-yorkaise qui est imposée. La presse conservatrice est choquée mais les invités du président complimentent les deux femmes.

Des tribus indiennes sont conviées à rencontrer le président. Une première dans l'histoire de Pennsylvanie avenue. Un incident survient lors de la venue d'une jeune et jolie Pawnee. Ses traits sont si parfaits que les invités du président ne peuvent s'empêcher de toucher son visage. James Monroe leur ordonne de cesser sur-le-champ.

En 1819, le révérend J. Morse est chargé de rencontrer les Indiens sur leurs terres au nord-ouest du pays afin d'évaluer leur capacité d'adaptation au monde civilisé. Trois ans plus tard, le missionnaire confie à Washington D.C. : « *Ces terres devraient être réservées aux Indiens. Ceux qui voudraient bien s'y installer recevraient une éducation. Ils deviendraient ensuite citoyens américains et finalement se verraient reconnaître les droits et les privilèges des autres Etats de l'Union.* » En 1825, Monroe s'adresse au Congrès pour défendre sa politique vis-à-vis des Indiens : « *Les tribus de l'Est peuvent être déportées à l'ouest du Mississipi. Elles seraient constituées sous la protection des Etats-Unis qui étendraient ainsi leur influence jusqu'au Pacifique !* » Pour la première fois dans l'histoire de la jeune démocratie, le président des Etats-Unis évoque un Etat indien reconnu…

Le 5 mars 1821, il délivre son deuxième discours d'investiture en remerciant les Américains de lui avoir donné cette nouvelle chance de diriger le pays. Il insiste fermement sur l'importance vitale de la neutralité des Etats-Unis vis-à-vis des conflits militaires européens. Il souligne les étapes essentielles dans le commerce et les échanges avec les puissances étrangères qui font la réussite de cette jeune nation.

Monroe quitte la Maison Blanche à la fin de son deuxième mandat présidentiel. Pour respecter la tradition depuis George Washington, son épouse brûle leur correspondance le jour de sa propre mort le 23 septembre 1830, peu avant de rendre son dernier soupir. Rongé par le chagrin, James Monroe meurt le 4 juillet 1831.

⁂

VI

JOHN QUINCY ADAMS

LE VIEIL ELOQUENT

MANDAT PRÉSIDENTIEL : 1825-1829
VICE-PRÉSIDENT : JOHN C. CALHOUN
PARTI POLITIQUE : DÉMOCRATE-RÉPUBLICAIN
RELIGION : UNITARIEN

John Quincy Adams naît le 11 juillet 1767 à Baintree, ville du Massachussetts. A onze ans, il voyage en France en compagnie de son père : John Adams, futur vice-président et président des Etats-Unis.

Diplômé d'Harvard, John Quincy Adams est envoyé à Londres en novembre 1795 par George Washington pour ratifier le traité de John Jay qui ouvrira les portes d'une coalition commerciale entre les deux pays. Il y rencontre Louisa Catherine Johnson, 19 ans, fille d'une mère anglaise et d'un père américain.

John Quincy Adams n'est pas beau mais son intelligence séduit la jeune Anglaise. Le 26 juillet 1797, ils se marient. Quatre enfants naissent de cette union : George Washington (1801-1829), John (1803-1834), Charles Francis (1807-1886) et Louisa Catherine (1811-1812).

L'année de son mariage, John Quincy Adams est nommé ambassadeur en Prusse. En raison des conditions climatiques difficiles, leur enfant, Louisa Catherine, meurt en bas âge en 1812. Les Adams retournent sur Washington D.C.

John Quincy Adams remporte les élections Sénatoriales de 1803. Il entre ensuite au gouvernement de James Monroe et occupe le poste de ministre des affaires étrangères.

En 1824, pour le parti démocrate-républicain, John Quincy Adams est candidat aux élections présidentielles. A 58 ans, il les remporte de justesse face au général Andrew Jackson. Son vice-président sera son ancien adversaire aux primaires : le pathétique John Caldwell Calhoun.

Anti-esclavagiste convaincu, John Quincy Adams prête serment le 4 mars 1825 devant une foule dubitative. Il pose la main gauche non pas sur une Bible – comme le veut la tradition – mais sur un texte de loi ! John Quincy Adams annonce que « *le gouvernement est tenu responsable du patrimoine culturel de son pays, de ses progrès scientifiques et généralement du niveau de vie de ses concitoyens* ».

Dès son arrivée à la Maison Blanche, le nouveau président des Etats-Unis améliore le réseau routier pour faciliter la vie de ses concitoyens. Il met également en chantier de nouveaux canaux qui favoriseront le commerce entre les différents Etats de l'Amérique. John Quincy Adams obtient astucieusement du Congrès des budgets supplémentaires pour soutenir les explorations scientifiques. Il propose la création du Centre national d'astronomie.

Le Congrès ratifie le traité commercial du rachat des terres appartenant aux tribus Creek par les Etats-Unis. John Quincy Adams le dénonce en prenant en compte la colère d'un des chefs Creek. Le projet est annulé et remplacé en 1826 par le traité Washington.

Ennemi de la franc-maçonnerie, John Quincy Adams est l'un des membres les plus éminents du parti républicain antimaçonnique. Il se fait beaucoup d'ennemis. Surtout lorsqu'il impose au Congrès de nouvelles mesures douanières qui irritent aussitôt les Etats du Sud.

De nature discrète, le président des Etats-Unis ne fait pas beaucoup parler de lui. Depuis le début de son mandat présidentiel, il refuse le moindre entretien avec la presse.

En 1826, la première journaliste américaine, Anne Royall (1769-1854), obtient pourtant une interview. Apprenant de sources sûres que, chaque matin, le président se baigne nu dans les eaux du Potomac, elle s'assied à côté de ses vêtements. Piégé, Adams lui accorde son interview en s'amusant de son toupet ! La publication de cet entretien est un immense succès.

Cette histoire amusante n'améliore pas pour autant les rapports de la presse avec la Maison Blanche. Un événement dramatique va ajouter du sel à ces tensions. John Adams, un des trois fils du couple présidentiel, est provoqué en duel par le journaliste politique, Russel Jarvis. Les deux hommes se sont vivement querellés à la Chambre des Représentants. John Quincy Adams, ayant interdit les duels, sauve in extremis son fils d'une mort certaine en demandant au Congrès de suivre cette affaire de près et d'assurer une protection à son fils. La presse d'opposition hurle au scandale et se moque du «*fils à papa*».

Le 2 décembre 1828, pour sa dernière apparition publique en tant que président, Adams s'adresse au Congrès afin d'envisager pour le prochain gouvernement un nouvel espace de commerce avec la Grande-Bretagne, l'Autriche-Hongrie et le Mexique, accompagné de traités d'échanges.

Mais c'est surtout le bilan de ses dépenses en matière de travaux publics qui lui sera reproché par ses adversaires lors de la campagne pour un second mandat présidentiel.

John Quincy Adams est battu sévèrement par Andrew Jackson. Il vit très mal cet échec. Un nouveau drame le blesse profondément: son second fils, George Washington Adams, alcoolique, se suicide. Adams se confie à ses amis: «*Pour quelles raisons devrais-je continuer à vivre?*»

Les leaders politiques du Massachussetts lui demandent néanmoins de se présenter à la Chambre des Représentants. Il accepte et, en novembre 1830, devient le premier président des Etats-Unis à servir au Congrès après un mandat présidentiel. En 1846, il s'oppose violemment à la guerre du Mexique.

Le 21 février 1848, au cours d'une de ses allocutions à la Chambre des Représentants, il s'évanouit. Il meurt le 23 février à 19H15. Sa femme, Louisa Catherine mourra en 1852.

★
★★

VII

ANDREW JACKSON

LE VIEUX NOYER

MANDAT PRÉSIDENTIEL : 1829-1837
VICE-PRÉSIDENT : JOHN C. CALHOUN (1829- IL DÉMISSIONNE POUR UN POSTE DE SÉNATEUR DE LA CAROLINE DU SUD EN 1832) – MARTIN VAN BUREN (1833-1837)
PARTI POLITIQUE : DÉMOCRATE
RELIGION : PRESBYTÉRIEN

« Je suis heureux de mon destin, je suis bien mieux dans ma situation présente que si j'avais été élu au Congrès pour la vie ! »

Davy Crockett - 9 janvier 1846

Andrew Jackson naît le 15 mars 1767 en Caroline du Nord. Il ne connaîtra pas son père, mort deux semaines avant sa naissance. Ses ancêtres sont des immigrés écossais et irlandais.

En 1781, fait prisonnier par l'armée anglaise, il refuse de se soumettre à la discipline des officiers. En punition, Andrew Jackson reçoit plusieurs coups d'épée au visage, à la main et sur le corps. Depuis ce jour, il garde une haine profonde envers les Anglais. Sa famille est entièrement décimée durant la guerre. C'est ainsi qu'à 14 ans, il se retrouve sans foyer et sans argent et survit en effectuant divers petits métiers. Il parvient ainsi à suivre des études de droit à Salisbury et, en 1788, à ouvrir un cabinet d'avocat à Nashville. Il loge dans une famille pour économiser le moindre dollar et dans cette pension, il rencontrera sa future épouse : Rachel Robards. Cette jolie femme est malheureuse dans son ménage. Elle divorce. Andrew Jackson l'épouse en août 1791. Quelques années plus tard, Jackson apprendra que le divorce n'a pas été réellement prononcé. Il est effondré. Le couple devra se remarier pour éviter le scandale.

En 1796, Andrew Jackson est élu à la Chambre des Représentants et un an plus tard au Sénat.

Au cours d'un duel en 1806, il est atteint d'une balle en pleine poitrine. Les chirurgiens refusent de l'extraire. Il la gardera toute sa vie.

Durant la guerre de 1812, Andrew Jackson dirige une armée contre les Anglais et les Indiens. Deux ans plus tard, au vu de ses brillants faits d'armes, il est nommé Major Général. Il écrase l'armée anglaise durant la bataille sanglante de la Nouvelle-Orléans. A son retour, il est acclamé tel un héros à New York, à Baltimore et dans les autres grandes villes du pays. Durant la visite officielle du marquis de La Fayette, compagnon de guerre de George Washington, Andrew Jackson l'invite à résider quelques jours chez lui.

Le parti démocrate lui propose de se lancer dans les élections présidentielles de 1824. Le général perd face à John Quincy Adams. Mais ce n'est que partie remise car après les scandales d'une présidence dépensière, il se représente et remporte la victoire en 1828.

Les résultats des élections présidentielles sont affligeants pour John Quincy Adams : Andrew Jackson, « *le vieux noyer* », gagne le scrutin avec 178 voix contre 83 pour Adams. Dans la capitale, le peuple hurle : « *Hourrah Jackson !* » A la Maison Blanche, John Quincy Adams reçoit son dernier visiteur officiel : il fait partie d'une tribu indienne. Son nom est Veste Rouge. Avant de se quitter, les deux hommes se regardent. Veste Rouge murmure au président sortant : « *Nous serons bientôt rappelés par le Grand Esprit car nous appartenons tous les deux au passé…* » John Quincy Adams sourit et le raccompagne jusqu'au porche principal.

La veille de son immense victoire, Andrew Jackson pleure sa bien-aimée : Rachel Donelson Jackson. A 61 ans, elle s'est éteinte suite à une crise cardiaque. Nous sommes le 22 décembre 1828. Le couple devait fêter Noël à Washington D.C. avec des amis. Le nouveau président des Etats-Unis est inconsolable. Rachel Jackson est enterrée dans les jardins de leur propriété du Tennessee. Andrew

Jackson l'a habillée avec la magnifique robe blanche qui avait été spécialement cousue pour l'investiture. Leur fils adoptif, Andrew Jackson Jr (1810-1865), assiste aux obsèques.

Cette campagne présidentielle contre le président des Etats-Unis sortant, John Quincy Adams, a été particulièrement dure. Les calomnies ont été d'une rare intensité. Les ennemis de Jackson ont évoqué, entre autres, le divorce «*manqué*» de son épouse. L'homme est épuisé physiquement et moralement et refuse de rendre visite – comme le veut la tradition – à John Quincy Adams. Les deux hommes ne se reverront plus.

Le 4 mars 1829, des milliers d'Américains acclament le 7e président des Etats-Unis lors de sa prestation de serment... à laquelle Adams n'assiste pas. La capitale est en effervescence. Les Américains sont venus de loin pour assister à cette investiture. A Washington D.C., on n'a jamais connu une telle ambiance électrique.

Dans son discours, face au soleil printanier, Andrew Jackson promet aux douze millions d'Américains de se débarrasser des Indiens! Il remercie le peuple de l'avoir élu pour cette «*tâche dure*». Il lui promet d'utiliser les fonds publics judicieusement et de mettre un terme à l'expansion de l'armée. Il lui promet que les scandales qui ont entaché le mandat de son prédécesseur n'auront pas lieu dans son gouvernement: «*J'éliminerai tous les systèmes de patronage qui existent dans ce pays!*»

A la fin du discours, le président Andrew Jackson embrasse la Bible avec beaucoup d'émotion. La foule hurle de joie.

Une réception plutôt mouvementée est donnée tant bien que mal à la Maison Blanche. On se rue sur le président, on casse la vaisselle, des tables sont renversées... des blessés sont à déplorer! Un désastre! Le président Andrew Jackson quitte précipitamment le dîner par une porte dérobée. L'addition de cette journée sera lourde pour les contribuables: un million de dollars.

Quelques jours plus tard, le 7e président des Etats-Unis fait planter un magnolia en souvenir de son épouse. Aujourd'hui, cet arbre est toujours présent dans les jardins de la Maison Blanche.

Dans son gouvernement, Van Buren surnommé le «*petit magicien*» est nommé au poste de secrétaire d'Etat. Le président Jackson a, à ses côtés, un «*cabinet cuisine*» composé de conseillers proches et efficaces : Amos Kennedy, directeur de publication dans le Kentucky, Andrew J. Donelson, son secrétaire personnel, le Major William B.Lewis, un officier, Martin Van Buren, son ministre des affaires étrangères, et John H.Eaton, son ministre de la défense (qui démissionnera de ses fonctions à la suite d'un scandale) et Duff Green, un éditeur.

Quant aux 672 hauts fonctionnaires nommés par son prédécesseur, Jackson n'en retient que 422 : « C'est l'alternance des partis dans les emplois qui perpétuera nos libertés ! »

Pendant sa présidence, Andrew Jackson s'oppose à la liberté des Etats de pouvoir refuser l'application d'une loi votée au Congrès. Les débats à la Chambre et à la Maison Blanche sont houleux. On ose évoquer « *la nullification* » : la possibilité aux Etats de se défaire d'une loi en la déclarant non constitutionnelle.

Le 13 avril 1830, au cours d'une réception célébrant l'anniversaire de Thomas Jefferson, le président annonce la couleur en portant un toast : «*Notre Union doit être préservée ! Je considère le pouvoir d'annuler une loi aux Etats-Unis, assumé par un Etat, comme incompatible avec l'existence de l'Union, donc contraire à la lettre de notre Constitution.*» Ses mots s'adressent surtout à son vice-président qui l'écoute attentivement. Le trait dur, John C. Calhoun est scruté par l'assemblée qui espère sa réaction. Car depuis quelques semaines, le vice-président des Etats-Unis a l'audace de tenir tête à Jackson. Il s'est rangé officiellement du côté des Etats *réactionnaires.* Au cours d'une entrevue avec la presse, il a même sous-entendu la possibilité de remplacer le président par deux consuls : un au Nord et un autre au Sud ! Andrew Jackson enrage.

La partie d'échecs entre les deux hommes débute par la Caroline du Sud qui refuse d'appliquer la loi sur les tarifs protectionnistes exigée par Jackson. La presse évoque la possibilité d'un président «*de la confédération du Sud !*» Calhoun est cité pour ce poste ! Jackson fait savoir que des navires militaires font route vers Charleston! Il déclare: « *Je considère le pouvoir d'annuler une loi fédérale comme incompatible avec les concepts de l'Union! Et évidemment contraire à notre chère Constitution!* » Le débat est clos.

Le 5 octobre 1830, Jackson annonce au Congrès l'accord signé entre les Etats-Unis et la Grande-Bretagne « *qui donnera aux navires de chaque pays l'accès aux ports de chacun sans devoir payer des droits élevés…* » Cette nouvelle est applaudie par les grandes entreprises américaines.

La popularité de Jackson, « *l'homme du peuple* » ne flanche pas et il est réélu pour un second mandat en 1832. Il pose son veto pour la création d'une banque centrale. Le 4 mars 1833, il s'adresse de nouveau à la Nation. C'est une brève allocution qui fait l'éloge des succès de son administration.

L'Amérique est en plein développement. Les territoires occupés s'étendent désormais jusque dans l'ouest du pays. En 1838, Jackson ordonne l'évacuation des tribus indiennes de l'Est vers une réserve éloignée de plusieurs milliers de kilomètres. Durant l'exode, plus de 10 000 Indiens meurent d'épuisement. Les lois portant sur les droits civiques sont mises de côté, les Noirs subissent la pire discrimination.

Durant sa présidence, l'eau courante est installée à la Maison Blanche avec l'installation d'un immense réservoir dans les jardins. Le portique Nord est construit. On ajoute une aile de chaque côté de la résidence. Les jardins sont enfin paysagés. Les animaux de ferme sont expulsés. On emménage un véritable potager. Les cuisines sont dirigées par un chef français!

Le 30 janvier 1835, Andrew Jackson échappe à une tentative d'assassinat devant le Capitole. Les armes du comploteur se sont enrayées. Le peuple remercie le divin pour l'avoir sauvé.

Le 23 février 1836, la Maison Blanche apprend le drame qui se déroule au Fort Alamo à San Antonio. 4 000 soldats mexicains menés par le général Santa Anna ont attaqué le fort défendu courageusement par seulement 187 hommes et femmes dont deux grandes figures américaines : Davy Crockett et James Bowie (le chanteur David Bowie prendra ce nom en son hommage). La bataille dure treize jours.

Les Mexicains les massacrent tous, excepté cinq hommes dont Davy Crockett. Sur ordre du général, ils seront cependant exécutés ignoblement le 6 mars. Ils seront vengés quelques semaines plus tard par le général Sam Houston. Santa Anna est fait prisonnier et accorde au Texas son indépendance.

Le président Andrew Jackson est heureux d'apprendre que son vieil ami, Sam Houston, est promu président de la république du Texas. Houston lui écrit : « *Le Texas aime les Etats-Unis comme une épouse parée pour la nuit nuptiale... mais il y a aussi d'autres amants en lice !* »

Jackson quitte la Maison Blanche le 4 mars 1837 mais prend encore la parole après son successeur pour un dernier discours d'adieu. Il y loue les progrès de l'économie américaine par le biais des forces du marché et déclare que, jamais auparavant, personne sur cette terre « *n'a profité d'autant de richesses, de libertés et de prospérité que sur le territoire des Etats-Unis !* » La foule applaudit à tout rompre à ces dernières paroles.

Avant de quitter Washington D.C., satisfait de son parcours politique, Jackson reconnaît la République du Texas qui a acquis son indépendance face au Mexique. Il rejoint sa plantation « *l'Hermitage* », près de Nashville dans le Tennessee. Beaucoup viennent lui rendre visite. La presse parle de la « *légende Jackson* ». On évoque ses exploits militaires contre les Indiens, la balle qu'il a conservée dans son corps à la suite d'un duel, en 1806, contre l'avocat Charles Dickson. Pendant ses années de retraite, il vit tel un demi-dieu. Il s'éteint le 8 juin 1845. En 1853, une statue le représentant est inaugurée dans les jardins de la capitale. Son portrait est imprimé sur les billets de vingt dollars.

⁂

VIII

MARTIN VAN BUREN

LE PETIT MAGICIEN

MANDAT PRÉSIDENTIEL : 1837-1841
VICE-PRÉSIDENT : RICHARD M. JOHNSON
PARTI POLITIQUE : DÉMOCRATE
RELIGION : RÉFORMÉ HOLLANDAIS

Martin Van Buren, fils d'aubergistes, naît le le 5 décembre 1782 à Kinderhook. En 1796, il est envoyé au cabinet d'avocat de Francis Silvester comme simple assistant. Mais en 1803, il ouvre son propre cabinet à New York avec un associé, James Van Allen. Cet autodidacte fait l'admiration de ses proches.

Le 21 février 1807, il épouse sa cousine Hannah Hoes. La jeune femme n'a que 24 ans. Ils ont trente ans d'écart. Le couple aura quatre garçons : Abraham, John, Martin et Smith. De santé fragile, Hannah meurt de tuberculose le 5 février 1819 et laisse un époux inconsolable.

La politique l'a toujours intéressé. C'est elle qui sauve Van Buren de la dépression. Il y a pris goût en écoutant les clients de l'auberge de ses parents. En 1812, le voilà élu comme sénateur de New York puis gouverneur de New York en 1828. En 1831, il obtient un poste de ministre des affaires étrangères sous la présidence d'Andrew Jackson avant d'accéder à la vice-présidence des Etats-Unis entre 1833 et 1836.

Le parti démocrate propose sa candidature aux futures élections présidentielles. Le 7 décembre 1836, en reprenant les idées majeures du président Andrew Jackson, il remporte la victoire face au parti des nationaux républicains, les Whig.

Le 4 mars 1837, durant sa prestation de serment, il annonce : « *l'Amérique est un exemple pour le reste du monde.* » Martin Van Buren promet de voter contre l'abolitionnisme qui vise la suppression de l'esclavage dans tout le pays.

Petit, la crinière blanche, peu bavard, soucieux de sa propre sécurité – il porte toujours deux pistolets sur lui – le président Van Buren est un travailleur acharné. « *Le Talleyrand américain* » est toujours vêtu élégamment et se parfume à l'huile de Corinthe. Il fait changer toute la vaisselle présidentielle : elle est dorénavant en or. Le chauffage central remplace le feu des dix-sept cheminées. L'Amérique se doit d'épater ses visiteurs officiels et de rassurer son peuple sur sa suprématie.

Martin Van Buren fait face pourtant à la première crise financière mondiale. Sa cote de popularité tombe aussitôt. Il hérite de la politique bancaire désastreuse de son prédécesseur : billets de banque sans caution, balance déficitaire, hypothèques sans gage, villes construites sans habitants, canaux coûteux sans véritable trafic...l'Amérique prend une gifle. Le marché financier s'effondre. Les banques et les dépôts sont harcelés par des centaines de milliers d'Américains qui réclament leur argent. La police intervient à New York pour éviter les émeutes. Les principaux établissements bancaires américains déposent le bilan. Les commerces des grandes villes sont obligés de créer une « *nouvelle monnaie* » : des bons d'achats.

A la Maison Blanche, le président Van Buren ne bronche pas. Il est persuadé que la crise se résoudra seule « *par le travail de l'homme* ». Le monde patronal, furieux de son laxisme, exige sa démission. L'opposition tente de démontrer que le président est le seul responsable de cette débâcle financière.

Malgré ce tintamarre, Martin Van Buren fait installer un splendide billard à la Maison Blanche pour sa détente personnelle. Ses successeurs l'imiteront dans diverses autres passions.

Avant les prochaines réélections présidentielles, le président Van Buren propose d'établir une banque centrale fédérale. Mais il est déjà trop tard, il n'est plus entendu. Le peuple veut oublier « *le petit magicien* ». Il perd les élections pour un second mandat face au libéral William Henry Harrison : 19 Etats sur 26 ont voté contre lui.

Il confie à sa famille : « *Les deux plus beaux jours de ma vie ont été : le jour où je suis entré ici à la Maison Blanche et le jour où je l'ai quittée !* »

Le 8 décembre 1840, il s'adresse pour la dernière fois au Congrès. Il présente l'inventaire de ses réalisations : non-augmentation des impôts et de la dette nationale. Avant de quitter l'estrade, il ne dit pas un mot sur la suppression possible ou non de l'esclavage pour l'avenir des Etats-Unis.

En 1844, il tente de se représenter pour une nouvelle candidature dans son parti. C'est un échec total. Sa carrière politique est bel et bien terminée. Il profite désormais de son temps libre pour beaucoup voyager en Europe et y faire l'acquisition, notamment, de costumes luxueux.

Lorsque la guerre de Sécession débute, il soutient le président Abraham Lincoln. Il ne connaîtra pas l'issue de ce conflit car il meurt le 24 juillet 1862 dans sa maison de Kinderhook dans l'Etat de New York.

⋆
⋆⋆

IX

WILLIAM HENRY HARRISON

LE VIEUX TIPPECANOE

MANDAT PRÉSIDENTIEL : 4 MARS 1841 - 4 AVRIL 1841
VICE-PRÉSIDENT : JOHN TYLER
PARTI POLITIQUE : LIBÉRAL (WHIG)
RELIGION : ÉPISCOPALIEN

William Henry Harrison est né le 9 février 1773 dans une famille qui comptera sept enfants. Ses parents sont de richissimes planteurs de la Virginie. Harrison entreprend des études de médecine, en 1789, mais, un an plus tard, il entre dans l'infanterie comme lieutenant. Il est chargé de la construction de deux forts entre 1793 et 1794. Sous les ordres du général Anthony Wayne, il se bat contre les troupes anglaises et plus de 1 000 Indiens lors de la bataille de Fallen Timbers en 1794 qui met un terme à la guerre indienne sur ce territoire. A la mort de sa mère, il hérite des terres en Virginie qu'il revend aussitôt pour poursuivre une carrière militaire.

Le 22 novembre 1795, William Henry Harrison épouse Anna Tuthill Symmes, 20 ans, fille d'un riche propriétaire terrien. Le couple aura dix enfants : Elisabeth (1796-1846), John Cleves (1798-1832), Lucy (1800-1826), William Henry (1802-1838), John Scott (1804-1878), Benjamin (1806-1842), Mary (1809-1842), Carter (1811-1839), Anna (1813-1845) et James (1814-1817). En 1797, Harrison quitte l'armée pour s'engager en politique.

Entre 1800 et 1812, il occupe le poste de gouverneur de l'Indiana.

Héros de la seconde guerre d'Indépendance, Harrison est choisi par les nationaux républicains pour les élections présidentielles de 1832. Il perd mais se représente contre le démocrate Martin Van Buren. L'hôte de la Maison Blanche vit une présidence chaotique suite à la crise financière que traverse le pays. Comme colistier, Harrison choisit le démocrate John Tyler pour se garantir les voix du Sud. La campagne est sournoise. On s'attaque non pas au programme électoral des deux candidats mais à leur personnalité.

Anna Harrison déteste cette «*politique de rue*» et jure à son époux qu'elle ne mettra jamais les pieds à la Maison Blanche. Souffrante, elle ne l'accompagne pas durant ses meetings.

Harrison remporte les élections. Il assiste seul à une centaine de réceptions avant son inauguration. Il serre des dizaines de milliers de mains. Il est littéralement épuisé.

Le 4 mars 1841, sous un froid glacial, Harrison, aux côtés de sa belle-fille Jane, lit son discours présidentiel. Il a 68 ans. Il ne porte ni manteau, ni chapeau, ni gants pour prouver aux 50 000 américains venus l'écouter son excellente santé. Car il est le président le plus âgé à être ainsi élu aux plus hautes fonctions du pays. Durant la campagne présidentielle, ses adversaires démocrates l'ont appelé «*Papy Harrison*».

C'est le plus long discours d'investiture dans l'histoire des présidents: 8 500 mots! Pourtant la veille de l'investiture, son texte a subi des *coupes* par son meilleur ami Daniel Webster (1782-1852). Il lui faut quatre-vingt-dix minutes pour en venir à bout! William Henry Harrison y présente les caractéristiques de la démocratie américaine, des problèmes qu'elle devra affronter et des solutions qu'il souhaite apporter en tant que président des Etats-Unis.

A la suite de cette imprudence, il attrape un rhume qui se transforme rapidement en pneumonie. Il passe les premiers jours de sa présidence au lit. Les médecins tentent tous les remèdes: opium, venin de serpent, huile de ricin… le président Harrison meurt le 4 avril 1841. Dans son ultime délire, il murmure: «*Je souhaite que vous compreniez les véritables principes du gouvernement. Je veux qu'ils soient appliqués. Je ne demande rien de plus.*»

William Henry Harrison est le premier président à mourir à la Maison Blanche. Sa femme n'est pas à ses côtés, elle s'apprêtait à enfin le rejoindre à Washington lorsqu'elle apprend sa mort. Il est également le premier président qui sera photographié à la Maison Blanche mais le tirage original n'a jamais été retrouvé.

John Tyler, le vice-président, succède à Harrison. Pour les nationaux républicains, c'est une catastrophe, c'est un démocrate qui revient à la Maison Blanche !

Anna Harrison demeure chez elle jusqu'à ce qu'un incendie brûle entièrement la demeure familiale. Elle est recueillie chez son dernier fils et y restera jusqu'à sa mort, en février 1864.

★
★★

X

JOHN TYLER

LE PRESIDENT ACCIDENTEL

MANDAT PRÉSIDENTIEL : 6 AVRIL 1841- 1845
VICE-PRÉSIDENT : AUCUN
PARTI POLITIQUE : LIBÉRAL (WHIG)
RELIGION : ÉPISCOPALIEN

John Tyler est né le 29 mars 1790 dans une des plantations les plus riches de la Virginie. Sa mère meurt d'une crise cardiaque alors qu'il n'a que sept ans. Ses tuteurs lui donnent une excellente éducation avant de le faire entrer au Collège William and Mary en 1802. Il en ressort diplômé en 1807et poursuit des études de droit. En 1813, il épouse Letitia Christian, la fille d'un riche planteur. Le couple aura quatre filles et trois garçons.

A 21 ans, John Tyler est élu à la Chambre des Délégués. En 1816, il est à la Chambre des Représentants. Sa carrière politique est en pleine ascension. Il obtient par la suite le poste de gouverneur de la Virginie. Lorsqu'en 1840, William Henry Harrison se lance dans sa deuxième campagne présidentielle, il le présente comme son colistier. C'est une stratégie qui rapporte à Harrison les voix du Sud et des esclavagistes dont Tyler est partisan. Opportuniste, John Tyler accepte son rôle malgré les menaces de son parti.

A la suite de la mort brutale du président Harrison, John Tyler hérite de la Maison Blanche le 6 avril 1841. Le peuple est consterné. Le gouvernement composé par William Henry Harrison est aussitôt mis au pas par le président Tyler : « Je suis ravi de pouvoir disposer d'hommes d'Etat aussi expérimentés que vous... Je serais honoré de pouvoir travailler aux côtés de votre expérience et de vos précieux conseils. Mais je suis le président et donc le responsable de cette administration et de ce pays... Aussi si vous n'êtes pas heureux d'être à mes côtés, vos démissions pourront être déposées ! ». Les ministres sont sous le choc. Ils s'attendaient à régner tranquillement jusque la fin du premier mandat présidentiel. Ils se sont trompés. Tyler a pris les devants.

C'est un président détesté par son propre parti – le parti Whig – pour avoir soutenu la candidature d'Harrisson. Il est aussi toisé par son propre gouvernement choisi par son prédécesseur. Ambiance...

A 51 ans, John Tyler hérite donc malgré lui de la Maison Blanche et de la crise intérieure du pays. Il est le plus jeune président en poste à la Maison Blanche depuis George Washington. Depuis toujours, il défend la cause des Etats qui veulent choisir l'application ou non des lois votées au Sénat. Il prend aussi leur défense vis-à-vis de l'esclavage. D'ailleurs, ses propres esclaves viennent à la Maison Blanche pour renforcer le travail des domestiques payés par le Congrès.

En 1841, John Tyler refuse la création d'une nouvelle banque nationale mise sous contrôle fédéral. Le 11 septembre, ses ministres remettent leur démission à l'exception de Daniel Webster, le ministre des affaires étrangères. A partir de ce moment, Tyler rompt ses relations avec les Whigs. C'est donc un président sans parti qui dirige l'avenir de l'Amérique.

Le ministre des finances lui annonce un lourd déficit de 11 milliards de dollars. Le président décide, pour y remédier, d'augmenter les tarifs douaniers. Scandale. Deux vetos s'opposent à sa décision. Le 10 juillet 1842, la Chambre des Représentants tente de renverser le président en lançant la procédure d'impeachment. Elle échoue. L'ancien président John Quincy Adams l'attaque à son tour. L'impopularité de Tyler est à son sommet.

Letitia Christian Tyler, infirme depuis deux ans à la suite d'une attaque, se soucie du bien- être de son époux. Pour ne pas que son infirmité dérange sa présidence, elle réside exclusivement dans ses appartements privés au second étage de la Maison Blanche. Leur fille Priscilla, 24 ans, tient le rôle de Première Dame à sa place. Le 10 septembre 1842, à l'âge de 51 ans, Letitia Christian Tyler s'éteint tenant dans ses mains une rose de Damas. Elle est enterrée dans leur plantation de Richmond.

Deux ans plus tard, le 26 juin 1844, au cours d'une cérémonie discrète à New York, le président des Etats-Unis, John Tyler, épouse Julia Gardiner. Jolie brune de 24 ans, elle est à ce jour la plus jeune Première Dame des Etats-Unis. Le couple aura sept enfants : David (1846-1927), John (1848-1883), Julia (1849-1871), Lachlan (1851-1902), Lyon (1853-1935), Robert (1856-1927) et Pearl (1860-1947). Ce nouveau mariage provoque un scandale à Washington.

La presse suit avec intérêt les moindres faits et gestes du couple présidentiel. On acclame la beauté et la jeunesse de la Première Dame. Julia Tyler s'entend bien avec ses beaux-enfants. Le bonheur conjugal règne dans la résidence de Pennsylvanie Avenue. Les réceptions à la Maison Blanche sont organisées avec beaucoup de soin. On y reçoit jusqu'à 3 000 personnes.

Les prochaines élections présidentielles se précisent. Lors de leur convention, le parti démocrate choisit James K. Polk, le gouverneur du Tennessee. A la surprise générale, John Tyler annonce qu'il n'est pas candidat à sa réélection. Julia Tyler est ravie de sa décision. Elle lui promet que leur retraite sera encore plus heureuse que leur séjour à Washington D.C. Les Whig, quant à eux, choisissent leur nouveau candidat : Henry Clay.

Polk présente son programme à la presse : « *Quatre mesures occuperont mon administration : la réduction des tarifs, une analyse sérieuse du sort de l'Oregon, une trésorerie indépendante et l'acquisition de la Californie !* »

Avant de terminer son mandat, John Tyler fait signer au Congrès l'annexion du Texas en février 1845, ce qui déséquilibre l'Union entre les Etats abolitionnistes et les Etats esclavagistes. En pleine campagne électorale, Henry Clay tente d'apaiser les tensions : « *La question de l'esclavage n'a rien à voir avec les annexions !* » Personne n'est dupe.

James Polk remporte les élections.

Dans leur plantation de Sherwood, en Virginie, les Tyler vivent une vie paisible. Au cours d'une de ses interventions à la Chambre des Représentants, le 12 janvier 1862, John Tyler a un accident cérébral. Il meurt six jours plus tard assisté de son épouse, rongée par le chagrin. Ruinée après la guerre civile et la crise économique de 1873, l'Etat lui viendra en aide en lui accordant une pension. Julia meurt d'une crise cardiaque le 10 juillet 1889. Le couple présidentiel est enterré au cimetière d'Hollywood en Virginie.

*
**

XI

JAMES KNOX POLK

LE JEUNE NOYER

MANDAT PRÉSIDENTIEL : 1845-1849
VICE-PRÉSIDENT : GEORGE M. DALLAS.
PARTI POLITIQUE : DÉMOCRATE
RELIGION : PRESBYTÉRIEN

James Polk est né le 2 novembre 1795 en Caroline du Nord. Son père, Samuel Polk, est un fermier prospère qui a des idées bien arrêtées sur l'avenir de son pays et celui de sa famille. Dans cette partie de l'Amérique, l'esprit d'indépendance est très marqué. Les Polk sont des esclavagistes, propriétaires de plus de 50 esclaves. James Polk fait des études de droit à l'université de la Caroline du Nord et obtient son diplôme avec succès. Il emménage dans le Tennessee et devient juriste sous la direction de Felix Grundy (1775-1840).

James Polk entre en politique en 1819 lorsque Felix Grundy remporte les élections à la Chambre des Représentants pour le Tennessee. Après l'élection d'Andrew Jackson, James Polk remporte le fauteuil de président de la Chambre des Représentants.

Lorsque la crise financière de 1830 frappe de plein fouet le pays, James Polk retourne dans le Tennessee. Il pense qu'il est préférable pour sa carrière politique de rester discret pendant quelques années. En 1839, il remporte le poste de gouverneur du Tennessee. Après plusieurs tentatives pour figurer parmi les candidats des élections présidentielles dans son parti, il obtient l'investiture. Son adversaire est le sénateur Henry Clay (1777-1852). Ce dernier n'en est pas à sa première campagne présidentielle. Il a déjà échoué trois fois. Il perd d'ailleurs une quatrième et dernière fois ! James Polk remporte les élections avec 170 suffrages contre 105.

C'est un personnage très austère qui franchit les portes de la Maison Blanche le 4 mars 1845. La nouvelle a été annoncée par une incroyable invention : le télégraphe. Dans son discours, James Polk annonce au peuple qu'il est formellement opposé à une banque nationale et qu'il est favorable à ce que le Texas rejoigne l'Union.

Le nouveau couple présidentiel, sans enfants, est tout à l'opposé des Tyler. La Première Dame des Etats-Unis, Sara Childress, 42 ans, interdit, à la Maison Blanche, la consommation d'alcool, les jeux de cartes et les réceptions dansantes !

La presse se moque de la laideur du président des Etats-Unis. On le surnomme « *les guiboles de Napoléon* ». Il semble que personne ne l'ait entendu rire une seule fois.

On instaure la tradition *du salut au chef* dès que le couple présidentiel descend l'escalier principal pour rejoindre la salle de réception. Le président exige que la statue de Thomas Jefferson, présente depuis vingt-sept ans au Capitole, soit déménagée devant la Maison Blanche. On inaugure une nouvelle tradition à la Maison Blanche. Désormais il y aura un photographe officiel pour suivre les déplacements du président. La première photographie publiée dans les journaux de toute l'Amérique créé une grande émotion.

Tandis que le conflit éclate au Mexique avec les succès militaires du général Zachary Taylor, le président envoie en Californie, en 1846, une armée de trois mille hommes dont cinq cents Mexicains pour reconquérir ce territoire. Les récompenses militaires destinées au général républicain Zachary Taylor inquiètent le président. Craignant de se battre contre lui aux prochaines élections présidentielles, il fait aussitôt envoyer en renfort le général W. Scott. Le 2 février 1848, le Mexique finit par céder la Californie du Nord et le Nouveau Mexique pour quinze millions de dollars. Plus de 12 000 soldats américains ont été tués durant le conflit.

Le président James Polk parvient à un accord avec le Royaume-Uni pour obtenir l'Oregon : « *L'Angleterre, il faut la regarder droit dans les yeux pour la mater !* »

Après réflexion, épuisé par les quatre années qu'il vient de vivre, James Knox Polk annonce à la presse : « *Je vais bientôt cesser d'être un serviteur et devenir souverain… je refuse de me porter candidat pour un second mandat.* »

Le couple quitte la Maison Blanche le 4 mars 1849.

Le 15 juin, à 54 ans, James Knox Polk meurt d'une attaque cardiaque.

Après avoir porté le deuil durant quarante-deux ans, Sarah Polk s'est éteinte dans leur maison de Nashville.

★
★★

XII

ZACHARY TAYLOR

LE VIEUX BRUTAL

MANDAT PRÉSIDENTIEL : 4 MARS 1849 - 9 JUILLET 1850
VICE-PRÉSIDENT : MILLARD FILLMORE
PARTI POLITIQUE : LIBÉRAL (WHIG)
RELIGION : ÉPISCOPALIEN

> *« Je considère la guerre comme une calamité nationale. C'est un malheur à éviter à moins que l'honneur ne l'exige »*
>
> Z. Taylor

Zachary Taylor est né le 24 novembre 1784 dans une riche ferme de la Virginie. En 1808, il exerce dans la 7ème infanterie comme premier lieutenant. Sa carrière militaire sera brillante. En 1810, il épouse Margaret Mackall Smith. Le couple aura six enfants.

La guerre de 1812 assoit son expérience militaire. Durant le conflit au Mexique, le général Taylor fait preuve d'un sang-froid remarquable. La presse le célèbre tel un héros. Les Whig voient en lui le candidat idéal pour les prochaines élections présidentielles de 1848.

Le général Zachary Taylor les remporte le 7 novembre 1848 avec une participation historique des électeurs.

Très croyant, il refuse de prêter serment le dimanche 4 mars 1849, « *le jour du Seigneur !* » Un sénateur le remplace durant cette journée à la Maison Blanche. Taylor fait sa prestation le lundi 5 mars devant une foule amusée par cet original.

Zachary Taylor, 65 ans, héros militaire, s'oppose à l'introduction de l'esclavage dans les territoires nouvellement annexés. Il est pourtant propriétaire d'esclaves en Louisiane…

Ne connaissant rien à la politique, le général préside la destinée de son pays au « feeling ». Il n'a pas de stratégie mais il est déterminé à faire de son mieux pour défendre l'autorité fédérale. Son inexpérience sème le chaos dans l'équilibre précaire de l'Union.

Surnommé « *le vieux brutal* », il est reconnu pour ne jamais fumer, ni boire. Les visiteurs officiels peuvent repartir avec un souvenir de la Maison Blanche pour le moins surprenant : des crins de son vieux cheval de bataille, Old Whitey. Celui-ci vit en liberté dans les jardins de la résidence.

Margaret Taylor, 61 ans, refuse de vivre à la Maison Blanche et ne se soumet pas à la traditionnelle photographie présidentielle. Leur fille, Mary Elisabeth Taylor, joue le rôle de Première Dame et s'installe aux côtés de son père à la Maison Blanche.

En 1848, en Californie, un jeune employé d'une compagnie suisse découvre des pépites d'or. La presse l'annonce. C'est la ruée ! Plus de 100 000 pionniers espèrent faire fortune. La population de cet Etat passe en quelques mois de six mille habitants à quatre-vingt-cinq mille !

En 1849, le Congrès se réunit pour décider de l'abolition de l'esclavage en Californie. Les esclavagistes californiens hurlent au scandale ! Ils avaient espéré une division du territoire pour ainsi conserver leurs droits. Le sénateur de la Californie du Sud et ex vice-président, John Caldwell Calhoun, dénonce cette situation : « *Nous avons subi trop d'insultes du Nord et ce depuis trop longtemps maintenant!* » Malgré la tempête, le président des Etats-Unis renforce sa position, « quitte à prendre moi-même les armes ! »

Le sénateur Henry Clay tente de sauver la situation en proposant : « *La Californie sera un Etat libre, des gouvernements territoriaux seront formés au Nouveau Mexique et en Utah, le droit à l'esclavage sera sous la responsabilité des propriétaires, le commerce des esclaves sera interdit dans le District de Columbia...* » John Caldwell Calhoun, atteint de tuberculose et mourant, continue cependant de défier l'autorité de la Maison Blanche : « *Nous avons été calomniés, injuriés ! Le Nord devra nous rendre des comptes! Nous arrêterons les esclaves fugitifs!»*

Le 7 mars, Daniel Webster, appui d'Henry Clay, partisan d'un compromis qui éviterait la guerre entre le Nord et le Sud annonce au Congrès: «*Je parle ce jour pour tenter de sauver l'Union…*» Il défend la position d'Henry Clay sans pour autant condamner l'esclavagisme. C'est de nouveau un coup de tonnerre à Washington D.C.: le président est fou de rage.

Le 4 juillet 1850, le président Taylor participe à une commémoration en l'honneur de George Washington. La capitale est bondée de monde. La température est étouffante. Le vent n'a pas soufflé depuis des semaines en Virginie. Taylor souffre d'un coup de chaleur.

Rentrant d'urgence à la Maison Blanche, il est pris de crampes terribles à l'estomac. Les médecins lui préconisent du lait frais et des fruits. Le président agonisant murmure à ses proches: «*Je suis prêt à mourir, mon seul regret est de devoir quitter mes amis…*» Il meurt le 9 juillet d'une gastroentérite.

Plus de 100 000 Américains assistent aux funérailles du 12e président des Etats-Unis. Margaret Taylor, trop peinée par la mort de son époux, n'assiste pas à la cérémonie. Elle quitte discrètement la Maison Blanche deux semaines plus tard. Jusqu'à sa mort, le 14 août 1852, elle ne prononcera plus le nom de Maison Blanche.

Le compromis sur la situation de la Californie, pièce maîtresse pour éviter le conflit entre le Sud et le Nord, tombe de ce fait dans les mains du vice-président Millard Fillmore.

*
**

XIII

MILLARD FILLMORE

LE LOUIS-PHILIPPE AMERICAIN

MANDAT PRÉSIDENTIEL : 10 JUILLET 1850 - 3 MARS 1853.
VICE-PRÉSIDENT : AUCUN
PARTI POLITIQUE : LIBÉRAL (WHIG)
RELIGION : UNITARIEN

Millard Fillmore est né le 7 janvier 1800 dans l'Etat de New York. Ses parents étaient des fermiers et vivaient chichement. Après des études de droit, il entre au parti antimaçonnique et à la Chambre des Représentants. En 1848, le général Zachary Taylor, héros de la guerre au Mexique, le choisit comme vice-président, avec l'objectif d'obtenir les voix de l'Etat de New York, lors des élections présidentielles. Les deux hommes se connaissent à peine. Ils ont peu de points communs.

Après les funérailles du président Taylor, le vice-président Millard Fillmore prend ses fonctions le jour même : le 10 juillet 1850. C'est un homme déstabilisé par cette obligation. Le cabinet ministériel de son prédécesseur démissionne. Le 13e président des Etats-Unis fait immédiatement entrer Daniel Webster au poste de secrétaire d'Etat.

Le 20 septembre 1850, le compromis sur la Californie est adopté en tenant compte des propositions d'Henry Clay et de Daniel Webster. La loi sur les esclaves fugitifs est adoptée mais le marché d'esclaves dans la capitale est désormais interdit. Calhoun n'est plus là pour réagir, il a succombé à la tuberculose. Webster déclare : « *Maintenant je vais pouvoir enfin dormir* ! »

Les Etats du Nord, antiesclavagistes, ne pardonneront jamais la trahison du nouvel hôte de la Maison Blanche. Deux ans plus tard, les libéraux du Sud rejoignent le parti démocrate et les libéraux du Nord adhèrent au parti républicain. Le parti Whig disparaît ainsi, événement dont le président se sent coupable, ainsi qu'il le confie à son épouse.

Née en 1798 dans l'Etat de New York, Abigail Powers est une femme moderne et indépendante. Elle gagne sa vie en tant que professeur, métier qu'elle affectionne beaucoup. Les Fillmore ont deux enfants : Millard Jr (1828-1889) et Mary Abigail (1832-1854).

La Première Dame, Abigail Fillmore, souffrant des articulations, confie ses représentations officielles à leur fille. Elle gère la grande bibliothèque de la résidence présidentielle en sélectionnant les meilleurs ouvrages. Passionnée par la musique, elle organise de nombreux concerts à la Maison Blanche.

Lors d'une manifestation extérieure, Abigail prend froid. Elle meurt d'une pneumonie le 30 mars 1853. Une journée nationale de deuil est proclamée au Congrès. La dépouille mortelle de la Première Dame regagne le cimetière de Buffalo.

Le parti républicain propose au 13e président des Etats-Unis de le rejoindre. Millard Fillmore refuse et abandonne de ce fait toute nouvelle ambition présidentielle. Il veut quitter la Maison Blanche dès la fin de son mandat. Le conflit entre le Nord et le Sud l'a épuisé moralement et la mort de son épouse l'a profondément marqué.

En 1853, il fonde un nouveau parti intitulé : « *Je ne sais rien* » composé de « White Anglo-Saxon Protestants » (WASP) opposés à l'arrivée massive des immigrés irlandais, catholiques, aux Etats-Unis. En effet, depuis la maladie de la pomme de terre qui sévit en Irlande, des dizaines de milliers d'Irlandais quittent leur terre natale pour le rêve américain. Parmi eux : Patrick Kennedy et Thomas Fitzgerald, arrière-grands-pères du président John Fitzgerald Kennedy. A sa création, le parti est tenu secret mais il rejoint en 1854 l'American Party qui officialise ses positions politiques : limiter au maximum l'immigration européenne catholique, favoriser les postes d'enseignement aux candidats protestants, instaurer la lecture de la Bible protestante dans les écoles …

En 1856, Millard Fillmore, renforcé par cette nouvelle politique aux Etats-Unis, change d'avis et tente de se représenter à la course présidentielle. Il échoue et quitte définitivement la capitale pour se consacrer à une carrière universitaire. Il bénéficie cependant d'une pension présidentielle de douze milles dollars par an. En effet, pendant son séjour à la Maison Blanche, Fillmore a été le premier président des Etats-Unis à dénoncer la situation financière chaotique de certains de ses prédécesseurs : « *Il est honteux qu'ils soient condamnés à ouvrir un petit commerce pour survivre avec leur famille !* » Cette pension Fillmore est toujours d'actualité, seul son montant a changé !

Le 10 février 1858, Fillmore se remarie avec une jeune veuve, Caroline Carmichael McIntosh, 45 ans. Ils n'auront pas d'enfants.

Oublié par la classe politique de Washington D.C., Millard Fillmore meurt le 8 mars 1874.

*
* *

XIV

FRANKLIN PIERCE

LE JEUNE NOYER DES
MONTAGNES DE GRANIT

MANDAT PRÉSIDENTIEL : 1853 - 1857
VICE-PRÉSIDENT : WILLIAM R. KING (IL MEURT UN MOIS APRÈS SA PRISE DE FONCTION)
PARTI POLITIQUE : DÉMOCRATE
RELIGION : ÉPISCOPALIEN

Franklin Pierce naît le 23 novembre 1804 dans le New Hampshire. L'ambiance à la maison n'est pas des meilleures : sa mère, Anna Kendrick Pierce, souffre d'alcoolisme. Jeune homme, Franklin Pierce se réfugie dans la chasse et dans la pêche. Il se lance dans des études de droit en 1824 et obtient son diplôme en 1827. Il ouvre son propre cabinet d'avocat.

Jane Means Appleton rencontre le jeune juriste Franklin Pierce au cours d'une soirée. Belle, sensible, elle attire son attention dès leur premier regard. Ils se marient le 19 novembre 1834. Ils auront trois enfants mais deux meurent en bas âge : Franklin (1836) et Frank (1839 -1843).

Fille de ministre, Jane ne veut pas revivre l'existence de sa mère. Elle s'oppose à la carrière politique de son époux au point de s'évanouir lorsqu'elle apprend qu'il est choisi pour être le candidat aux élections présidentielle de 1852 : « *J'espère qu'il ne sera pas élu car je ne voudrais pas habiter à Washington D.C. pour tout l'or du monde et je sais que lui non plus n'en a pas envie !* ». Le destin va en décider autrement.

Pendant la campagne, un drame va marquer à jamais le jeune couple. Le 6 janvier 1853, le train électoral allant vers le Massachussetts déraille, tuant leur seul enfant. Impuissant, Franklin Pierce assiste à l'agonie de son fils, Benjamin Pierce Jr, qui est l'unique victime de l'accident. Les Pierce se détachent de l'église après ses funérailles.

Le 4 mars 1853, Franklin Pierce, 49 ans, héros de la guerre du Mexique, dit, de mémoire, son discours d'investiture dans le vacarme des antiesclavagistes et abolitionnistes. La situation dans le pays est catastrophique depuis la loi de 1850.

Pro-esclavagiste, il sait que son mandat sera des plus chaotiques. Refusant de prêter serment sur la Bible, il pose la main gauche sur les textes de la Constitution. Jane Pierce n'assiste pas à la cérémonie officielle. Le cœur blessé, il quitte l'estrade tout en murmurant: « *Comment puis-je faire maintenant? Mon énergie a disparu.* »

A la Maison Blanche, la Première Dame reste absente aux cérémonies officielles. Réfugiée dans leurs appartements privés, elle passe la majeure partie de son temps à écrire à son fils défunt. Elle s'est persuadée que la Maison Blanche porte malheur: la mort de leur enfant, celle de Charles G. Atherton, sénateur du New Hampshire et ami de la famille, celle du vice-président, William R. King, victime de la tuberculose. Elle ne supporte plus cette « *maudite résidence* ». C'est son amie d'enfance, Abigail Kent Means, qui accompagne le 14e président des Etats-Unis.

Le succès du roman « *La case de l'Oncle Tom* » d'Harriet Beecher Stowe, qui dénonce avec violence la loi sur les esclaves en fuite, a mis le feu aux poudres dans les Etats du Nord. Fille d'un pasteur protestant, Harriet Beecher Stowe a assisté aux marchés aux esclaves exposés et vendus comme les animaux de ferme. La cruauté des vendeurs et des futurs propriétaires a bouleversé sa vie. Traduit en vingt-deux langues, « *la case de l'oncle Om* » crée un séisme historique au Congrès. Les partisans extrêmes du Sud, furieux du succès du livre, hurlent au sein de l'Assemblée: « *Nous chérissons l'esclavage comme la prunelle de nos yeux. Nous sommes déterminés à le maintenir pacifiquement mais aussi par la force si nécessaire!* »

Des premiers affrontements ont lieu, comme en 1856, dans le Kansas entre les abolitionnistes et les esclavagistes.

Franklin Pierce doit apaiser les tensions. Il compose astucieusement son gouvernement en nommant des ministres de chaque camp. Il se concentre sur la stabilité économique du pays et rassure le milieu des affaires en leur promettant que les tensions entre les différents Etats vont s'essouffler peu à peu.

Le 18 février 1854, le parti républicain naît avec le soutien des démocrates déçus de la position esclavagiste de la Maison Blanche et des libéraux du Nord dont Abraham Lincoln. Désormais, deux camps politiques s'affronteront pour la présidence : les démocrates et les républicains.

Peu désireux de tomber dans le piège, les Etats du Sud réclament de Washington D.C. l'annexion de l'île de Cuba : « *Si l'Espagne ne veut pas nous vendre Cuba, nous la lui volerons !* » Pierce envoie son ministre pour tenter de trouver une solution, Madrid ne veut rien entendre.

La compagnie des chemins de fer ayant le désir de développer son réseau ferroviaire vers l'Ouest, Franklin Pierce mandate le sénateur de l'Illinois, Stephen Douglas, pour cette négociation. L'homme, âgé de 43 ans, est rustre, grossier et ne dissimule pas ses sentiments : « *Dans toute question entre les Blancs et les Noirs, je suis pour les Blancs... et dans toute question entre les Noirs et les crocodiles, je suis pour les nègres !* » Le 30 mai 1854, les territoires entre l'Oregon et le Minnesota sont partagés en deux : le Nebraska et le Kansas. Les deux Etats sont placés sous l'autorité de deux gouverneurs esclavagistes. Désormais, les habitants des deux Etats pourront décider eux-mêmes d'acheter ou non des esclaves et autoriser la présence d'esclaves sur leurs domaines. Le Nord dénonce les agissements pro-esclavagistes de la Maison Blanche et de Douglas. Le vote du Missouri, qui limitait les Etats esclavagistes, en 1820, est dénoncé. Des villes sont incendiées au Kansas...

Le 31 juillet 1856, pour mettre un terme aux manifestations de plus en plus violentes, Franklin Pierce propose au Kansas un nouveau gouverneur, cette fois plus modéré : John W. Geary (1819-1873). Geary dissout immédiatement les milices en s'aidant de troupes fédérales. Mais les dommages politiques sont tels que le parti démocrate, lors de la grande convention à Cincinnati, renonce à présenter Franklin Pierce pour les prochaines élections présidentielles. Ils choisissent le candidat du Nord, James Buchanan, qui leur apportera les voix de la Pennsylvanie. Jane Pierce, malade, est ravie de cette nouvelle.

Les Pierce quittent la Maison Blanche dès la prestation de serment du 15e président des Etats-Unis. Pendant deux ans, ils voyagent en Europe. Jane Pierce meurt le 2 décembre 1863 de tuberculose. Elle est enterrée aux côtés de ses trois enfants. Alcoolique depuis sa disparition, Franklin Pierce meurt seul le 8 octobre 1869.

★
★★

XV

JAMES BUCHANAN

LE VIEUX MALE

MANDAT PRÉSIDENTIEL : 1857-1861
VICE-PRÉSIDENT : JOHN C. BRECKENRIDGE
PARTI POLITIQUE : DÉMOCRATE
RELIGION : PRESBYTÉRIEN

« L'idéal de la vie n'est pas l'espoir de devenir parfait.
C'est la volonté d'être toujours meilleur. »
R.W Emerson

James Buchanan naît le 23 avril 1791 en Pennsylvanie. Il fait partie d'une véritable tribu de onze enfants ! Son père, immigré irlandais, est un excellent homme d'affaires. James Buchanan débute des études de droit en 1809 et obtient sa licence d'avocat en 1812. Il ouvre un cabinet à Lancaster. Cette année-là est évidemment marquée par la guerre de 1812.

James Buchanan est encore un jeune politicien lorsqu'il tombe amoureux d'Ann Coleman, fille d'une famille riche de Lancaster. Les Coleman s'opposent aux fiançailles. Ils sont persuadés que ce jeune homme ambitieux n'est intéressé que par leur fortune. Ils ordonnent à Anne de rompre. Elle accepte mais tombe en dépression. Le 2 décembre 1819, elle se suicide. James Buchanan n'a pas le droit d'assister aux funérailles. Le lendemain des obsèques, Buchanan brûle leur correspondance. Il ne se remettra jamais de cette histoire d'amour.

En 1820, il remporte les élections pour entrer à la Chambre des Représentants et, en 1824, soutient officiellement la candidature présidentielle d'Andrew Jackson. Ce dernier perd les élections mais Buchanan a gagné un ami fidèle. En 1828, il s'attaque ouvertement à « *la misérable présidence de John Quincy Adams* »... Il soutient de nouveau la candidature de Jackson pour la Maison Blanche. Cette fois, son candidat gagne les élections.

Le 4 novembre 1856, James Buchanan, franc-maçon, pro esclavagiste, remporte à son tour les élections présidentielles face au premier candidat du parti républicain : le sénateur de la Californie, John Charles Frémont (1813-1890), fortement opposé à l'esclavage.

A 66 ans, le 4 mars 1857, il prête serment et annonce : « *Sauvons l'Union en tolérant l'esclavage !* » La réception qui suit la prestation reste dans les annales de la Maison Blanche. Plus de 800 poulets sont dévorés et des centaines de litres d'alcool sont bus. On n'a jamais assisté à une telle manifestation depuis l'élection d'Andrew Jackson en 1829 !

James Buchanan reste le seul président célibataire de l'histoire des Etats-Unis. Durant son mandat, il sera surnommé « *le vieux mâle* ». Depuis le suicide de sa fiancée, en effet, il a renoncé à bien des histoires d'amour. De mauvaises rumeurs circulent dans la capitale et on le soupçonne de relations homosexuelles. James Buchanan fait le sourd et continue de vivre seul à la Maison Blanche.

Borgne, James Buchanan penche son visage vers la gauche pour s'adresser à ses ministres Son infirmité ne l'empêche pas d'être un dandy. Il est toujours soigné et s'habille avec les meilleurs tissus. Son excellent humour est réputé à Washington D.C. Il se passionne également pour le whisky, sa boisson favorite.

L'un des premiers dossiers examinés en urgence par le nouvel occupant de la Maison Blanche est celui de Dred Scott. Esclave depuis sa naissance, Dred Scott avait porté plainte contre son nouveau propriétaire devant le tribunal de Saint-Louis dans le Mississipi. Le jugement avait été peu clément : il restait la propriété des Emerson. Le dossier fut réexaminé en appel : Dred Scott et sa femme remportèrent le procès. Irène Emerson fit appel. En 1852, la Cour du Missouri cassa le second jugement : les Scott retournèrent chez les Emerson !

Grâce à la collaboration gratuite de l'avocat Montgomery Blaire (1813-1883), l'affaire est portée à la Cour Suprême le 6 mars 1857, deux jours après la prestation de Buchanan. Le président des Etats-Unis exige une réponse de la part de la Cour Suprême. On délibère deux jours plus tard et le juge Roger B. Taney, 5e président de la Cour Suprême, annonce le verdict : Scott reste la propriété de Madame Emerson. Il n'est pas considéré comme un citoyen des Etats-Unis : « *Les rédacteurs de la Constitution ont vu les Noirs comme des êtres inférieurs et impropres à s'associer avec la race blanche ! Que ce soit dans les relations sociales et politiques, ils n'ont aucun droit !* » Le juge dénonce le Congrès qui se permet de limiter le marché aux esclaves dans les Etats fédéraux. Le président James Buchanan, par cette pirouette politique, n'a plus qu'à laisser faire la justice. Il déclare que le compromis du Missouri de 1820 est anticonstitutionnel ! La guerre civile vient de trouver son détonateur. Les républicains dénoncent la manipulation judiciaire de Buchanan et de son complice Taney.

En définitive, par un heureux hasard, Madame Emerson épouse en secondes noces un abolitionniste qui veut se débarrasser de cet esclave trop connu dans la presse et dans l'opinion publique. Scott et son épouse retournent à leur premier propriétaire qui les libère définitivement le 26 mai 1857.

Le président James Buchanan propose de faire entrer le Kansas dans l'Union. Le parti républicain, antiesclavagiste, dénonce vigoureusement son intention. L'ex- gouverneur du Kansas présente sa lettre de démission en espérant que le président la lui refusera. Elle est acceptée. Geary, armé de deux pistolets, fait ses adieux le 20 mars au Kansas. L'homme qui avait tenté de restaurer la paix au Kansas quitte le territoire en ayant la sensation d'un réel gâchis.

En 1858, les républicains obtiennent la majorité au Sénat. Les actions du gouvernement de James Buchanan sont bloquées. Deux ans plus tard, le parti démocrate s'effondre entre les scissions des démocrates du Nord et ceux du Sud. Les prochaines élections présidentielles laissent ainsi la victoire facile du candidat républicain, Abraham Lincoln.

Un événement amplifie les tensions entre le Nord et le Sud. Avec l'aide d'esclaves, l'abolitionniste, John Brown, attaque l'arsenal fédéral du petit village d' Harpers Ferry en Virginie. Des innocents sont tués. John Brown est mis en prison en attendant son exécution.

L'écrivain français, Victor Hugo, adresse une lettre au président pour sa libération. Le poète, Ralph Waldo Emerson (1803-1882) le qualifie de « *héros, un grand idéaliste d'une bonté sans détours* ». John Brown écrit à ses enfants : « *Je suis heureux de mourir pour la vérité éternelle !* » Avant de monter sur l'échafaud, il déclare à la foule : « *Je donne ma vie pour assurer la justice et je mêle mon sang à celui de mes enfants, à celui de millions d'autres cruellement lésés par l'esclavage ! Qu'il en soit ainsi !* » Le 2 décembre 1859, son exécution par pendaison marque la fin du dernier espoir de réconciliation entre le Nord et le Sud. Les espoirs pour un second mandat présidentiel de James Buchanan meurent avec lui.

Après le discours d'investiture d'Abraham Lincoln, premier président républicain à la Maison Blanche, James Buchanan quitte l'avenue de Pennsylvanie pour se retirer à Wheatland. Il laisse le soin à son successeur d'éviter une guerre civile inéluctable. Il lui écrit un message posé sur son bureau : « *Cher Monsieur le Président Lincoln, si vous êtes aussi heureux en pénétrant dans cette maison magnifique que je le suis en la quittant, alors, Cher Monsieur le Président, vous êtes sans aucun doute l'homme le plus heureux de la terre !* »

Durant la guerre de Sécession, Buchanan supportera la position du président Lincoln et rédigera ses mémoires.

Il meurt le 1er juin 1868 dans sa propriété de Pennsylvanie.

★
★★

XVI

ABRAHAM LINCOLN

ABE L'HONNETE

MANDAT PRÉSIDENTIEL : 1861-1865 / 4 MARS 1865-15 AVRIL 1865
VICE-PRÉSIDENT : HANNIBAL HAMLIN (1861-1865) – ANDREW JOHNSON (4 MARS 1865-15 AVRIL 1865)
PARTI POLITIQUE : RÉPUBLICAIN
RELIGION : AUCUNE

> « *Tout ce que je suis, je le dois à mon ange de mère* »
> Abraham Lincoln

> « *Vous savez pourquoi nous faisons la guerre ?*
> *Les Blancs le savent et ils devraient en avoir honte !* »
>
> Faucon noir

Abraham Lincoln reste aujourd'hui le président favori des Américains avec John Fitzgerald Kennedy. Son parcours personnel, militaire et politique est un exemple pour les futures générations. Le 12 mars 2009, le premier président afro-américain, Barack Obama, lui rend hommage à l'université de Fort McNair à Washington : « *Son histoire est racontée dans nos écoles et son nom est le synonyme de la liberté.* » En 2013, Steven Spielberg réalise « Lincoln » aux côtés de Daniel Day Lewis. L'acteur remporte l'Oscar pour son interprétation remarquable. La jeune génération découvre l'immense intelligence de cet homme honnête et humble.

Avant d'accéder à la Maison Blanche, Abraham Lincoln subit les aléas d'une vie chaotique. Il est né le 12 février 1809 de parents virginiens dans une petite cabane de pionniers du Kentucky. Son grand-père, Abraham Lincoln Sr, a été sauvagement tué par les Indiens. C'est en son hommage qu'il porte son prénom. En 1818, sa mère, Nancy Hanks Lincoln meurt. Son père Thomas Lincoln, ruiné, se remarie avec Sarah Bush. La famille déménage dans la région sauvage et dangereuse de l'Indiana.

Abraham Lincoln apprécie sa belle-mère, Sarah Bush Johnston qu'il appelle « *maman* ». Cette femme cultivée lui offre, entre autres, cinq livres qui le marqueront à jamais : la Bible, Robinson Crusoë, la vie de George Washington, un recueil des œuvres de Shakespeare et Simbad le Marin. Le soir, après le souper, Abraham Lincoln récite des vers de John Bunyan (1628-1688) : « *Le voyage du Pèlerin* » en imitant parfaitement avec les gestes, le célèbre prêcheur. Ce spectacle met de la bonne humeur dans la maison familiale.

Abraham Lincoln apprécie les fables racontant l'épopée de l'esclave Esope. Ces lectures confirment son engagement futur contre l'esclavage. A l'école, Abraham Lincoln est un leader charismatique. Les élèves sont subjugués par son charme et rient de ses nombreuses plaisanteries. Car il prend l'habitude d'illustrer ses prises de positions en citant en introduction des citations ou des petites histoires amusantes. Ce talent incroyable le servira plus tard à la Maison Blanche.

Thomas Lincoln pense que son fils perd son temps avec les professeurs et veut lui faire quitter l'école. Après la mort de sa sœur chérie en 1828, Abraham Lincoln quitte le foyer familial pour tenter seul sa chance.

A 19 ans, le grand Abraham Lincoln - il mesure 1,95m - exerce plusieurs petits boulots pour survivre : menuisier, bûcheron, épicier, postier… En 1830, il retrouve ses parents et leur offre les 25 dollars qu'il a pu mettre de côté. Cette somme importante leur permettra de regagner l'Illinois.

Lorsque, le 2 août 1832, la guerre éclate dans l'Illinois entre une tribu composée de 1 000 Indiens, menée par le chef Faucon Net le gouvernement américain, Abraham Lincoln s'engage. A 23 ans, il est nommé capitaine. Les Indiens sont massacrés et Faucon Noir est mis sous tutelle. Lincoln avoue à ses proches : « *La victoire m'a apporté un immense plaisir, mais je n'ai pas rencontré personnellement un seul Indien ! Les moustiques ont été un enfer… et découvrir le scalp de cinq de nos soldats a été si dur… »*

En rentrant chez lui, Abraham Lincoln suit des études d'avocat. A 27ans, il obtient son diplôme et s'installe dans un cabinet à Springfield.

Son premier amour meurt de la typhoïde. Lincoln se fiance ensuite avec Mary Todd mais elle décide de rompre. Ses amis s'inquiètent et redoutent son suicide. Mais la jeune fiancée revient sur ses intentions. Ils se marient finalement le 4 novembre 1842. Le couple aura quatre garçons : Robert, Edward, William et Thomas surnommé Tad. Le petit Edward Lincoln, 4 ans, mourra le 1er février 1850.

Autodidacte, Lincoln a cependant un don extraordinaire en tant qu'orateur. Connaissant le moindre mot des célèbres discours de Cicéron, Abraham Lincoln se transcende au cours de ses prises de position vis-à-vis du sort des Indiens et ou celui des esclaves.

Avocat réputé, il gagne plus de six mille dollars par an. Témoin d'une vente d'esclaves qui le choque profondément, il prend la défense des abolitionnistes : « Ce que nous faisons à ces hommes est une injustice monstrueuse ! »

En 1846, Abraham Lincoln est élu à la Chambre des Représentants : « *Une même maison dont l'une des deux parties se bat contre l'autre ne peut rester debout ! Le gouvernement ne peut supporter une moitié d'esclaves et une autre moitié d'hommes libres !* » Il devient aussitôt la cible des esclavagistes.

Durant l'automne 1858, pendant la campagne Sénatoriale de l'Illinois où il est candidat face au démocrate, Stephen Douglas, Lincoln est remarqué par le parti républicain. Ce duel verbal fait l'actualité principale de la presse. Les journaux le surnomment « *l'honnête Abe* ».

Malgré cette renommée, Abraham Lincoln perd les élections de l'Illinois. Il pense que sa carrière politique est terminée. En vérité, il vient de remporter une bien plus grande victoire : le cœur intrépide de l'Amérique. Sa légende est en marche.

Ses discours sont toujours très attendus. En février 1860, dans la ville de New York, plus de mille cinq cent Américains applaudissent à tout rompre l'avocat charismatique. Cet événement est l'étincelle qui ouvre sa campagne aux primaires. Il écrit à son épouse pour lui annoncer la nouvelle. Lors de la convention nationale des républicains, il est choisi parmi les cinq candidats aux élections présidentielles.

En février 1860, dans un studio de New York, Abraham Lincoln est photographié par le célèbre artiste, Mathew Brady (1823-1896). Cette photographie est utilisée pour sa campagne présidentielle. C'est la première fois qu'une campagne électorale basée sur un cliché a lieu aux Etats-Unis. Après sa victoire, Lincoln rend hommage à Mathew Brady en lui annonçant que son portrait a été la raison essentielle de son succès.

Le photographe s'illustrera encore pendant la guerre de Sécession pour témoigner de la violence du conflit. Il restera également fidèle au président Lincoln en suivant ses pas à la Maison Blanche dès son élection le 6 novembre 1860. Au total, Mathew Brady est l'auteur de plus de 8 000 clichés historiques qui seront rachetés par le Congrès en 1871.

Neuf Etats esclavagistes ont voté contre Abraham Lincoln pendant ces élections présidentielles. Malgré cela, Abraham Lincoln est persuadé que les Etats du Sud ne quitteront pas l'Union composée de 18 Etats libres et de 15 Etats esclavagistes. Le 7 février 1861, à Montgomery en Alabama, sept Etats esclavagistes forment les Etats confédérés.Ils se soustraient au pouvoir de Washington D.C. Le 18 février, ils nomment pour six ans leur propre président : le démocrate Jefferson Davis, 53 ans. Jefferson annonce devant une foule enthousiaste : « *Je place ma confiance en Dieu, nous défendrons le droit de notre mieux, mes amis !* »

A la mi-février, Abraham Lincoln est informé des menaces de mort qui pèsent sur lui. On craint pour sa vie quand il prêtera serment à Washington D.C.

Il arrive donc incognito à Baltimore avant de se rendre dans la capitale. Il loge à l'hôtel sous un autre nom. Armé de pistolets, une large cape sur ses épaules, un chapeau plat au lieu du haut de forme habituel, Lincoln quitte sa chambre pour aller dîner. Un premier complot est déjoué de justesse. Le futur président des Etats-Unis, accompagné d'un garde du corps, utilise le train de campagne pour son dernier voyage qui le mène à Washington D.C., le 23 février. La presse, apprenant les risques d'attentat, salue son courage.

Le 4 mars 1861, la police l'escorte jusqu'à l'estrade. Abraham Lincoln, 52 ans, prête serment sous les acclamations de milliers d'Américains. Mary Lincoln est à ses côtés. «*Dans vos mains, mes compatriotes mécontents, et non dans les miennes, vous avez la question déterminante sur une guerre civile... Nous ne sommes pas des ennemis mais des amis. Bien que la passion ait pu créer des tensions entre nous, elle ne doit pas briser les liens d'affection qui nous unissent.*» . Il tente de rassurer les Etats du Sud sur le sujet de l'esclavage, mais il les met en garde contre toute tentative de sécession de l'Union «*qui sera considérée comme une violation du droit*».

A la Maison Blanche, Mary Lincoln rénove les pièces principales. Elle dépense 7 500 dollars pour les draps et les rideaux, 3 195 dollars pour une superbe vaisselle en porcelaine, 1 500 dollars pour le service à verres. La Première Dame des Etats-Unis installe une carpette verte dans les longs couloirs de la résidence. Le budget des travaux est présenté au Congrès : 26 000 dollars. Une somme colossale pour l'époque. Les adversaires de Lincoln n'hésitent pas à s'attaquer personnellement à Mary Lincoln.

Une fois son gouvernement composé, Abraham Lincoln ne veut en aucun cas céder aux exigences des Etats du Sud sur l'esclavage. Essayant de préserver la paix, le président Jefferson Davis, envoie une commission à la Maison Blanche afin de proposer de racheter les propriétés fédérales se trouvant dans les Etats Confédérés. Lincoln refuse net.

S'il doit y avoir la guerre entre le Nord et le Sud, Lincoln souhaite stratégiquement « *que ce soient eux qui tirent les premiers !* » Le 12 avril 1861, il est entendu. Les troupes confédérées, sous l'ordre de Jefferson Davis, attaquent le fort Sumter en Californie du Sud. Deux jours plus tard, le fort capitule. Le drapeau des Confédérés est hissé.

Lincoln fait lever une armée composée de 75 000 volontaires pour défendre l'Union et ordonne le blocus avec le Sud. La guerre de Sécession vient de débuter. Les deux premières années du conflit tournent à l'avantage des Etats Confédérés. Les planteurs sont d'excellents cavaliers et savent utiliser les armes à feu. Jefferson nomme le talentueux général Robert Lee à la tête des troupes confédérées. Abraham Lincoln avait espéré un moment que celui-ci resterait dans l'Union, mais le vieux général « *ne pouvait attaquer sa propre famille* ». C'est une mauvaise nouvelle pour la Maison Blanche.

Le 20 février 1862, le couple présidentiel perd son deuxième enfant : William Wallace Lincoln. Il n'est âgé que de 12 ans. Mary Lincoln est anéantie. Elle perd aussi trois de ses frères durant le conflit militaire.

Le 1er juillet 1862, le président Lincoln instaure les premiers impôts sur le revenu pour pallier les lourdes dépenses de la guerre.

Le 1er janvier 1863, Abraham Lincoln annonce l'émancipation des esclaves dans les Etats insurgés : « *Toutes les personnes détenues comme esclaves dans tout Etat ou une partie désignée d'un Etat sont donc désormais libres !* ». Son souhait est d'aller plus loin : introduire cette abolition dans la Constitution des Etats-Unis mais il lui faut attendre la fin du conflit pour obtenir une majorité suffisante au Congrès.

A Gettysburg, du 1er au 3 juillet 1863, les troupes du général Lee sont battues. C'est une victoire importante pour la Maison Blanche. Le tournant du conflit peut-être.

Après avoir enterré trois mille soldats courageux tombés sur le champ de bataille, Abraham Lincoln exulte en prononçant un discours qui reste aujourd'hui l'un des plus poignants de l'Amérique. Dans son verbe et sa gestuelle, le 19 novembre 1863, il retrouve les héros de son enfance : « Il y a quatre-vingt-sept ans, nos pères ont, sur ce continent, mis au monde une nouvelle nation, conçue en liberté et vouée à cette idée que tous les hommes naissent égaux. Aujourd'hui, nous sommes engagés dans une grande guerre civile pour déterminer si cette nation ou toute autre nation ainsi conçue et dédiée peut durer. Nous nous rencontrons pour en consacrer une parcelle comme suprême champ de repos, à ceux qui ont donné leur vie pour que la nation puisse vivre. Il est convenable, il est juste que nous le fassions. Tous les héros, vivants et morts, qui ont lutté ici, l'ont consacrée de manière si haute que nous n'avons plus le pouvoir d'y rien ajouter, ni d'en rien enlever. C'est plutôt à nous les vivants d'être voués à la tâche encore inachevée qu'ils ont accompli ici noblement afin que nous soyons fermement résolus à ce que ces morts ne soient pas morts en vain. Afin que cette nation devant Dieu renaisse à la liberté et afin que le gouvernement du peuple pour le peuple ne soit pas effacé de cette terre. » Les milliers de soldats qui ont survécu à cette terrible bataille de Gettysburg menée par le général George G. Meaden, écoutent ses paroles en pleurant.

Lincoln trouve enfin « *son* » général : Ulysses Grant. Il a remarqué le courage de cet homme et ses victoires ont redonné du cœur aux troupes. Grant doit mener la victoire au nom de l'Union. Il remplace Winfield Scott, fatigué de ce conflit. Le 12 mars 1864, il est nommé commandant en chef des armées de l'Union. Le 17 mars, le Congrès le nomme au grade de lieutenant général. Cette prestigieuse distinction a été portée autrefois par George Washington.

Le président Abraham Lincoln rédige avec beaucoup d'émotion une lettre à Madame Lydia Bixby qui perdit ses cinq fils durant le conflit. Cette lettre est considérée aujourd'hui comme la plus belle jamais écrite par un président :

Washington, le 21 novembre 1864.

Chère Madame,

Je viens de voir dans les dossiers du Ministère de la Guerre un rapport de l'Adjudant général du Massachusetts disant que vous êtes la mère de cinq fils, lesquels sont tous morts au Champ d'Honneur. J'imagine combien serait vain et inutile le moindre mot de ma part pour essayer de vous distraire du chagrin causé par une aussi terrible perte. Mais je ne peux toutefois m'empêcher de vous rappeler la consolation que vous pourrez trouver dans la gratitude de la République pour laquelle ils sont morts. Je prie pour que Notre Père qui est au ciel apaise la douleur de votre affliction et vous laisse seulement le tendre souvenir de vos chers disparus et la fierté bien fondée et solennelle d'avoir offert un si précieux sacrifice sur l'autel de la Liberté.

Votre très sincère et très respectueux,

Abraham Lincoln

En préparation aux futures élections présidentielles, le parti démocrate choisit son candidat lors de leur convention nationale : le général George Mac Clellan. Ce dernier, pendant la campagne électorale, eut le mot de la fin : « *Je n'approuve pas le programme de mon parti* ! » Le 8 novembre 1864, Lincoln remporte aisément, en pleine guerre, les élections aux côtés de son futur vice-président, le démocrate Andrew Johnson. 212 grands électeurs sur 233 ont voté pour sa réélection.

En janvier 1865, le 13e amendement de la Constitution des Etats-Unis interdisant sur le sol américain l'esclavage est voté au Congrès. C'est une immense victoire pour Abraham Lincoln. Le 4 mars 1865, il prête serment pour un second mandat présidentiel. Son discours est bref et poignant. Il confie au peuple américain : « *Je regarde vers la paix et la reconstruction éventuelle de l'Union.* »

Durant ce second mandat présidentiel, Abraham Lincoln inaugure le premier service secret. Sa mission principale n'est pas de protéger le président des Etats-Unis mais de lutter contre la fausse monnaie.

Le 9 avril 1865, les troupes confédérées du général Lee sont battues à Appomattox. Grant remporte l'ultime victoire qui met enfin un terme à la guerre. Plus de 600 000 soldats ont été tués lors de ce conflit dont 350 000 nordistes. Il coûta au pays 20 milliards de dollars.

Le 10 mai 1865, le président Jefferson Davis est capturé. Accusé de haute trahison, il est condamné et est déclaré inéligible à toute élection aux Etats-Unis.

Le 14 avril 1865, lors d'une représentation théâtrale à Washington, Abraham Lincoln est victime d'un attentat. Il est grièvement blessé à la nuque par les balles du comédien John Wilkes Booth. Ce dernier hurle : « *Ainsi en est t-il toujours des tyrans !* ». Abraham Lincoln meurt le 15 avril.

Le général Grant commente cette tragédie nationale : « *Le sentiment que j'éprouve est indescriptible. Je connaissais la bonté de son cœur et son désir de voir le peuple des Etats-Unis tout entier retrouver ses droits de citoyen et une totale égalité. Le temps de la reconstruction est soudainement reculé, très loin plus loin qu'on ne pourrait le dire !* »

Son assassin, sympathisant des confédérés, est abattu par les troupes de l'Union pendant sa fuite le 26 avril 1865. Avant de mourir, il murmure au soldat qui l'a abattu : « *C'est inutile.* » Son corps est enterré dans un lieu tenu secret pour éviter le moindre débordement. Il sera remis à sa famille en 1869.

Le cercueil du président Lincoln, quant à lui, sera déplacé dix-sept fois avant d'être déposé dans un monument fortifié en 1901.

Les successeurs d'Abraham Lincoln à la Maison Blanche entendront parler de son fantôme qui hanterait le second étage. Plusieurs séances de spiritismes seront organisées par certaines Premières Dames des Etats-Unis. La Chambre Lincoln fut la chambre, entre autres, du président John Fitzgerald Kennedy.

Le président Jimmy Carter fera annuler l'incapacité d'éligibilité de Jefferson Davis en 1978 soit 89 ans après sa mort.

Le 18 décembre 1865, le 13e amendement à la Constitution des Etats-Unis prend effet : « *Ni esclavage, ni aucune forme de servitude involontaire ne pourront exister aux Etats-Unis, ni en aucun lieu soumis à leur juridiction* ».

⁂

XVII

ANDREW JOHNSON

MANDAT PRÉSIDENTIEL : 15 AVRIL 1865 - 3 MARS 1869
VICE-PRÉSIDENT : AUCUN
PARTI POLITIQUE : DÉMOCRATE-UNIONISTE
RELIGION : AUCUNE

> *« Après tout Adam était tailleur comme moi car il a vêtu Eve en lui confectionnant un manteau avec des feuilles de vigne ! »*
>
> Andrew Johnson

17e président des Etats-Unis, Andrew Johnson, 57 ans, arrive à la Maison Blanche au beau milieu de ce drame national. Il est seul à la Maison Blanche. Pas de vice-président. Il hérite du gouvernement de Lincoln en ayant peu d'amitié pour la plupart de ses membres.

Né le 19 décembre 1808 dans une famille pauvre de la Caroline du Nord, Andrew Johnson avait travaillé dès l'âge de 10 ans pour subvenir aux besoins des siens. En 1822, il accepte un poste d'apprenti tailleur. Andrew Johnson se marie à 19 ans, le 17 mai 1827. Eliza Johnson, 17 ans, lui apprend à lire et à écrire. Le couple aura cinq enfants. Ils s'installent à Greeneville dans le Tennessee.

Johnson y exerce son métier de tailleur. Le magasin se situe au rez-de-chaussée de leur vaste propriété. A 34 ans, il est propriétaire d'une trentaine d'esclaves. Il entre en politique en 1828 et est élu maire de Greeneville en 1830. En 1835, il entre à la Chambre des Représentants. En 1841, il remporte le fauteuil de sénateur du Tennessee.

Andrew Johnson déteste les planteurs qui sont, à ses yeux, « des *esclavocrates* ». Johnson n'est pas commode non plus avec les esclaves qui sont pour lui « *des êtres inférieurs... Qui peut croire un instant que lorsque Thomas Jefferson a écrit la Constitution de notre pays, il avait en tête une population de nègres ! Ridicule !* » Il est donc à l'opposé des convictions humanistes d'Abraham Lincoln.

Choisi comme colistier par Lincoln lors de la dernière campagne présidentielle de 1863, Andrew Johnson s'est fait des ennemis au sein de son propre parti. Abraham Lincoln voit en cet homme un fervent défenseur de l'Union. Andrew Johnson a été le seul sénateur du Sud à ne pas remettre sa démission après la constitution des Etats Confédérés.

Lorsqu'Andrew Johnson accède à la Maison Blanche après le meurtre du président Lincoln, il dépose un veto sur la loi des droits civiques obtenus pour les esclaves émancipés ! Mais en avril 1866, les Noirs deviennent citoyens américains et le 8 janvier 1867, la loi garantissant le droit de vote aux Noirs de Washington D.C. est accordée.

La guerre terminée, le président Andrew Johnson travaille ardemment à la reconstruction de l'Union. Le 14 octobre 1865, il reçoit à la Maison Blanche les représentants des Etats Confédérés pour leur faire part de son intention de les amnistier officiellement.

Au Congrès, les républicains lui reprochent sa sympathie pour le Sud. Ils réclament sa destitution. La procédure dite « *d'Impeachment* » est conduite le 24 février 1868. Au vu de l'acharnement de ses ennemis - *Johnson est une incarnation du diable* -, l'opinion publique soutient finalement son président. Le 26 mai 1868, la voix du sénateur du Kansas le sauve de justesse de la destitution.

En réponse à la prise d'effet du 13e amendement des Etats-Unis, le Ku Klux Klan naît officiellement au Tennessee. Il est composé essentiellement d'ex-Confédérés nostalgiques du traitement inhumain destiné autrefois à la population noire. Cette organisation sème la terreur dans le Sud en commettant des crimes révoltants. Le gouvernement intervient. Leur chef est recherché par les troupes fédérales. Le KKK est dissous en 1869.

Les esclaves émancipés, quant à eux, sont livrés à eux-mêmes. La plupart d'entre eux espéraient que le gouvernement leur donnerait de la nourriture et une terre pour survivre. Désormais, ils mendient dans les rues et se retrouvent dans une situation désastreuse. Plus de trois millions de Noirs, affamés, sans abri, sont livrés à eux-mêmes. Leurs anciens propriétaires, ruinés par la guerre, sont, pour la plupart, mendiants. Le Sud accepte avec mépris l'émancipation des Noirs tout en se réservant le droit d'interdire le mariage entre les Noirs et la race blanche, d'interdire aux Noirs de vagabonder dans les rues sous peine d'être punis de travaux forcés!

A la Maison Blanche, l'ambiance est morose. Le président n'aime pas particulièrement les réceptions. Il ne supporte pas l'alcool. Il a d'ailleurs été malade durant la cérémonie d'investiture présidentielle d'Abraham Lincoln car il avait accepté un seul verre de brandy!

Le président Johnson a une passion pour le moins surprenante: il essaye d'apprivoiser les rongeurs qui vivent dans les différentes pièces de la Maison Blanche. De son côté, sa femme, Eliza Johnson, avec l'aide des domestiques, entreprend une éradication de ces bestioles.

Le 9 avril 1867, le gouvernement américain rachète à la Russie l'Alaska pour plus de 7 millions de dollars. L'Etat recèle des richesses importantes.

Après la présidence de Lincoln, l'immense territoire de l'Ouest est encore vierge de toute influence américaine. Les terres sont occupées par des millions de bisons et d'Indiens. Le gouvernement de Johnson veut y poursuivre le développement du chemin de fer. Des chasseurs menés, notamment, par le célèbre Buffalo Bill organisent des massacres épouvantables pour anéantir la population des bisons qui est la nourriture essentielle des communautés indiennes. Leur déclin va alors commencer dans le sang des millions d'animaux abattus sauvagement.

Le 27 novembre 1868, le sinistre lieutenant-colonel George Custer s'illustre dans une des pires infamies de l'histoire des Etats-Unis. Il autorise à ses 8 000 hommes le massacre d'enfants et de femmes cheyennes à Washita.

Andrew Johnson ne se représente pas aux élections présidentielles. Il se retire dans le Tennessee. Il est élu en tant que sénateur du Tennessee en 1875. Il meurt le 31 juillet 1875. Son épouse, Eliza, le rejoint six mois plus tard.

⁂

XVIII

ULYSSES SIMPSON GRANT

LE HEROS D'APPOMATTOX

MANDAT PRÉSIDENTIEL : 1869 - 1873 – 1873 - 1877
VICE-PRÉSIDENT : SCHUYLER COLFAX (1869-1873) – HENRY WILSON (1873-1877)
PARTI POLITIQUE : RÉPUBLICAIN
RELIGION : MÉTHODISTE

> *« Le général Grant est un curieux personnage ! Lorsqu'il prend possession d'un lieu, plus personne ne peut l'en déloger. Ce lieu lui appartient comme s'il en avait hérité ! »*
>
> Abraham Lincoln

Le héros d'Appomattox, franc-maçon, crée l'événement à Washington D.C. Le peuple américain voit en lui l'espoir d'une vraie reconstruction de l'Union. Les républicains sont satisfaits de voir un des leurs à la Maison Blanche.

Né le 27 avril 1822 dans l'Ohio, Ulysses G. Grant embrasse une carrière militaire dès l'âge de 17 ans comme écuyer à l'académie de West Point. Ses camarades le surnomment : H.U.G. En 1843, il sert comme lieutenant dans la 4ème infanterie des Etats-Unis. En 1846, son attitude courageuse est distinguée lors de la guerre du Mexique.

Le 22 août 1848, à l'âge de 26 ans, Ulysses S. Grant se marie avec Julia Dent, 22 ans. Ils auront quatre enfants : Frédéric, Ulysse, Ellen et Jesse.

Après la fin du conflit au Mexique, Grant sombre dans l'alcool et démissionne de l'armée pour éviter la cour martiale. En 1861, il réapparaît en tant que capitaine lors de la guerre de Sécession, puis il est nommé général à la demande expresse du président Abraham

Lincoln. Après la bataille de Shiloh, on lui donne le surnom de « *boucher* », terme peu élogieux mais qui, pour les hauts gradés et la Maison Blanche, représente un bon signe pour la victoire.

Grant met à genoux le célèbre général Lee et ses troupes confédérées. Il ordonne que l'on donne de la nourriture aux troupes affamées et fait taire les canons. La victoire est acquise et la guerre est enfin finie.

Après l'assassinat du président Abraham Lincoln, Ulysses S. Grant, écœuré, assiste à ses funérailles. A la suite de la cérémonie, il déclare que la reconstruction de l'Union sera plus difficile sans la présence de ce grand président.

Après la présidence épouvantable d'Andrew Johnson, Grant symbolise l'espoir de la Nation.

Grant n'est pas dupe de la véritable raison de son élection. La presse d'opposition ne rate pas une occasion de la lui rappeler : « *Les Américains ont voté pour une figure historique et non pour son programme* ». A ses yeux, sa victoire aux élections présidentielles de 1868 récompense donc bien ses succès militaires et Grant, 46 ans, est heureux de diriger ce pays malgré son inexpérience en politique. Ce qu'il désire ardemment pour l'Amérique, c'est un avenir meilleur.

Le 4 mars 1869, le nouveau président des Etats-Unis remercie le peuple de l'avoir élu à cette « *haute fonction … je garantirai la sécurité des Américains, de leurs biens, de leur liberté et de leur opinion religieuse. Toutes ces lois pour garantir ces privilèges recevront tous mes efforts pour leur application durant cette présidence.* »

L'entourage de Grant est peu recommandable. La presse ne rate aucune occasion pour dénoncer les scandales qui touchent ses conseillers ou ses proches. En septembre 1876, son secrétaire Orville E. Babcok (1835-1884) est soupçonné d'être mêlé à un commerce illégal de whisky. Il est acquitté grâce à l'intervention du président, mais est ensuite entendu officieusement par Grant sur une antérieure affaire de spéculation. Après cette entrevue, Babcok quitte définitivement la Maison Blanche. Les deux hommes ne se reverront plus.

La ténébreuse affaire du « Crédit Mobilier d'Amérique » touche ensuite son vice-président, Schuyler Colfax (1823-1885). Les fondateurs de la grande compagnie de chemin de fer Union Pacific avaient obtenu du gouvernement fédéral un emprunt de 27 millions de dollars, gagé par une hypothèque, pour construire 667 kilomètres de nouvelles lignes. Ils avaient hypothéqué le même gage cette fois en première hypothèque au profit du Crédit Mobilier d'Amérique, une société dont ils détenaient les parts et qui avait pour mission d'entreprendre les travaux. Des experts découvrirent l'escroquerie : le prix payé au Crédit Mobilier d'Amérique était trois fois supérieur au coût réel du chantier. On tenta d'empêcher une enquête fédérale en impliquant des hautes personnalités de la capitale. Actionnaire du Crédit Mobilier d'Amérique (CMA) et membre à la Chambre des Représentants pour le Massachussetts, Ames vendit des parts à une valeur nominale du CMA à certains membres du Congrès en leur occultant toute l'affaire. Colfax en acheta. Malgré cette parade, le ministère de la justice ouvrit une enquête : une dizaine de personnalités politiques furent aussitôt accusés. Le vice - président des Etats-Unis est-il coupable ? Grant ne se pose pas longtemps la question. Il lui adresse une lettre pour lui confirmer son soutien.

En août 1872, le président Grant signe la loi approuvant la création du parc national de Yellowstone qui s'étend sur plus de 9 000 km^2. Dès l'automne, après la faillite frauduleuse des grandes compagnies de chemin de fer, la crise financière resurgit. La reconstruction de l'Union a eu le malheur d'attirer bon nombre d'escrocs. Les dettes de la guerre sont si lourdes que la Maison Blanche est désemparée. Plus de 4 000 faillites sont enregistrées. Des patrons se suicident. L'opposition hurle devant l'incapacité du président à réagir. La campagne présidentielle pour son second mandat est terrible. Face à Grant, Horace Greeley, l'éditeur richissime du New York Tribune. Plus de 700 000 Noirs votent en faveur du président en fonction. Grant est réélu le 5 novembre 1872. L'épouse de son adversaire décède subitement. Horace Greeley sombre dans la folie et meurt quelques semaines plus tard, le 29 novembre 1872.

Grant entame à la Maison Blanche une nouvelle vie : il s'est mis à fumer le cigare. Beaucoup trop, pensent ses médecins personnels. Il s'en moque. On ne donne pas d'ordre à un général. Le luxe lui plaît beaucoup. On y prend vite goût après tout. Son épouse la première. Et puis la boisson. Sournoise, elle est revenue dans sa vie. Peut-être pour effacer de sa mémoire le visage de ceux qui ont péri durant ses batailles célèbres... Sans doute aussi pour oublier qu'il n'était pas fait pour cette haute fonction.

Il apprend à ses dépens que, contrairement au code militaire, il n'y a pas de déshonneur à trahir en politique. Grant, qui ne négocie jamais, va devoir composer. Un mot qu'il déteste.

Durant les réunions de son gouvernement, il n'est pas rare de voir le président somnoler ou de surprendre son regard posé sur les jardins de la Maison Blanche. La politique a usé son énergie. Il s'ennuie.

Le journaliste et historien, Henry Adams (1838-1918) écrit dans son journal : « *Le président avait encore des éclairs de volonté pendant lesquels apparaissait sa naturelle honnêteté mais il retombait vite dans une torpeur qui rendait ses décisions aussi déconcertantes qu'eût fait la complexité d'un Talleyrand. Il est souvent impossible de suivre le processus de la pensée du général Grant. Si l'on étudie la présidence de Washington à Grant, la théorie de Darwin ne tient pas le coup !* » Grant sourit en lisant ces lignes.

Julia Grant, 50 ans se plaît toujours à organiser de somptueuses cérémonies pour tenter de le distraire un peu.

Durant sa présidence, le pays connaît un incroyable enchaînement de progrès technologiques et culturels. On célèbre l'invention du téléphone après les travaux d'Alexander Graham Bell, les lampes à incandescence du brillant Thomas Alva Edison, l'exposition universelle de Philadelphie qui montre une vitrine époustouflante de l'Amérique. L'industrie métallurgique américaine est en plein essor. La production en acier et en fer égale celle des Anglais. Les fameux trusts font la fierté de l'Amérique. La jeune démocratie n'a plus rien à envier à la Grande-Bretagne ni à la France.

Le 25 juin 1876, une nouvelle tombe à la Maison Blanche. 1 500 Cheyennes et Sioux, menés par le Chef Sitting Bull, se sont vengés de la boucherie du général Custer à Washita. Lui et ses 647 soldats sont massacrés à Little Big Horn River. Le célèbre Mark Kellogg est tué également : il est le premier reporter de guerre à trouver la mort en mission. Par respect pour le chef militaire qu'il représentait, Sitting Bull ne scalpe pas Custer. Sa dépouille est laissée sur le champ de bataille où des centaines de mourants hurlent à l'agonie. Apprenant la nouvelle, le président Grant ne souffle pas un mot. Il quitte son bureau pour marcher seul dans les jardins de la résidence. L'été est magnifique à Washington D.C. A-t-il aimé ce général ou l'a-t-il détesté pour sa violence ? Comme il le confiera plus tard à ses proches : « *J'ai détesté la guerre. La seule vue du sang me dégoute* ». Une enquête est menée par le Congrès : pourquoi n'a-t-on pas envoyé des troupes pour soutenir les cinq compagnies du défunt général ? Grant fait classer l'affaire.

1876 n'est pas une bonne période pour Ulysses S. Grant. La campagne présidentielle bat son plein. Le républicain Rutherford Birchard Hayes se présente. Les Etats-Unis ne sont pas encore remis de la crise financière. 9 000 faillites ont été déplorées, des milliers de chômeurs mendient dans les grandes villes. A la Convention Nationale des républicains, on s'attend à voir apparaître le sénateur James Blaine (1830-1893).

Grant quitte la Maison Blanche la veille des élections. Il a décidé de voyager à l'étranger pour oublier ses deux mandats présidentiels. De retour aux Etats-Unis, il entreprend enfin ses mémoires qui sont très attendues. Mais la nouvelle tombe : il est atteint du cancer de la gorge. Il endure un véritable martyr. Avec courage, il termine le livre – destiné à soutenir financièrement sa famille après sa mort-avant de s'éteindre le 23 juillet 1885.

Julia Grant meurt en 1902.

*
* *

XIX

RUTHERFORD BIRCHARD HAYES

LE PRESIDENT INATTENDU

MANDAT PRÉSIDENTIEL : 1877 - 1881
VICE-PRÉSIDENT : WILLIAM A. WHEELER
PARTI POLITIQUE : RÉPUBLICAIN
RELIGION : MÉTHODISTE

Rutherford B. Hayes naît le 4 octobre 1822 dans l'Ohio. Son père, commerçant à Delaware, meurt dix jours avant sa naissance. Son oncle Sardis s'occupe de son éducation. Sa mère, Sophia, ne se remariera pas. Les membres de la famille surnomment affectueusement le jeune gamin *Rud.* Il adore jouer dans les forêts avoisinantes où il chasse et pêche avec son inséparable grande sœur, Fanny. Rud suit l'enseignement des méthodistes et rejoint la prestigieuse université de Harvard pour des études de droit dès 1842. En 1844, il confie à son oncle qu'il a l'intention de se lancer en politique quand le moment sera venu.

En 1849, diplômé de droit, il déménage à Cincinnati où il rencontre sa future épouse : Lucy Ware Webb. Cette jeune étudiante au Collège privé de Wesleyan est née le 28 août 1831. En décembre 1852, ils se marient. Le couple aura huit enfants. Rud y ouvre un cabinet d'avocats. Il se spécialise dans les affaires pénales et dans la défense des esclaves. Antiesclavagiste engagé, Rud sauve la vie de bon nombre d'entre eux. En 1856, sa sœur Fanny meurt en donnant naissance à son enfant. Son chagrin est immense.

En décembre 1858, le « solicitor » de Cincinnati se tue tragiquement en voiture. Rud est appelé à le remplacer. Son cabinet prend une ampleur extraordinaire. Les Hayes font désormais partie des personnalités de la ville. Les républicains commencent à s'intéresser à ce respectable avocat.

Lorsque la guerre de Sécession est déclarée, Rud s'engage comme major au sein de l'armée de l'Union en 1861. Il prend part à la terrible bataille de South Mountain. En 1865, il obtient une promotion et est nommé major général. A la fin de la guerre, il entre à la Chambre des Représentants. En 1867, 1869 et 1875 il remporte le fauteuil de gouverneur de l'Etat de l'Ohio. En 1876, le parti républicain le choisit pour les futures élections présidentielles.

Cette campagne aura un dénouement des plus étonnants. On parle de fraude électorale dans le camp républicain. Les démocrates revendiquent une victoire. Le célibataire le plus connu de Washington D.C., le gouverneur de l'Etat de New York, Samuel Tilden (1814-1886) reste sur sa position. Il sera le 19e président des Etats-Unis et pas ce tricheur de Rud ! L'affaire prend une telle ampleur que l'ex -président des Etats-Unis, Ulysse S. Grant calme le jeu. On évoque une nouvelle guerre civile. En Janvier 1877, on fait donc appel à une commission. Mais celle-ci ne satisfait pas du tout Samuel Jones Tilden car elle est composée de huit républicains et de sept démocrates ! Il crie au scandale. La presse se régale. La commission donne la victoire au gouverneur de l'Etat de l'Ohio. Pour éviter un conflit armé, les deux camps trouvent un compromis : le président Rutherford B. Hayes retirera l'armée fédérale dans le sud du pays.

Le 3 mars 1877, Rud, 55 ans relit son discours inaugural dans une chambre d'hôtel. Il a annoncé à la presse qu'il ne participera pas à la cérémonie prévue le dimanche: « *Le jour du Seigneur, on ne jure pas !* » Il prêtera donc serment devant 30 000 Américains le lundi 6 mars 1877.

Le visage est dur, entouré d'une longue barbe grisonnante. L'œil est critique à toutes distractions. Le méthodiste Rutherford Birchard Hayes ne se fait pas beaucoup d'illusions : une majeure partie des 50 millions d'Américains ne sera pas particulièrement heureuse de le voir à Pennsylvanie Avenue. Tilden avait largement gagné le vote populaire. Dès son arrivée à la Maison Blanche, le 19e président des Etats-Unis respecte sa promesse. Il ordonne, en avril 1877, que les troupes fédérales quittent le sud du pays. Mais il demande expressément que le gouverneur de la Caroline du Sud s'engage officiellement à faire respecter les droits civiques pour la population noire. Il en fait de même avec la Louisiane.

Le président Hayes examine avec attention le problème de l'immigration chinoise qui paralyse les salaires des ouvriers américains. Les Chinois ont été bien utiles pour la construction des chemins de fer dans le pays mais à présent, les cheminots américains ne veulent plus de leur présence sur les derniers grands chantiers. En 1879, le Congrès vote une loi qui abroge le traité de 1868. Hayes refuse et y oppose son veto. Mais il autorise son secrétaire d'Etat à négocier avec la Chine le trafic de l'immigration chinoise aux Etats-Unis.

Hayes n'hésite pas à envoyer les forces publiques pour briser les premiers mouvements de grève qui marquent sa présidence. On tire : dix morts sont à déplorer à Baltimore. Plus de 15 000 grévistes réclament justice. Les cheminots organisent une grève nationale qui paralyse les grandes villes. On est au bord du chaos. Les journalistes et les démocrates font savoir leur mécontentement. Hayes garde ce cap et n'en démord pas. Des syndicats importants voient le jour. A la Maison Blanche, l'agitation extérieure n'empiète pas sur la monotonie de cette présidence. De mémoire de personnel de la résidence présidentielle, on n'a jamais connu un tel ennui.

Le président prie chaque jour. Les prières sont suggérées avant les réunions du gouvernement. La première dame des Etats-Unis, surnommée ironiquement « *Lucy la limonade* » vérifie la liste des invités des soirées officielles. Elle ne veut pas d'alcooliques à la Maison Blanche. La presse se moque : « *Hier, l'eau a encore coulé comme du champagne à la Maison Blanche !* » Hayes, qui a déjà assez de soucis pour prouver qu'il est bien le président des Etats-Unis, ne s'en mêle pas.

Malgré son caractère peu enclin à la plaisanterie, Lucy Hayes est sans conteste une des Premières Dames des Etats-Unis les plus appréciés. On remarque son intelligence, son éducation et sa position contre l'esclavagisme. Le personnel de la Maison Blanche étant principalement noir, il admire ses revendications. A cette époque, les femmes n'ont pas le droit à la parole mais Lucy la limonade s'en moque !

Hayes annonce, à la fin de son premier mandat, qu'il n'est pas candidat à sa propre réélection. Washington D.C. se contente de « *lever les yeux au ciel* ». Avant de quitter Pennsylvanie avenue, Hayes fait installer le téléphone pour son successeur. Son premier appel sera pour Alexander Graham Bell. Rud se retire avec son épouse à Spiegel Grove en l'Ohio laissant une image plus respectueuse de la Maison Blanche que celle de son prédécesseur. Lucy Hayes succombe à une crise cardiaque le 25 juin 1889. Rud est inconsolable. Pendant la période des funérailles, dans tout le pays, les drapeaux sont mis en berne.

Rutherford B. Hayes s'éteint à son tour quatre ans plus tard à 70 ans le 17 janvier 1893. Il murmure avant de refermer les yeux pour toujours : « *Je vais rejoindre ma Lucy* ».

★
★ ★

XX

JAMES ABRAM GARFIELD

MANDAT PRÉSIDENTIEL : 4 MARS 1881 - 19 SEPTEMBRE 1881
VICE-PRÉSIDENT : CHESTER A. ARTHUR
PARTI POLITIQUE : RÉPUBLICAIN
RELIGION : DISCIPLES DU CHRIST

James Abram Garfield naît le 19 novembre 1831 à Orange dans une fermette de l'Ohio. Quelques mois après sa naissance, son père Abram meurt. Sa mère Elysa s'occupe de lui avec beaucoup d'attention. Le jeune James adore la pêche et la lecture. Il se passionne surtout pour les ouvrages racontant l'histoire de la révolution américaine et pour les romans d'aventure.

En 1848, James A. Garfield, 17 ans, embarque seul sur un navire pour une expédition de six semaines. Il veut vivre de grandes expériences. Une maladie met un terme à ce rêve. De retour au pays, il se fait baptiser au sein de l'église des disciples du Christ.

Tout en acceptant de petits boulots comme aide-charpentier, James A. Garfield poursuit des études. Une fois diplômé, il obtient un poste de professeur puis de proviseur dans un lycée de l'Etat de New York. Par la suite, il met l'enseignement de côté pour apprendre le droit et obtenir un diplôme d'avocat.

Il se marie le 11 novembre 1858 avec Lucretia Rudolph, 26 ans. Le couple aura sept enfants. En 1850, il entre au parti républicain et se fait élire au poste de sénateur de l'Ohio.

En février 1861, à Cincinnati, il fait partie de la foule qui est venue écouter Abraham Lincoln. Le nouveau président y évoque l'imminent conflit militaire qui opposera le Nord et le Sud du pays. Garfield admire la grandeur et le charisme de cet homme.

Il s'engage comme lieutenant-colonel dans l'armée et participe à la bataille de Middle Creek dans le Kentucky à l'issue de laquelle il est promu brigadier général. On lui donne le commandement d'une armée à Shiloh. Il doit quitter le terrain car il tombe gravement malade. A son plus grand désespoir, il est envoyé dans les bureaux de Washington D.C. Là, il a une aventure avec une jeune femme.

En 1862, il entre à la Chambre des Représentants. Il y restera jusqu'en 1878.

Le brigadier général James A. Garfield retourne au combat en 1863 et participe en septembre à la bataille de Chickamauga. C'est une terrible défaite pour les armées de l'Union. Durant cette même année, les Garfield perdent leur fille. Ils perdront un autre de leurs enfants en 1876.

A la fin de la guerre, James A. Garfield retourne à Washington D.C. pour poursuivre sa carrière politique. On lui reconnaît un don d'orateur extraordinaire. L'homme sait toucher le peuple. Garfield reçoit l'investiture de son parti pour les élections présidentielles de 1880. Il les remporte avec un total de 214 grands électeurs face à 115 pour le démocrate Winfield Scott Hancock. Le vote populaire est également favorable aux républicains mais avec une marge de 10 000 voix. Sa présidence ne sera donc pas facile.

Le peuple américain, dans sa majorité, ignore beaucoup de cet obscur ancien militaire.

Le 4 mars 1881, sous un froid glacial, Elza Garfield, assiste à l'investiture de son fils. Dans l'histoire de la présidence des Etats-Unis, c'est une première. « *Notre jeune démocratie a traversé un siècle de périls mais elle a été couronnée par le triomphe de la liberté et du droit!* » annonce fièrement le 20e président. Seuls 7 000 Américains entendent son discours car la neige a découragé les plus volontaires.

Les premières actions du gouvernement sont de ressouder le parti républicain. Chester Arthur, vice-président, rassure les plus « *durs* ». Il entre en guerre contre la corruption dans l'administration américaine. Le cabinet souhaite rétablir l'image de la présidence.

Il veut revoir également dans son ensemble la défense civique de la population noire : « *Elle mérite des droits pour sa citoyenneté* ».

La Première Dame des Etats-Unis organise deux réceptions par semaine à la Maison Blanche. On aime son sens de l'hospitalité et sa conversation. Mais à la mi-mai, Lucretia Garfield tombe gravement malade. Le 18 juin, le couple présidentiel part se reposer dans un luxueux hôtel du New-Jersey. Le président ne sait pas encore qu'il a échappé de justesse à une tentative d'assassinat alors qu'il s'engage avec son épouse malade dans la gare de Washington D.C. L'avocat Charles Guiteau est à l'affût avec un pistolet. Au dernier moment, ses nerfs le lâchent. Les Garfield montent dans le train sans se rendre compte de quoi que ce soit.

Néanmoins, ce n'est que partie remise car Guiteau va récidiver. Qui est ce Charles Guiteau ? Cet avocat est persuadé qu'il a apporté beaucoup de sa personne pour la victoire de James A. Garfield aux présidentielles. Quelques semaines auparavant, il avait demandé une faveur au président des Etats-Unis : le poste de consul des Etats-Unis à Vienne ou à Paris. Garfield, après enquête, avait poliment refusé sa demande. Dès lors, Guiteau, qui était l'un de ses plus grands admirateurs, va le détester. Il invoque la puissance céleste, promet de venger l'honneur des Etats-Unis et finit par acheter une arme.

Quelques jours plus tard, l'avocat apprend par les journaux que le président des Etats-Unis se rendra à la gare de Washington début juillet pour retrouver sa femme dans une station balnéaire du New Jersey. La Première Dame des Etats-Unis est maintenant hors de danger.

Le 2 juillet 1881, Charles Guiteau attend sa victime. Il est neuf heures trente du matin lorsqu'il lui tire une première balle dans le dos. Le président se retourne, la bouche ensanglantée : « *Mais qu'est ce donc ?* » Guiteau tire de nouveau, cette fois de face. Il crie : « *Maintenant, Arthur est président !* »

Le 20e président des Etats-Unis tombe, inconscient, sur le sol, aux côtés de son jeune fils Jim et sous les hurlements de la foule.

L'assassin quitte les lieux en rangeant son pistolet dans sa veste mais il est arrêté par la police à la sortie de la gare.

James A. Garfield est emmené à la Maison Blanche. Ses médecins personnels sont incapables de le soigner. Une balle est restée dans son corps. La chaleur, à Washington D.C., est insupportable. Un système de climatisation est rapidement installé à la Maison Blanche mais cela ne suffit pas.

Les médecins proposent de transférer le blessé dans le New Jersey. Avant de quitter la capitale, le président reçoit, de son lit, son gouvernement au grand complet. Le 6 septembre 1881, il rejoint la côte pour se loger chez un ami armateur. Le voyage en train a été difficile à supporter malgré les 2 000 Américains qui se sont portés volontaires pour construire une voie ferrée permettant à la locomotive présidentielle de se rapprocher le plus près possible de sa nouvelle résidence.

Le lundi 19 septembre 1881, James Abram Garfield décède d'une rupture d'anévrisme aux cotés de ses enfants et de son épouse. Son corps est exposé pendant deux jours au Capitole. Plus de 100 000 Américains lui rendent un dernier hommage. Au procès, l'avocat Charles Guiteau se dit être envoyé par Dieu pour accomplir sa Volonté. Le 25 janvier 1882, le déséquilibré est condamné à la pendaison. Avant que le bourreau procède à son exécution, le 30 juin 1882, Guiteau demande à pouvoir lire un de ses poèmes.

Une partie du cerveau de Charles Guiteau est conservé au musée Mütter de Philadelphie.

Lucretia Garfield rentre chez elle. Pendant les trente-six années qui lui restent à vivre, elle travaillera sur les archives de son époux. Elle mourra le 14 mars 1918.

*
* *

XXI

CHESTER A. ARTHUR

LE GENTLEMAN EN CHEF

MANDAT PRÉSIDENTIEL : LE 20 SEPTEMBRE 1881- 3 MARS 1885
VICE-PRÉSIDENT : AUCUN
PARTI POLITIQUE : RÉPUBLICAIN
RELIGION : ÉPISCOPALIEN

« La rumeur de ma mort est tout à fait exagérée »

Mark Twain

Chester Arthur est né le 5 octobre 1829 dans le Vermont, d'un père immigré irlandais, pasteur. Après avoir enseigné dans une école du Vermont, il entreprend des études de droit et obtient sa licence d'avocat en 1853. Un an plus tard, devient associé dans un un grand cabinet d'avocats de New York : « *Avocats Culver, Parker and Arthur* ». Il y défend la cause des minorités raciales. Un de ses dossiers lui fait une immense publicité, celui d'Elizabeth Jennings (1830-1901).

Le 16 juillet 1854, cette jeune femme noire prend le tramway pour assister à une messe. Mais le transport qu'elle utilise est interdit aux Noirs. Le conducteur lui demande de descendre immédiatement. Elle refuse. Il la bouscule violemment, elle résiste encore. Finalement, c'est un policier de New York qui l'expulse du tramway. Elizabeth Jennings décide de porter plainte contre cette compagnie. L'affaire fait immédiatement la une des journaux. Elle choisit comme avocat le jeune Chester A. Arthur qui va avoir 25 ans ! Ils remportent le procès. Jennings touche 225 000 dollars de dommages et intérêts. Le lendemain, la compagnie annonce que les gens de couleur peuvent monter dans leurs tramways. Chester A. Arthur devient un véritable héros pour les causes perdues.

En 1859, il rencontre la soprano Ellen Lewis Herndon surnommée Nell. Elle est née le 30 août 1837. Son père, mort en mission, est un des héros de la marine américaine. Arthur et Nell se marient à New York, le 25 octobre 1859. Le couple aura trois enfants : William, Chester Alan et Ellen. William meurt à l'âge de trois ans. A cette mort s'ajoute le fait qu'Arthur n'est pas souvent à la maison en raison de ses dossiers importants. Nell parle rapidement de divorcer.

En 1861, Arthur fait ses premiers pas en politique. Il assiste à Washington au discours du président Lincoln. Mais la guerre de Sécession le fait entrer dans l'armée avec la fonction de brigadier général au département de l'intendance. En 1863, il retrouve son cabinet d'avocat sans avoir tiré une seule fois sur les confédérés.

En 1871, le président Ulysses S. Grant le charge des douanes où il fait un travail remarquable. Il est ensuite nommé percepteur général à la Custom House of New York. Ses adversaires prétendent qu'il en profite pour subtiliser de rondelettes sommes d'argent qu'il destine au parti républicain. En tous les cas, en 1880, les conservateurs républicains sont soulagés d'apprendre que James Abram Garfield lui propose le poste de colistier pour les élections présidentielles.

Garfield remporte la Maison Blanche. Cette victoire est ternie par la mort d'Ellen Lewis Herndon Arthur, emportée par une pneumonie le 12 janvier 1880.

Lorsque le président est abattu par Charles Guiteau, Chester Alan Arthur est en Albany dans l'Etat de New York en compagnie de législateurs. Quand on lui annonce la nouvelle, il s'écrie : « Mon Dieu, j'espère que tout ceci est une erreur ! Ce n'est pas possible ! » Il retourne immédiatement à Washington D.C. pour se rendre au chevet du président. Lui qui ne désirait déjà pas cette vice-présidence va peut-être hériter de la Maison Blanche. Il est catastrophé.

Chester A. Arthur se retrouve le 20 septembre 1881 à la fonction suprême des Etats-Unis sans l'avoir souhaité. Il hérite d'un gouvernement qu'il n'a même pas composé. Dès son entrée à la Maison Blanche, Chester A. Arthur se penche aussitôt sur le problème de l'immigration aux Etats-Unis et de la corruption dans l'administration américaine. Il entreprend des réformes en profondeur. La Chambre des Représentants vote le Pendleton Civil Service Act qui met fin aux pistons politiques dans les nominations à la fonction publique. Dorénavant, les candidats obtiendront leur poste par leur seule compétence. Le président se fait aussitôt de nouveaux ennemis.

Chester A. Arthur, veuf, demande à sa sœur Mary de jouer le rôle de Première Dame des Etats-Unis. Il fait ordonner au personnel de déposer un bouquet de fleurs fraîches chaque jour devant le portrait de son épouse, Ellen Arthur.

Très gourmand, le 21e président fait aménager de nouvelles cuisines à la Maison Blanche. Les menus que l'on sert au président et à sa famille sont aussi impressionnants par leur quantité que par leur diversité. Plus de quatorze plats sont ainsi proposés, midi et soir ! Le président est toujours en smoking. Ses grands favoris amusent les humoristes. En 1882, il demande au décorateur Louis Tiffany de revoir l'intérieur de la Maison Blanche. Il y fait aussi installer le premier ascenseur. Pour payer les factures de ces aménagements, le président met aux enchères toutes les vieilleries que son personnel peut trouver dans les caves de la résidence présidentielle y compris des objets ayant appartenu au président Lincoln !

Le président Arthur s'occupe du sort des Indiens. Ceux-ci ne sont plus que 250 000 sur le territoire américain et leur exode au Canada ne fait qu'ajouter à leur tragédie. Arthur demande au Congrès d'adopter des mesures efficaces pour les protéger.

Il entreprend également de moderniser les navires militaires. Les ingénieurs lui présentent un projet de blindage.

Avec soulagement, le 3 mars 1885, Chester Alan Arthur accompagne son successeur, Grover Cleveland, pour la prestation de serment. Ce dernier prononce sans notes son discours inaugural au Capitole. Arthur est bluffé. Malade, il n'a pas tenu à se présenter pour un second mandat. Il souhaite bonne chance à l'ex-vendeur d'une épicerie de Buffalo et quitte aussitôt la capitale.

Chester Alan Arthur meurt le 18 novembre 1886 à l'âge de 56 ans et, selon son vœu, sera enterré auprès de son fils et de sa fille.

★
★ ★

XXII

STEPHEN GROVER CLEVELAND

LE PRESIDENT VETO

MANDAT PRÉSIDENTIEL : 1885-1889
VICE-PRÉSIDENT : THOMAS A. HENDRICKS (1885-1889)
PARTI POLITIQUE : DÉMOCRATE
RELIGION : PRESBYTÉRIEN

> *« Je me réveille au beau milieu de la nuit, me demandant à chaque fois si tout ceci n'était qu'un rêve ! »*
> Stephen Grover Cleveland

Stephen Grover naît le 18 mars 1837 à Caldwell dans le New Jersey. Il est le cinquième des neuf enfants de Richard et d'Ann Cleveland. Richard Cleveland est prêcheur presbytérien. En 1841, la famille emménage à Fayetteville dans l'Etat de New York.

Pour subvenir aux besoins du ménage, Stephen Grover Cleveland accepte la proposition de son père : interrompre ses études et trouver un travail. Le jeune gamin trouve une activité dans une épicerie, ce qui rapporte 5 dollars par mois à ses parents. Il loge au-dessus du magasin dans une minuscule chambre qui n'est meublée que d'un lit ! En 1853, son père décède brutalement. Deux ans plus tard, à 18 ans, Stephen Grover étudie le droit dans un cabinet de Buffalo. En 1859, il est admis au barreau.

Ses collègues de bureau admirent son courage et sa discipline. Il peut passer des heures sur un dossier, quitte à ne pas dormir du tout. Ses seuls moments de détente, il les passe avec ses meilleurs amis : en chassant ou en pêchant. Il ne fréquente pas beaucoup les filles et préfère de loin la compagnie des hommes.

Cleveland entre au parti démocrate malgré ses excellentes relations avec des membres du parti républicain. Il s'oppose à l'élection présidentielle d'Abraham Lincoln car il ne comprend pas sa position vis-à-vis de la population noire et plus particulièrement des esclaves. Mais lorsque la guerre de Sécession éclate, Stephen Grover Cleveland défend la cause de l'armée de l'Union sans pour cela devenir soldat. Pourtant une loi oblige tout homme valide à s'engager dans l'armée sauf s'il est remplacé par une autre personne. Cleveland trouve un volontaire en lui offrant 150 dollars. On ne sut jamais si celui-ci revint sain et sauf de la guerre. Quant à ses deux frères, ils s'engagent immédiatement. Stephen Grover Cleveland s'occupe de sa mère et de sa sœur.

En 1865, il se présente aux élections pour obtenir le fauteuil d'attorney du district. Il échoue. En juillet 1868, il participe en tant que délégué à la convention nationale des démocrates. Il s'y fait remarquer. En 1870, il remporte le poste de Sheriff dans l'un des comtés de New York. Au cours de son mandat, il pend lui-même deux condamnés : Patrick Morrissey et John Gaffney.

En 1881, sa fortune est assez conséquente. Il se présente aux élections municipales de Buffalo. Les électeurs veulent retrouver une mairie lavée de toute corruption. Cleveland le leur promet. Il est élu le 2 janvier 1882.

Toujours la même année, il obtient le poste de gouverneur de l'Etat de New York. Sa réputation de gros travailleur le précède. Il passe plus de la moitié de sa journée au bureau. La presse encense son honnêteté et sa rigueur. Et à Washington D.C., on loue son bon sens.

Après le désistement du pauvre Samuel Tilden, il accepte de représenter son parti aux futures élections présidentielles. En face de lui, il y a le candidat républicain : le sénateur James Blaine (1830-1893), ancien secrétaire d'Etat sous la présidence de James Garfield. La campagne est dure. Les républicains dévoilent aux journalistes la présence d'un enfant illégitime : Oscar Folsom. Cleveland ne nie pas de subvenir depuis dix ans aux besoins de ce garçon en versant une pension à sa mère, Maria Helpin. Par la suite, Maria Helpin sera atteinte de troubles mentaux importants,

Cleveland fera adopter Oscar Folsom. Mais, concernant sa paternité, on ne connaîtra jamais la vérité.

Stephen Grover Cleveland remporte finalement les élections présidentielles.

C'est donc un homme fort qui arpente les allées de la Maison Blanche le 3 mars 1885. Il vient de raccompagner son prédécesseur et se retrouve désormais aux commandes de l'Amérique.

Cleveland connaît parfaitement les rouages de la politique et plus particulièrement ceux de la capitale. Durant son premier mandat présidentiel, il oppose 414 fois son veto à des lois votées par le Congrès. L'homme agace rapidement. Obèse, il est surnommé « *oncle Jumbo* ».

Après avoir composé son gouvernement, Cleveland maintient la position de la Maison Blanche quant à la limitation de l'immigration chinoise. Il ordonne de réglementer les prix des compagnies de chemin de fer tout en leur demandant de restituer à l'Etat plus de 300 000 km² de terres !

Le budget des finances étant en bonne santé, le président diminue les droits de douane. Il s'oppose aux subventions : « *L'aide encourage les gens à dépendre du gouvernement !* » Il refuse également d'octroyer la somme modique de 10 000 dollars à des agriculteurs ruinés par la sécheresse de 1886.

Le 2 juin 1886, le président des Etats-Unis se marie avec Frances Olsom, 22 ans, dans le salon bleu de la résidence présidentielle. C'est une très jolie jeune femme qui s'installe aux côtés du président, à Washington D.C. La presse évoque sa grande beauté. Elle joue parfaitement le rôle de Première Dame des Etats-Unis et reçoit les épouses des administrés de son mari chaque samedi après-midi.

Cleveland se représente ensuite pour un second mandat présidentiel. Mais il sera battu par les républicains. Le milieu industriel ne lui a pas pardonné sa politique économique. Le général Benjamin Harrison le renvoie chez lui : « *La providence nous a donné la victoire !* »

Stephen Grover Cleveland n'abandonne pas et se prépare déjà aux élections présidentielles de 1893 ! La Première Dame des Etats-Unis confie au personnel de la Maison Blanche son intention de revenir bientôt. Le couple Cleveland part habiter New York. Une petite fille, Ruth, naît pendant cette période, le 3 octobre 1891.

⋆
⋆ ⋆

XXIII

BENJAMIN HARRISON

LE PRESIDENT CENTENAIRE

MANDAT PRÉSIDENTIEL : 1889-1893
VICE-PRÉSIDENT : LEVI P. MORTON
PARTI POLITIQUE : RÉPUBLICAIN
RELIGION : PRESBYTÉRIEN

Le 23e président des Etats-Unis naît le 20 août 1833 près de Cincinnati dans l'Ohio. Son arrière-grand-père, William Henry Harrison, a signé la déclaration de l'Indépendance. Il a surtout été le 9e président des Etats-Unis.

En 1850, Benjamin, étudiant en droit, rencontre la fille du président de l'université de Miami : Caroline Scott. Ils se marient le 20 octobre 1853 à Oxford. Le couple emménage à Indianapolis. Deux ans plus tard, l'avocat Benjamin Harrison rejoint le cabinet de William Wallace. Il devient rapidement une des figures en vue de la ville. En 1856, il entre au parti républicain.

Lors de la guerre de Sécession, il soutient l'armée de l'Union mais ne s'engage pas. Il doit veiller financièrement à sa jeune famille. Cependant, il monte à lui seul un régiment composé de volontaires du nord de l'Indiana. Il est promu capitaine puis colonel. En septembre 1864, il participe à la bataille de Nashville dans le Tennessee. C'est une immense victoire pour l'armée de l'Union et pour le président Abraham Lincoln. Benjamin Harrison obtient les galons de brigadier général.

A la fin du conflit, il retourne au barreau. Il s'engage activement dans la vie politique et se présente à l'élection pour le poste de gouverneur de l'Etat de l'Indiana en 1876. Il échoue. Mais en 1881, il est élu sénateur de l'Indiana. A la Convention nationale de Chicago, les républicains le choisissent pour les élections présidentielles de 1888 face au président Stephen Grover Cleveland.

Benjamin Harrison le bat de justesse. « *Oncle Jumbo* » a remporté le vote populaire avec une avance de 100 000 voix mais les grands électeurs ont fait confiance au programme d'Harrison par 233 voix contre 168.

Le jour de son discours d'investiture, le lundi 4 mars 1889, Washington D.C. est balayée par une épouvantable tempête. Stoïque, l'ex-président Cleveland tient un parapluie au-dessus du chapeau de Benjamin Harrison afin qu'il puisse lire son discours. Il ne commet pas la même erreur que son arrière-grand-père qui avait pris froid durant son investiture. La lecture du texte ne dépasse pas trente minutes. L'Amérique est soulagée.

Dès son entrée à la Maison Blanche, Benjamin Harrison ne ménage pas le milieu des affaires. L'Amérique industrielle fait peur au nouvel occupant. Il vote la loi *Sherman Anti Trust Act* contre les conglomérats industriels et pour la promotion de la concurrence. Les banques sont furieuses.

Sage, réservé, modeste, Benjamin Harrison est impopulaire. L'homme est aussi peu bavard. Le peuple américain ne connaît pas suffisamment son 23e président des Etats-Unis. Il s'en méfie. Le président décide de partir à leur rencontre. Il fait plus de 15 000 km et prononce près de 200 discours sur l'année 1890. On le surnomme « *le président centenaire* » du fait qu'il a prêté serment le jour du 100e anniversaire de l'élection présidentielle de George Washington.

Il fait installer les lampes électriques à la Maison Blanche bien que son épouse, Caroline, en ait peur ! Le couple présidentiel a trois enfants : Russell Benjamin (1854-1936), Mary Scott (1858-1930) et Elisabeth (1897-1955).

La plupart des décisions de son prédécesseur sont annulées : le prix des douanes est revu à la hausse et de nouvelles pensions militaires et subventions agricoles sont accordées. Les fermiers sont entendus par Harrison. Le Congrès vote une loi permettant d'augmenter la circulation du dollar pour empêcher les faillites agricoles.

Le 29 décembre 1890 marque la fin de la guerre contre les Indiens. Mais c'est aussi le début de l'agonie d'une population meurtrie par les atrocités des précédents gouvernements. Les derniers Sioux qui se révoltent sont anéantis par l'armée.

Le 30 avril 1889, à New York, Benjamin Harrison célèbre officiellement le centenaire de la présidence de George Washington. Il est attendu par des dizaines de milliers d'Américains. Les cérémonies durent trois jours. Ce sera l'un des plus beaux moments de sa présidence.

En décembre 1889, Benjamin Harrison défend au Congrès les droits civiques de la population noire, en condamnant les actes horribles *qui ont marqué cruellement les esclaves.* Il demande que l'on *cesse le lynchage* dans certains Etats de l'Amérique. Une loi proposée par le républicain Henry Cabot Lodge allant dans ce sens obtient son soutien mais elle est refusée par le Sénat en 1891.

Victime de tuberculose, Caroline Harrison meurt le 25 octobre 1892 dans les appartements privés de la Maison Blanche. La Nation est en deuil.

Le président n'a plus le goût à rien. L'Amérique traverse une période de récession économique importante avec des émeutes dans les grandes villes. Découragé, Benjamin Harrison participe peu activement à sa campagne de réélection. Il est battu par Stephen Grover Cleveland.

En mars 1893, Benjamin Harrison quitte définitivement la Maison Blanche. Il croise de nouveau le couple Cleveland et leur souhaite bonne chance.

Harrison reprend son cabinet d'avocat à Indianapolis. Trois ans plus tard, le 6 avril 1896, il se remarie avec Mary Scott

Lord Dimmick (1858-1948). Elle est la nièce de sa défunte épouse. Ses deux enfants n'assistent pas à la cérémonie car ils désapprouvent cette union. Le couple aura une fille en 1898.

Benjamin Harrison, *le président centenaire*, meurt d'une pneumonie à 67 ans le 13 mars 1901.

⁂

XXIV

STEPHEN GROVER CLEVELAND

LE RETOUR DE L'ONCLE JUMBO

MANDAT PRÉSIDENTIEL : 1893-1897
VICE-PRÉSIDENT : ADLAI E. STEVENSON (1893-1897)
PARTI POLITIQUE : DÉMOCRATE
RELIGION : PRESBYTÉRIEN

Comme l'avait promis son épouse au personnel de la Maison Blanche : « N'abîmez rien, nous revenons dans quatre ans... », Stephen Grover Cleveland, 56 ans, est élu le 8 novembre 1892 pour présider une seconde fois au destin de l'Amérique. 277 grands électeurs ont voté pour lui contre 145 pour le président sortant, Benjamin Harrison.

Le 24e président des Etats-Unis est si heureux de cette victoire que son discours d'investiture est un des plus joyeux jamais prononcés dans l'histoire de la présidence américaine.

Dès son entrée à Pennsylvanie avenue, il se consacre à la politique étrangère et à la crise au Venezuela. Il envoie des troupes pour contrer les Britanniques qui veulent étendre leur suprématie.

Le gouvernement doit faire à une crise économique sans précédent. Les constructions du réseau ferroviaire et de nouvelles villes sont arrêtées. Près de 80 compagnies de chemin de fer font faillite. Les chômeurs se comptent par dizaines de milliers. L'Amérique prend une gifle lors du crash boursier du 27 juin 1893 entraînant la chute du dollar. Plus de 500 établissements bancaires ferment leurs portes.

Le 24e président des Etats-Unis, 56 ans, est tenu pour responsable aux yeux de l'opinion. Le peuple enrage. Il ne comprend pas les positions de la Maison Blanche. Stephen Grover Cleveland tombe gravement malade mais personne ne doit le savoir. Il est opéré discrètement d'un cancer de la bouche le 30 juin 1893.

En octobre 1893, c'est au tour de la population noire de recevoir un choc : la Cour Suprême abolit leurs droits civiques et laisse s'installer la ségrégation dans les Etats du Sud. A partir de ce jour, les Noirs ne peuvent plus aller au cinéma le soir. Ils ne peuvent plus entrer dans les restaurants... Dans les transports, des places leur sont réservées.

En 1894, une grève nationale paralyse le pays. L'Amérique est au bord du chaos.

Devant tant d'impopularité, le parti démocrate ne demande pas à Cleveland de se représenter pour un éventuel troisième mandat. Il quitte la Maison Blanche pour une paisible retraite durant laquelle il se consacre désormais à la lecture et à sa famille. Il meurt d'une crise cardiaque le 24 juin 1908 à Princeton dans le New Jersey, assisté de son épouse.

Frances Cleveland se remarie en 1913 avec l'archéologue, Thomas J. Preston jr. Elle mourra à l'âge de 84 ans.

⁂

XXV

WILLIAM McKINLEY

L'IDOLE DE L'OHIO

MANDAT PRÉSIDENTIEL : 1897-1901
VICE-PRÉSIDENT : GARRET A. HOBART (1897-1901) – THEODORE ROOSEVELT (4 MARS 1904-14 SEPTEMBRE 1904)
PARTI POLITIQUE : RÉPUBLICAIN
RELIGION : MÉTHODISTE

> « *Qui pourrait vouloir me faire du mal ici ?* »
>
> William McKinley

William McKinley est né le 29 janvier 1849 à Niles dans l'Ohio où son père travaillait en tant qu'ouvrier dans une fonderie.

A 17 ans, il entreprend des études au collège mais doit abandonner à la suite d'une maladie et des problèmes financiers de ses parents. La guerre civile fait ensuite rage dans le pays, ce qui amène William McKinley à s'engager dans l'armée de l'Union. En tant que sergent, il participe à de nombreuses batailles et son courage extraordinaire est salué par ses officiers. Il quitte l'armée en 1865 et revient en héros dans sa ville natale.

Il entreprend des études de droit et obtient sa licence en 1867. McKinley se marie le 25 janvier 1871 avec Ida Saxton, 24 ans. Katherine McKinley naît le 25 décembre 1871 de cette union.

Plusieurs drames familiaux vont marquer les McKinley : Ida perd sa mère tragiquement. Elle donne naissance à une enfant mort-née. Leur fille unique Katherine meurt de typhoïde le 25 juin 1875. Ida sombre dans de terribles crises d'épilepsie. On craint pour sa vie.

William McKinley entre en politique et soutient le candidat

républicain Rutherford B. Hayes qui se présente au poste de gouverneur. Ce dernier lui reconnaît des dons d'orateur. En 1876, il entre à la Chambre des Représentants. Il y défend courageusement le retour des droits civiques pour la population noire.

Pendant sa carrière politique, William McKinley n'oublie pas l'amour de sa vie. Chaque après-midi, il retourne chez lui pour s'occuper de la santé d'Ida. Elle parvient parfois à l'accompagner pour des réceptions importantes mais ses crises d'épilepsie de plus en plus fréquentes la conduisent à garder la chambre.

En 1891, William McKinley remporte le fauteuil de gouverneur de l'Ohio. Il fait la connaissance de l'industriel Marcus Hanna (1837-1904). Ce dernier lui sera utile pour amasser une véritable fortune qui lui permettra de financer sa campagne présidentielle. Il parviendra ainsi à réunir plus de 3 millions et demi de dollars dans une Amérique en peine crise financière! En 1896, le parti républicain le choisit pour les élections présidentielles. McKinley prononce plus de 600 discours dans tout le pays. Il est le premier candidat à la fonction présidentielle à utiliser le téléphone pour sa campagne électorale. Le candidat démocrate, William Jennings Bryan, qui n'a pu récolter que 500 000 dollars s'essouffle peu à peu. McKinley est élu avec la plus grande majorité depuis les vingt dernières années. La presse salue son élection: « *Il a le don de répandre un vernis moral sur toutes les politiques douteuses et de le faire avec tant de sincérité!* »

Le 4 mars 1897, William McKinley prête serment devant une Amérique en détresse. Il déclare au peuple américain: « *Je ne suis plus le président d'un parti mais le président du peuple.* »

Dès son arrivée à la Maison Blanche, la tension hispano-américaine est à son comble. La situation diplomatique entre les deux pays est désastreuse. Le drapeau cubain flotte dans les grandes villes américaines en signe de volonté d'indépendance et de soutien à la politique américaine. Des camps de concentration espagnols sont installés sur l'île: des milliers d'enfants y succombent. Le 13 février 1898, le Maine, un bâtiment américain, est envoyé sur place pour protéger les Américains présents à Cuba. Une importante explosion souffle le navire. On déplore la mort de 200 marins américains. La presse internationale est scandalisée. L'Espagne cherche à éviter le conflit en créant une commission d'enquête mais le Congrès demande au président McKinley de déclarer la guerre.

Le 25 avril 1898, le président déclare la guerre à l'Espagne. Le conflit durera 100 jours. La flotte militaire espagnole est détruite par les Américains. Après la victoire de Cuba, l'île obtient une indépendance « partielle » c'est-à-dire sous le patronage de l'Amérique. L'Espagne perd Cuba, Puerto-Rico et Guam. Les Philippines passent sous le contrôle des Etats-Unis.

McKinley s'intéresse au développement du commerce extérieur de l'Amérique. Le 7 mars 1901, il signe la loi « étalon or » pour éviter l'expansion de la dette et des crédits. Cette loi doit garantir la valeur du dollar.

La campagne présidentielle pour un second mandat tourne à son avantage. McKinley, 57 ans, est réélu le 8 novembre 1900. Il prête serment une seconde fois le 4 mars 1901.

Le 11 juin 1901, il confirme à la presse de Washington D.C. qu'il ne sera pas candidat pour un troisième mandat présidentiel. Il veut se consacrer à la santé de son épouse, Ida McKinley. Elle est invalide désormais.

Assise dans une chaise roulante, un châle recouvrant ses jambes, Ida McKinley assiste à quelques réceptions de la Maison Blanche. Dans les appartements privés, le président est le seul à s'occuper d'elle pendant ses crises d'épilepsie. Le couple est très uni et courageux, ce Pqui suscite l'admiration du peuple américain.

Le 6 septembre 1901, par une chaude après-midi, le président inaugure une exposition à Buffalo. Il vient de visiter les chutes du Niagara six heures plus tôt. La foule ravie de s'approcher du président des Etats-Unis est surexcitée. On lui demande s'il désire un service de sécurité. McKinley répond gentiment : « *Qui voudrait bien me faire du mal ici ?* ».

Armé d'un P32, l'anarchiste, Leon Czolgosz, 28 ans, tire deux fois vers lui. La première balle touche un bouton de son veston, la seconde se loge dans son pancréas. L'assassin est couché à terre par l'entourage du président. McKinley hurle : « *Ne les laissez pas le blesser !* ». Avant de s'évanouir, il murmure à sa secrétaire particulière : « *Prenez soin de ma femme quand vous lui annoncerez la nouvelle, soyez prudente, s'il vous plait...* »

Le président est emmené à la Maison Blanche où les médecins espèrent pouvoir le sauver mais quelques jours plus tard la situation empire. McKinley dit dans un dernier souffle : « *Au revoir, au revoir à tous... c'est le chemin de Dieu.* » Il a encore la force de prendre sa femme dans ses bras et de lui murmurer les premières paroles de leur chanson préférée. Il s'éteint le 14 septembre à 14h15. Un masque mortuaire est réalisé. Son assassin sera exécuté sur une chaise électrique.

Pendant douze heures, la Nation n'a plus de président. Le vice-président, Theodore Roosevelt, accepte la présidence. Il écrit à Henry Cabot Lodge : « *Quel malheur de venir à la présidence de cette manière !* »

Après la mort de son mari, les crises d'épilepsie d'Ida McKinley cessent mystérieusement. Elle sera prise en charge par sa sœur et décédera six ans plus tard, le 26 mai 1907.

*
* *

XXVI

THEODORE ROOSEVELT

L'HOMME DE CONFIANCE

MANDAT PRÉSIDENTIEL : 14 SEPTEMBRE 1901 - 3 MARS 1905 – 1905 - 1909
VICE-PRÉSIDENT : AUCUN (1901-1905) – CHARLES WARREN FAIRBANKS
PARTI POLITIQUE : RÉPUBLICAIN
RELIGION : RÉFORMÉ HOLLANDAIS

« Ceux qui affrontent le monde avec tant de courage, le monde doit les tuer pour les briser. Le monde nous brise tous et beaucoup tirent ensuite leur force de cette mutilation. Mais ceux qui résistent sont tués. Le monde tue les meilleurs, les plus nobles et les plus courageux sans discrimination. »

Ernest Hemingway

Le caractère et l'énergie sont les deux points prédominants de cette personnalité hors du commun. Theodore Roosevelt est doué dans tous les domaines : diplômé d'Harvard, essayiste, avocat, biographe, paléontologiste, taxidermiste, brillant historien de la Marine militaire, Prix Nobel de la paix , ornithologiste, éditeur, colonel de cavalerie, chef de la police newyorkaise, gouverneur de New York, … et 26e président des Etats-Unis. Un parcours exemplaire pour un homme exemplaire.

Le « *grand Teddy* » reste la figure brillante du 20e siècle comme l'ont été George Washington pour le 18e siècle et Abraham Lincoln pour le 19e siècle. Né le 27 octobre 1858 dans une famille aristocratique parmi les plus respectées de New York, le jeune Theodore Roosevelt souffre d'une santé fragile. Il est asthmatique. Son père lui apprend à développer son corps trop frêle par l'exercice quotidien de la gymnastique : « *Occupe-toi en premier lieu de ta morale et de ta santé. Ensuite, occupe-toi de tes études !* » L'adolescent devient un jeune homme musclé et imposant. Roosevelt Junior se passionne vite pour la pêche, la chasse, la lecture et l'écriture (durant son existence, il écrivit plus de 150 000 lettres). C'est une nature extraordinaire.

Ses parents, Theodore Roosevelt et Martha Bulloch sont propriétaires d'une importante compagnie d'import-export. De sangs hollandais, français, écossais et gallois, les Roosevelt sont curieux de tout et apprécient particulièrement les sciences naturelles. Roosevelt Jr hérite de cette soif d'apprendre. A l'âge de 18 ans, il entre dans la prestigieuse université du Massachussetts : Harvard. Pendant ses études, il rencontre l'amour de sa vie : Alice Hathaway. Ils se marient le 27 octobre 1880. Ils ont une fille : Alice Lee (1884-1980).

A 24 ans, Roosevelt entre au parti républicain et dans la vie municipale de New York malgré la désapprobation de ses amis qui trouvent que la politique est « *infâme et pas digne de son talent.* » Roosevelt a une autre idée de la politique : « *Les classes dirigeantes sont dans les partis politiques et non dans les maisons de soie.* » Sa carrière fulgurante ne fait que commencer. Ses trois principaux objectifs sont de purger l'administration américaine de ses éléments corrompus, de défendre les minorités raciales et de soutenir les pauvres. Son courage et sa ténacité inspirent de jeunes dévoués qui ne sont pas forcément républicains. Son nom est rapidement respecté à Washington D.C. L'écrivain Kipling est l'un de ses tout premiers admirateurs.

Le 14 février 1894, Theodore Roosevelt perd les deux amours de sa vie. Sa mère, Martha succombe de la typhoïde à 48 ans et Alice, son épouse, âgée de 22 ans à peine, meurt après avoir accouché d'une fille. Son chagrin est immense. Il écrit à propos de sa femme décédée : « *Son visage et sa silhouette étaient beaux. Son esprit l'était plus encore. Elle venait juste d'être mère, sa vie semblait à peine commencer. De brillantes années s'ouvraient devant elle lorsque, en vertu d'un terrible destin, la mort vint à elle. Et lorsque l'être le plus cher à mon cœur mourut, la lumière, à jamais, se retira de ma vie.* »

Roosevelt vend leur maison et part vivre en reclus avec son bébé dans le Dakota du Nord, une des régions les plus dangereuses, les plus impitoyables de l'Amérique, et dans laquelle il doit apprendre à survivre. Il n'a que 25 ans. Il achète un ranch, ce qui le sauve du suicide. Une de ses citations favorites résume cette aventure humaine : « *Le possible est toujours près du nécessaire.* »

En 1886, il rencontre, en Angleterre, Edith Kermit Carow, 25 ans. Ils se marient à Londres le 2 décembre. Ils auront cinq enfants : Quentin (1897-1918), Teddy Junior (1887-1944) , Archibald (1894-1981), Kermit (1889-1943) et Ethel (1891-1977).

Pendant cette année 1886, Roosevelt écrit trois livres et accepte la proposition du président Benjamin Harrison : il devient membre de la commission qui contrôle les fonctionnaires fédéraux.

Dix ans plus tard, il est nommé chef de la police newyorkaise. En 1897, le président McKinley le nomme secrétaire adjoint de la Marine. Les Etats-Unis sont en conflit avec l'Espagne. La guerre entre les deux nations est déclarée un an plus tard. Roosevelt démissionne et s'engage en tant que colonel dans la cavalerie. Il fait preuve d'un courage exemplaire lors de la bataille de San Juan.

Après la fin du conflit, il est candidat au poste de gouverneur de New York. Le président le soutient en personne. Il est élu.

En 1900, malgré ses réticences, il est proposé par le parti républicain au poste de vice-président pour le second mandat présidentiel de William McKinley. Roosevelt n'est pas très heureux de la nouvelle : « *Je vais m'ennuyer à mourir…* »

Le 8 novembre 1900, McKinley est réélu. Theodore Roosevelt est à ses côtés pendant son discours inaugural. Quelques mois plus tard, le président est assassiné.

C'est ainsi, qu'à 42 ans, le 26e président des Etats-Unis, Theodore Roosevelt, entre à la Maison Blanche. Il sera le premier président à occuper le fameux bureau ovale. Ses prédécesseurs travaillaient au premier étage de la résidence. Ce bureau situé au rez-de chaussée donne sur les jardins de Pennsylvanie avenue. Pour la première fois également, Roosevelt fait imprimer le sceau de la Maison Blanche sur son papier à lettre. Une anecdote amusante : le premier petit déjeuner du président fait la une des journaux : 12 œufs et un café très sucré.

Theodore Roosevelt entretient toujours sa forme physique. Deux fois par semaine, des maîtres japonais en arts martiaux lui donnent des cours. Le président joue au tennis, boxe dans les jardins de la résidence, monte à cheval tous les jours…

Roosevelt déclare au Congrès que la Maison Blanche n'est qu'une accumulation de styles hétéroclites pas vraiment de son goût, que la demeure est dangereuse pour sa jeune famille et ses hôtes car ses fondations sont dans un très mauvais état. 500 000 dollars sont octroyés pour la rénovation qui est orchestrée par la Première Dame des Etats-Unis. Edith Roosevelt, ce qui suscite l'admiration du président.

Des animaux de toutes sortes envahissent les pelouses de la Maison Blanche pour le plus grand bonheur des enfants du couple présidentiel.

Le président, très communicatif, ordonne l'installation d'une salle de presse à la Maison Blanche qui sera mise à la disposition des journalistes. Le peuple pourra ainsi suivre quotidiennement les actions de son gouvernement.

Le 16 octobre 1901, il est le premier président des Etats-Unis à recevoir un noir à dîner à la Maison Blanche : Booker T. Washington.

Dès sa prise de fonction, Roosevelt s'attèle aux problèmes liés aux trusts dans le pays. Tout en respectant la politique capitaliste des Etats-Unis, il cherche à retrouver un meilleur climat social en limitant le pouvoir des grands groupes tels que les Rockefeller, pourtant majoritairement républicains. Cette action gouvernementale est appelée « *la juste donne* » : elle doit équilibrer ce qui est juste entre les travailleurs et les patrons. L'opposition, dans son propre parti, monte d'un cran. A Washington D.C., la presse parle d'un risque de perdre les prochaines élections présidentielles. Roosevelt répond : « *Je serais vraiment désolé de les perdre en effet… mais je le serais cent fois plus de préserver ma fonction en m'abstenant de contraindre les hommes les plus riches et les plus puissants de notre nation à respecter nos lois. D'autre part, de ne pas dire aux ouvriers que l'envie est aussi coupable que l'arrogance et que les crimes commis avec violence seront aussi punis que ceux avec avidité. Je cite Lincoln pour terminer : le travail est antérieur au capital et il reste indépendant. Il est donc supérieur au capital et mérite notre plus haute considération.* »

Les principaux patrons le traitent aussitôt de « *président socialiste* ». Le 26e président des Etats-Unis se fait des ennemis puissants. Mais comme il aime le répéter à ses ministres : « *Il y a un adage chez les Roosevelt depuis bien longtemps : ne reste pas tranquille ! Agis, fais des choses et garde ta place où que tu sois. Parle doucement mais porte un gros bâton et tu iras très loin !* » La politique « *du gros bâton* » devient vite légendaire dans tout le pays.

En 1903, il ordonne la reprise de la construction du canal de Panama qui avait été abandonnée par les Français en 1888. C'est un véritable défi pour l'Amérique : ouverture vers un nouveau commerce grâce à un accès rapide au Pacifique et une place forte pour la stratégie militaire du gouvernement. On reproche au président d'aller trop vite et de ne pas respecter le Sénat. Il sourit et déclare à la presse : « *Nous aurions eu un grand nombre de discours remarquables, oui, un demi siècle de discussions et ensuite peut-être la construction du Canal de Panama. Mais voyez vous j'ai préféré le canal et ensuite ces belles discussions !* »

Chasseur passionné, il est le premier président des Etats-Unis à s'investir dans la protection de l'environnement et des richesses naturelles de son pays. L'Amérique est devenue la première puissance industrielle. Pour préserver les forêts de la destruction, il impose des parcs nationaux.

Un évènement ultra-médiatisé assoit sa position sur l'environnement et ajoute encore à l'affection que lui porte le peuple américain : lors d'une chasse présidentielle au Mississipi, il sauve de la mort un ourson pris au piège. Le président lui donne le nom de « *Teddy* » qui deviendra « *Teddy Bear* » après la fabrication de milliers d'oursons en peluche !

Le 8 février 1904, la guerre éclate entre la Russie et le Japon.

Le 4 mars 1905, Theodore Roosevelt prononce son discours inaugural. Il a remporté une large victoire face à son adversaire démocrate : « *Nous devons nous comporter en fonction de nos responsabilités. Le développement du capitalisme nous apporte, à tous, un bien-être agréable mais il nous impose aussi de tenir compte de l'angoisse que provoque cette richesse ! Nous devons nous imposer de trouver la meilleure solution à cette situation pour préserver l'avenir de la démocratie dans le monde entier.* »

Populaire, adroit, courageux, Roosevelt devient une véritable légende dans son pays.

Après la victoire japonaise à Tsushima le 28 mai 1905, le président des Etats-Unis intervient pour trouver une solution de paix entre les deux nations. Plus de 200 000 soldats ont trouvé la mort au cours du conflit. Le 29 août, les deux pays signent un accord. C'est une grande victoire politique pour Roosevelt dont il peut se montrer fier, lui qui a une sainte horreur de la violence. Son père ne lui répétait-il pas sans cesse : « *Ne frappe pas avant d'avoir essayé de trouver une solution pour éviter cela. Mais si tu dois frapper, mon fils, frappe très fort !* »

Le 7 avril 1906, lors de la Conférence d'Algésiras, il évite en tant que médiateur un conflit militaire européen portant sur le sort des Marocains. La presse internationale salue sa détermination et son habileté. Il reçoit le Prix Nobel de la Paix.

En 1908, il annonce à la presse qu'il n'est pas candidat à sa réélection. Il soutient la candidature de l'imposant William Howard Taft. Le peuple est déçu mais suit son choix. Taft est élu en tant que 27e président des Etats-Unis.

Le 26 juillet, quelques mois avant la fin de son mandat présidentiel, Roosevelt confirme à la presse l'émergence d'un service de renseignements pour la sécurité intérieure du pays : le BOI (Bureau of Investigation). Ce bureau luttera contre le terrorisme, le contre-espionnage, le crime organisé, la criminalité financière, les rapts, et les trafics en tous genres. La devise de ce bureau est fidélité, bravoure et honnêteté. Le siège en est installé à Washington D.C. dans les locaux du Département de la justice En 1935, le BOI sera nommé FBI. Un certain J. E Hoover en sera le directeur à partir du 10 mai 1924.

Le 4 mars 1909, Theodore Roosevelt et sa famille quittent la Maison Blanche avec beaucoup de tristesse. Il déclare : « *Peut-être d'autres ont-ils vécu plus longtemps dans cet endroit et s'y sont-ils plu autant que moi, mais certainement personne ne s'y est-il amusé autant que mes enfants, mon épouse et moi-même.* » Pour ne pas embarrasser son dauphin durant les premiers mois de son mandat, il quitte élégamment les Etats-Unis pour un safari en Afrique. Durant cette chasse, il tuera plus de 500 animaux !

Taft commet l'erreur de ne pas suivre les conseils de son premier supporter et remet en cause sa politique anti-trust. En 1912, Roosevelt, figure très populaire, est en froid avec les positions du nouvel occupant de la Maison Blanche. Les deux hommes ne se parlent plus.

Le 14 octobre 1912, à Milwaukee, avant de monter sur scène pour prononcer un discours, Theodore Roosevelt est la cible d'un tireur fou : John Schrank. Roosevelt est sauvé grâce à son étui à cigarettes et au discours qu'il porte dans la poche intérieur de son veston. La balle a ricoché dessus et n'a pas atteint d'organes vitaux. Blessé, il ordonne à son entourage de le laisser continuer son allocution : « *Je le dis ou je meurs !* » Dans la foule, personne n'a entendu le coup de feu. Roosevelt reste debout pendant plus d'une heure.

John Schrank déclare à la police que le fantôme de William McKinley lui a demandé de tuer Roosevelt !

Le peuple réclame Roosevelt pour les futures élections présidentielles. Mais le parti républicain, soutenu financièrement par les compagnies menacées autrefois par Roosevelt, ne souhaite pas le revoir à la Maison Blanche. Il choisit de représenter William Taft.

Roosevelt crée alors son propre parti, « *L'élan* », mais ce faisant, il divise les voix des électeurs républicains. Taft perd les élections pour un second mandat. Le démocrate Woodrow Wilson devient le 28e président des Etats-Unis. Les hautes autorités républicaines ne pardonneront jamais à Roosevelt son entêtement. Sa carrière politique est terminée.

Lors du conflit de la première guerre mondiale, Theodore Roosevelt s'oppose à la politique « *neutre* » du président Wilson. Des milliers d'Américains, dont le poète newyorkais Alan Seeger (qui sera tué le 4 juillet 1916 en France lors d'un assaut) sont sensibles à la colère de l'ancien président et s'engagent dans la Légion étrangère. On pense alors que Roosevelt va se représenter aux élections présidentielles. L'Europe, harcelée par l'Allemagne du Kaiser, espère aussi le retour de Theodore Roosevelt. Clémenceau le premier.

Mais c'est la mort tragique de son jeune fils, Quentin Roosevelt, tué lors d'un combat aérien le 14 juillet 1918 qui va éteindre la voix de ce grand homme.

Le 6 janvier 1919, à l'âge de 60 ans, il meurt dans sa résidence d'Oyster Bay.

Avant de mourir, il murmure à sa femme : « *Aucun homme sur cette terre n'a été plus heureux que moi.* » Edith Roosevelt consacre le reste de sa vie aux voyages, à la lecture et aux plus démunis. Elle rejoint son époux le 30 septembre 1948. Elle avait 87 ans.

⁂

XXVII

WILLIAM HOWARD TAFT

LE GOLF ET LA MAISON BLANCHE

MANDAT PRÉSIDENTIEL : 1909-1913
VICE-PRÉSIDENT : JAMES S. SHERMAN
PARTI POLITIQUE : RÉPUBLICAIN
RELIGION : UNITARIEN

« Que peut faire un homme au chômage ?... Seul Dieu le sait ! ».

W.H. Taft.

L'homme qui avance péniblement jusqu'au bureau ovale n'a rien de commun avec son prédécesseur, le très populaire Theodore Roosevelt.

Obèse, en contradiction avec la politique anti-trust de l'ex-président, William Howard Taft ne semble pas avoir l'étoffe d'un grand homme d'Etat. C'est sans tenir compte de sa forte personnalité.

Né le 15 septembre 1857 à Cincinnati dans l'Ohio, William Howard Taft se passionne fort tôt pour le droit. Son père, Alfonso Taft, est un éminent membre du parti républicain et a été nommé procureur général sous la présidence d'Ulysses Grant.

Diplômé de Yale, William Taft se dirige vers une carrière d'avocat. Il est nommé assistant auprès de l'attorney de l'Ohio de 1881 à 1882. Il a 24 ans.

Le 19 juin 1886, il se marie avec Helen Herron, 23 ans. Ils auront trois enfants : Robert (1889-1953), Helen (1891-1987) et Charles (1897-1983). Le couple s'installe à Cincinnati. Helen est persuadée que son époux sera un jour à la Maison Blanche. Elle est sa première supportrice. A 17 ans, elle a déjà eu l'honneur d'être reçue à la résidence présidentielle par le président Rutherford B. Hayes en personne!

De 1901 à 1904, William Taft est nommé gouverneur aux Philippines. Taft s'y ennuie mais le golf le sauve de la dépression. Ce sport restera jusqu'à la fin de sa vie sa véritable passion.

Dès son retour des Philippines, le président Roosevelt lui offre le poste de secrétaire d'Etat de la guerre. En 1906, il le charge de suivre la reprise de la construction du canal de Panama, un chantier qui coûtera la vie à plus de 6000 hommes.

Récompensant sa loyauté et son efficacité dans les tâches confiées, le très populaire Theodore Roosevelt soutient officiellement William Taft pour le remplacer à la fonction suprême. Il est élu.

Lors de la parade présidentielle, Helen Taft est à ses cotés dans la voiture présidentielle. C'est une première dans l'"histoire des Etats-Unis.

Le président William Taft donne le ton lorsqu'il invite à Washington D.C. des milliers de supporters de l'Ohio pour fêter durant une semaine sa présidence. Des guirlandes multicolores sont accrochées dans les principales artères de la capitale. 50000 Américains portent les badges de la campagne présidentielle: «*Smile*». Le Washington Post écrit dans ses colonnes: «*Lorsque Taft rit, même ses pires ennemis rient avec lui. Son rire est connu en Amérique, en Europe et en Asie!*»

Installé au bureau ovale, William Taft n'a pas l'intention d'être un «*Roosevelt bis*». Il écarte poliment les conseils de son prédécesseur et ceux des collaborateurs du «*vieux lion*». Il ne suit pas leur politique anti-trust. Il impose son programme basé sur «l'impérialisme financier» à l'étranger.

Le nouveau président n'hésite pas à envoyer l'armée en Amérique latine pour préserver les intérêts économiques de son pays. Sa politique «*du dollar*» est critiquée par les démocrates. Il s'en fiche royalement et se contente de jouer au golf sur son parcours favori: le Richelieu de Charlevoix. La presse ironise: «*La Maison Blanche a déménagé au Québec!*» Lorsque le représentant officiel du Chili est annoncé à la Maison Blanche, William Taft est encore en train de jouer. Il renonce à abandonner son match-play: «*Je serais damné si je le faisais pour aller voir cet homme!*»

La présidence des Etats-Unis n'a jamais été son ambition: «*Je préfère golfer plutôt que diriger ce pays!*». Il rêve du poste de juge à la Cour Suprême et ce depuis qu'il a 24 ans. La politique l'ennuie à mourir. Après le golf, le poker est sa deuxième passion. Il y joue deux fois par semaine. Comme au golf, aucun n'a le droit de le déranger même ses propres ministres.

A la Maison Blanche, la Première Dame des Etats-Unis organise de superbes réceptions. Elle semble prendre plus de plaisir que son mari à vivre à la Maison Blanche. Elle lui fait installer une baignoire qui peut supporter 150 kg. Le poids exact du président est la devinette favorite de la presse de Washington D.C. Mais le mot d'ordre est donné à son cabinet, surnommé par les journalistes «*le Golf Cabinet*»: il n'est pas question de le divulguer. Taft essaye la baignoire dès le premier soir. Elle passe à travers le plafond du premier étage de la résidence privée. Sous les larmes de la Première Dame et le rire du président.

Taft est le premier à rire des plaisanteries qui circulent à propos de son obésité. Il est convaincu d'être «*une plaisanterie nationale*»… Sa bonne humeur est contagieuse. Il déteste se prendre au sérieux.

Sous les conseils des médecins, Helen Herron Taft fait acheter une vache pour la laisser paître en liberté dans les jardins de la Maison Blanche. Elle offrira un excellent lait au président. La presse ne rate aucune occasion de mentionner ces anecdotes dans ses colonnes. Taft s'en amuse. Il est amoureux fou de sa femme.

Il est à ses côtés lorsqu'Helen Herron Taft a une attaque cérébrale. Ses sœurs la remplacent lors des réceptions officielles, le temps qu'elle guérisse. Elle s'en sort avec un problème d'élocution. Le 19 juin 1911, le couple présidentiel célèbre ses noces d'argent. Plus de 8 000 invités sont attendus à la Maison Blanche pour une des plus importantes réceptions jamais réalisées sur Pennsylvanie Avenue.

Le 27 mars 1912, Helen Taft fait planter dans la capitale trois mille cerisiers offerts par le Japon dont deux à la Maison Blanche.

Taft signe l'acte de naissance de deux nouveaux Etats américains : le Nouveau Mexique et l'Arizona. La maladresse de Taft pour gérer la crise sociale en Amérique est passée à la postérité. Il augmente les tarifs douaniers sans se préoccuper des objectifs électoraux de son second mandat présidentiel. Mais en a-t-il vraiment envie ?

Son gouvernement organise plusieurs opérations de relations publiques pour sauver sa cote de popularité, comme le lancer de ballon pour ouvrir la saison du base-ball, qui deviendra une tradition pour ses successeurs.

Sa présidence est aussi marquée par un événement qui restera dans les mémoires : le naufrage du Titanic. Le 15 avril 1912, le navire britannique, surnommé « *l'insubmersible* », coule. Plus de 1 500 passagers et membres d'équipage trouvent la mort.

Après le naufrage du Titanic, l'espoir d'un second mandat présidentiel pour William Taft, est écarté suite à la victoire des démocrates. Taft est battu par Woodrow Wilson.

Les Taft retournent chez eux. William Taft donne des cours de droit à l'Université de Yale. Cette semi-retraite le satisfait. Elle lui donne l'opportunité de jouer au golf tous les jours.

En novembre 1913, il est l'invité d'honneur du 25e anniversaire du Saint Andrew Golf Club installé à New York. Il déclare durant le diner : « *Il n'y a pas de honte à jouer le jour du sabbat. Non. Il suffit d'aller à la messe le matin et de jouer l'après-midi ! C'est un excellent compromis !* » Rire général.

En 1921, à la demande du président républicain, Warren G. Harding, il obtient la présidence de la Cour Suprême. Il instaure des réformes qui transforment en profondeur l'institution. Sa présidence et sa bonne humeur sont très appréciées. Il déclare au Washington Post : « *La vérité est la suivante : je suis tellement bien que je ne me souviens même plus que j'ai été un jour président de ce pays !»*

Helen Taft écrit ses mémoires en racontant avec détails la période vécue à la Maison Blanche. C'est un fait unique dans l'histoire des Premières Dames des Etats-Unis.

Durant l'automne 1928, la santé du président de la Cour Suprême est défaillante. Début février 1930, se sentant incapable de bien remplir ses fonctions, il remet sa démission. Il assiste en tant que spectateur à une partie de golf sur le parcours de Murray Bay. Assis sous le porche du club house, il dit quelques bons mots aux golfeurs.

Le 8 mars 1930, William Howard Taft meurt à 60 ans d'une crise cardiaque. Sa disparition survient au moment même de l'investiture du président Herbert Hoover. La nouvelle officielle sera transmise aux médias un peu plus tard.

Helen Taft décède de vieillesse le 22 mai 1943. Elle est inhumée au cimetière militaire d'Arlington aux côtés de son époux.

★
★★

XXVIII

WOODROW WILSON

LE PROFESSEUR DE POLITIQUE

MANDAT PRÉSIDENTIEL : 1913-1917 – 1917-1921
VICE-PRÉSIDENT : THOMAS R. MARSHALL (1913-1917) – (1917-1921)
PARTI POLITIQUE : DÉMOCRATE
RELIGION : PRESBYTÉRIEN

> « *Les grands hommes, les grandes nations ne sont ni des vantards ni des bouffons. Ce sont ceux qui, sentant oh combien la vie a de terrible, s'arment pour y faire face.* »
>
> Emerson

Le moins que l'on puisse dire est que le président Woodrow Wilson n'est pas réputé pour son humour. Le 28e président des Etats-Unis est avant tout un humaniste. Sa campagne électorale a promis au peuple américain une « *Nouvelle liberté* ». La division entre les républicains a été, pour lui, de l'eau bénite et a assuré sa victoire le 8 novembre 1912. Taft qui est à ses côtés lors de sa prestation de serment n'a qu'une hâte : quitter très vite la capitale pour rejoindre son club de golf. La présidence semble lui avoir été bien pénible.

Né le 28 décembre 1856, fils de pasteur, Woodrow Wilson est professeur d'histoire et de sciences sociales à Princeton. Ses élèves apprécient ses cours : « *Aucun mot inutile* ». Il a d'indéniables qualités d'orateur. Son père lui a appris à parler en public. Il complète sa formation en suivant des cours de droit et est admis au barreau en 1882.

Woodrow Wilson se marie le 24 juin 1885 avec Ellen Louise Axson. Le couple aura trois filles : Margaret (1886-1944), Jessie (1887-1933) et Eleanor (1889-1967). La même année, son livre « *Congressional Government* » reçoit les éloges de la presse.

En 1902, Wilson est nommé à la présidence de l'université de Princeton. Il ne songe pas encore à la politique mais ses prises de position font les titres des journaux. En 1910, il remporte le fauteuil de gouverneur de l'Etat du New Jersey. Wilson est soutenu par un personnage quelque peu mystérieux : le colonel House. L'homme ne quitte plus son protégé.

Le parti démocrate le propose aux primaires pour les élections présidentielles. Il les remporte. Profitant de la division créée par Theodore Roosevelt dans le camp des républicains, il bat le président sortant, William Taft.

Le 8 mars 1913, Woodrow Wilson prête serment devant une foule dubitative.

La première dame des Etats-Unis, Ellen Wilson, 53 ans, s'éteint le 6 aout 1914 à la suite d'une grave infection dans les reins. Les relations du couple s'étaient détériorées depuis que Wilson avait reconnu une aventure extraconjugale de deux ans (1908-1910) avec Mary Hulbert Peck. Avant de décéder, Ellen Wilson demande à son époux « *de se remarier* ».

En toute discrétion, le 18 décembre 1815, le président Wilson épouse en secondes noces une jolie veuve de 42 ans : Edith Bolling Galt. Cette femme, surnommée « *le cadeau du ciel* » n'est pas appréciée par le personnel de la Maison Blanche ni par les proches du président qui la jugent arrogante et lui reprochent son arrivisme et sa mesquinerie.

Wilson entreprend une politique intérieure progressiste en interdisant formellement le travail des enfants et en instituant les huit heures pour les cheminots. Il désapprouve les tarifs douaniers mis en place par son prédécesseur afin de favoriser le libre-échange.

Wilson est un homme austère. La presse écrit : « *Wilson est un humaniste mais il n'aime pas les hommes.* » Le président ne recherche pas la compagnie des journalistes ni celle de ses ministres. Pour lui il n'y qu'une alternative dans la vie comme en politique : on choisit le bien ou le mal.

Il soutient fermement l'action de son gouvernement pour moderniser l'économie du pays en créant la Réserve fédérale qui assurera la pérennité du système monétaire américain.

Ne voulant pas engager la jeunesse américaine dans le conflit européen qui oppose en 1914 la Belgique, la France, le Royaume-Uni aux troupes du kaiser, il prône la neutralité de l'Amérique : « *Nous sommes les champions de la paix et de la concorde et nous devrions en être fiers.* »

Le 14 août 1914, Woodrow Wilson officialise sa position en signant la neutralité des Etats-Unis dans ce conflit. Le lendemain, le président des Etats-Unis inaugure le canal de Panama. Le 28 juin 1914, l'archiduc d'Autriche et son épouse sont assassinés. La tension monte d'un cran en Europe. Cet assassinat sert de prétexte au déclenchement de la première guerre mondiale.

L'Angleterre et la France ordonnent le blocus maritime sur la Manche et la mer du Nord. Les navires marchands américains sont repoussés. Les compagnies américaines hurlent au scandale et se font entendre jusqu'à la Maison Blanche. Le président Wilson ne change pas pour autant d'avis. Les Etats-Unis n'interviendront pas dans cette guerre mais ils vendent de la nourriture et des armes aux Alliés malgré la fureur de l'empereur Guillaume II.

Passant outre la position de la Maison Blanche, des milliers d'Américains s'engagent dans la Légion étrangère pour porter secours aux pays de l'Entente. La millionnaire Anne Morgan, fille du financier John Pierpont Morgan, met à la disposition de l'armée française sa résidence parisienne, « *la villa Trianon* ». Elle obtient des sommes colossales de différents mécènes pour secourir les soldats français gravement blessés. Cet argent permet aussi la reconstruction d'un millier de fermes françaises. Anne Morgan recevra la Croix de guerre en 1917 pour sa remarquable contribution à l'effort de guerre. En 1932, elle sera la première Américaine à être faite Commandeur de la Légion d'honneur.

Des volontaires américaines renforcent le personnel des hôpitaux militaires et civils du nord et de l'est de la France. La grande romancière Gertrude Stein (1874-1946) et sa compagne Alice Toklas (1877-1967) conduisent courageusement une ambulance Ford sur le front français.

Le 7 mai 1915, l'Allemagne commet une erreur fatale. Elle coule un navire britannique, le Lusitania, faisant plus de 100 victimes américaines. Le conflit avec les Etats-Unis semble inévitable.

Le 3 juin 1916, le Congrès vote l'augmentation du budget de l'armée et annonce l'émission publique d'un emprunt d'un milliard et demi de dollars pour les Alliés. Le 1er mars 1917, un télégramme rédigé par le diplomate allemand Zimmermann est intercepté par les sources de renseignements américains. Le texte est clair : l'Allemagne demande au Mexique d'ouvrir un front contre les Etats-Unis. En échange, après la victoire, le Mexique obtiendra de nouveau le Texas. L'opinion américaine n'en demande pas plus. Sa sécurité nationale est menacée.

Après avoir été réélu pour un second mandat présidentiel, « *l'homme qui a su éviter la guerre* » déclare, avec l'appui du Congrès, la guerre à l'Allemagne le 2 avril 1917 : « *Nous ne sommes pas en conflit avec le peuple allemand mais seulement avec le despotisme militaire de l'Allemagne. C'est effrayant de jeter notre peuple dans cette guerre la plus dévastatrice qui ait jamais été puisque notre civilisation s'en trouve en jeu ! Mais le droit est plus précieux que la paix et nous allons donc combattre pour les valeurs qui ont toujours été proches de notre cœur.* » Les Etats-Unis sont désormais en guerre contre l'Autriche, la Hongrie et l'Allemagne.

14 000 soldats américains sont envoyés en France. Avant la fin du conflit, ils seront encore rejoints par 1 900 000 autres G.I. dont 400 000 Noirs. Plus de 116 000 d'entre eux ne rentreront jamais au pays.

En janvier 1918, Wilson présente au Congrès les 14 points essentiels pour préserver une paix mondiale dont « *le droit à l'autodétermination des peuples et la création d'une alliance de pays* ». Celui-ci donnera naissance à la création de la SDN. En attendant, le texte de l'armistice suit ces points un à un.

Le 11 novembre 1918, l'Allemagne capitule. Elle signe l'armistice sous le regard du président des Etats-Unis. C'est un immense succès pour Wilson. Il recevra le Prix Nobel de la Paix un an plus tard.

Le 13 décembre 1918, le président des Etats-Unis défile aux côtés des troupes américaines sur les Champs Elysées. C'est une première en France. Les Parisiennes hurlent : « *Vive Wilson ! Wilson le juste ! Il a sauvé nos fiancés ! Wilson a sauvé nos enfants !* »

Le 18 janvier 1919, la Conférence de la Paix organisée à Paris rassemble de grandes personnalités telles que le colonel Thomas Edward Lawrence plus connu sous le nom de Lawrence d'Arabie. Le peuple américain connaît la légende de ce « *roi sans couronne* » grâce aux récits du journaliste Lowell Thomas. Tout Paris est en effervescence. La France de Clémenceau et l'Angleterre, avec la bénédiction de Lloyd George, veulent démantibuler l'Allemagne après sa défaite. Wilson s'y oppose fermement : « Il n'est pas question de les humilier ! »

La victoire des Alliés conforte la position des Etats-Unis face à l'Europe. Une longue période d'euphorie traverse le pays.

Trois jours après son retour aux Etats-Unis, le 2 octobre 1919, Wilson a une attaque d'apoplexie. Sa femme le retrouve, étendu sur le sol de leur salle de bain. Il ne peut plus bouger le côté gauche de son corps. Le docteur Grayson annonce dans un bulletin très court que « le président est très fatigué et très malade ». Dorénavant, seule sa femme et les médecins ont accès à sa chambre.

Les dernières années ont été très difficiles et l'ont totalement épuisé. Wilson écarte certains de ses conseillers dont le colonel House. A demi paralysé, il n'est plus que l'ombre de lui-même. Pendant près de sept mois, son secrétaire personnel Joseph Tumulty et Edith Wilson dirigent les affaires courantes

En 1920, Wilson déclare illégal le parti communiste aux Etats-Unis.

Le 16 janvier 1920, l'amendement ratifiant la prohibition des alcools forts aux Etats-Unis prend effet.

Le 26 août, le Congrès ratifie le 19e amendement donnant le droit de vote aux femmes. Après 72 ans de campagnes suffragistes difficiles, les Américaines remportent enfin une belle victoire.

Pour son 65e anniversaire, le président Wilson fait une ultime apparition dans les jardins de la Maison Blanche.

Dans une allocution à la presse, il annonce qu'il ne sera pas candidat à sa réélection. Il quitte la Maison Blanche le 4 mars 1921 en laissant une nouvelle Amérique à son successeur : le républicain Warren Gamaliel Harding. En laissant derrière lui une grande page de son existence, Wilson ne peut retenir ses larmes devant le nouvel occupant de la Maison Blanche. Désemparé, Harding ne bronche pas et lui souhaite une excellente retraite.

A l'un de ses proches, il avoue s'être trompé sur la neutralité de l'Amérique dans le cadre du conflit de 1914 : « *Nous, dans notre lointaine Amérique avons tout d'abord été simples spectateurs mais sans avoir compris les fondements de cette tragédie!* » Puis il ajoute : « *J'ai toujours cru en la divine providence… sans elle, le monde serait fou tout comme moi.* »

Le 3 février 1924, après avoir enduré des douleurs atroces, Woodrow Wilson meurt. Sa femme, Edith Wilson lui survivra longtemps. Elle assistera au discours inaugural du jeune président des Etats-Unis, John Fitzgerald Kennedy avant de mourir le 28 décembre 1961, date d'anniversaire de son défunt époux.

*
**

XXIX

WARREN GAMALIEL HARDING

MANDAT PRÉSIDENTIEL : 1921-1923
VICE-PRÉSIDENT : CALVIN COOLIDGE
PARTI POLITIQUE : RÉPUBLICAIN
RELIGION : BAPTISTE

> *« Warren, c'est une bonne chose que tu ne sois pas une femme car comme tu ne dis jamais non tu serais enceinte chaque année ! »*
> George Tryon Harding

La présidence de Warren Gamaliel Harding ne restera pas comme un des meilleurs souvenirs. Le 9 mars 1921, l'ancien sénateur républicain de l'Ohio est nommé 29e président des Etats-Unis. Il n'est pas très sympathique et jouit d'une faible considération dans son entourage. Son vice-président, l'ex gouverneur du Massachussetts, Calvin Coolidge est son contraire. Tout comme William H. Taft, Harding apprécie davantage les fairways que le bureau ovale.

Né le 2 novembre 1865 dans l'Ohio, Warren G. Harding est fils de médecin. Ses héros sont Napoléon et Jules César.

En 1879, ses parents l'envoient à l'Ohio Central College dans l'espoir qu'il devienne un grand homme politique. Ses résultats scolaires sont désastreux. A 17 ans, il trouve un job d'étudiant : surveillant dans un établissement secondaire.

A 19 ans, pour un dollar par semaine, il travaille comme journaliste au Marrion Democratic Mirror, ce qui ne l'empêche pas de voter républicain pour la candidature de James Blaine lors des élections présidentielles !

Avec 300 dollars en poche et deux associés, Warren G. Harding achète le journal The Marion Star. Il a 20 ans. Quelques années plus tard, il lance The Weekly Star et rencontre un inestimable succès dans le monde de l'édition.

A 24 ans, il connaît cependant quelques problèmes de santé et part en cure dans un sanatorium pour soigner une dépression.

A son retour, Warren G. Harding épouse, le 8 juillet 1891, Florence Kling de Wolfe, jeune professeur de piano, divorcée et mère d'un petit garçon. Le couple n'aura pas d'enfant.

Fille d'une riche famille de l'Ohio, Florence Harding a du tempérament. Son mariage n'est pas un mariage d'amour. Elle le sait. Son mari est un coureur de jupons et ne s'en cache pas. Mais elle est ravie d'être l'épouse de ce redoutable homme d'affaires. Au cours d'une promenade dans la ville, elle entre chez une voyante, Madame Marcia. Elle lui prédit que son mari sera à la tête d'un grand bureau mais qu'il mourra violement. Florence Harding n'en parlera jamais à son mari.

Harding se lance en politique non pas par vocation mais par l'appât que représente la présidence des Etats-Unis. Il est persuadé de son destin national. Grâce à sa fortune et à ses nombreux soutiens, il est élu entre 1900 et 1914 au poste de sénateur de l'Etat de l'Ohio. En 1902, il est élu lieutenant-gouverneur de l'Ohio. En 1912, il participe à l'élection de William Taft lors des primaires pour les élections présidentielles. En tant que sénateur, il vote pour la loi sur la prohibition des alcools aux Etats-Unis.

En 1920, son heure de gloire est arrivée. Lors de la Convention Nationale des républicains à Chicago, Warren G. Harding remporte in extremis la candidature aux élections présidentielles. Il choisit Calvin Coolidge comme colistier. Le président Woodrow Wilson, malade, subit les attaques du candidat républicain qui est sans pitié.

Son slogan de campagne « *L'Amérique d'abord!* » remporte l'adhésion des conservateurs américains. Harding gagne les élections avec 61% des suffrages. C'est un score historique pour une élection présidentielle!

Le 4 mars 1921, le nouveau président prête serment: « *Un regret pour les erreurs d'hier ne doit pas nous faire oublier les tâches d'aujourd'hui. La guerre représente une perte énorme de vies et un gaspillage démesuré de matériaux... Aucune civilisation ne peut survivre à la répudiation.* »

Harding confie à son équipe: «*Je ne serai peut être pas le meilleur président des Etats-Unis mais peut-être serai-je le plus aimé?*»

Les sommes importantes reçues lors de sa campagne présidentielle ont une mémoire. Pour établir son gouvernement, le président doit équilibrer les intérêts de la Nation avec ceux de ses mécènes. Chaque semaine, les scandales frappent à la porte de la Maison Blanche Plusieurs membres de son administration sont condamnés à des peines allant jusqu'à la prison. Il confie à son épouse: « *Ce qui m'inquiète, ce ne sont pas mes ennemis, mais ce sont mes amis qui me tiennent éveillé, la nuit.* » L'image internationale des Etats-Unis est ébranlée.

Loin de s'en inquiéter, Warren G. Harding rehausse les tarifs douaniers le 27 mai 1921. Il réaffirme une politique d'immigration contrôlée en prônant le nationalisme et l'isolationnisme. Le Ku Klux Klan sévit de nouveau dans le sud du pays. Harding désapprouve le lynchage dont est victime une partie de la population noire mais ne fait rien pour s'y opposer sur le terrain. Près de 4,5 millions d'Américains entrent dans les rangs du K.K.K. Des gouverneurs, membres du K.K.K, sont élus en Oregon et en Oklahoma sans que Washington D.C. n'intervienne.

Pour faire oublier ces événements au peuple américain, Warren G. Harding donne le premier discours radiophonique présidentiel, le 14 juin 1922. Il est passé maître en matière de relations publiques.

S'éloignant des gros titres de la presse et des accusations des démocrates, le président joue au golf ou au poker et ne dédaigne pas une bonne bouteille de whisky malgré la prohibition qui sévit dans le pays. Depuis le 28 octobre 1920, la consommation d'alcools est, en effet, interdite dans les bars et les restaurants. Cela ne gêne en rien le président.

Warren G. Harding aime aussi se réfugier dans sa maison de campagne. Il y est entouré du «*gang de l'Ohio*» composé exclusivement de riches barons du parti républicain et d'hommes d'affaires peu scrupuleux. Certaines grandes figures du patronat américain l'y retrouvent également: Henry Ford, Thomas Edison et Harvey Firestone...

A la Maison Blanche, Harding fait installer la première salle de cinéma.

Alice Roosevelt, fille du président Roosevelt, est une des proches de la Première Dame des Etats-Unis. Elles se passionnent toutes les deux pour le spiritisme et l'astrologie. La voyante, Madame Marcia, est invitée à la Maison Blanche.

Durant l'été 1923, en compagnie de son épouse, Warren G. Harding va traverser le pays pour retrouver la sympathie de ses dix-sept millions d'électeurs. Il en aura bien besoin pour son second mandat présidentiel et Florence Harding espère que ce long voyage hors de la Maison Blanche lui fera du bien. Mais une nouvelle affaire secoue bientôt le bureau ovale. Le ministre de l'intérieur, Albert B. Fall, a donné des terres fédérales à des privés en échange de plusieurs prêts personnels. Il sera mis en prison en 1931. Cette fois, Warren G. Harding se sent personnellement menacé dans ce dossier: «*Que peut faire un président quand ses amis le trahissent?*».

De retour de l'Alaska, Harding reçoit un long télégramme codé de Washington D.C. et n'en parle pas à son épouse...

A San Francisco, il souffre d'un empoisonnement alimentaire après avoir mangé du crabe au déjeuner du crabe. Il est conduit à l'hôtel «Le Palace». Son état s'aggrave. Le 2 août 1923, le président Warren G. Harding rend l'âme à 57 ans. Le bulletin officiel annonce «une embolie».

Des rumeurs circulent dans la capitale: on parle d'un empoisonnement... Florence Harding serait liée à ce complot. Pour ne rien arranger à l'affaire, elle refuse l'autopsie réclamée par les médecins personnels de son mari.

Le cercueil du président est déposé dans l'aile est de la Maison Blanche. 30 000 Américains y défilent.

Le 17 août 1923, Florence Harding quitte définitivement la Maison Blanche. Quand Calvin Coolidge succède à Harding, ses découvrent dans la cave de la résidence présidentielle des centaines de bouteilles d'alcool de contrebande. Les secrets d'Harding sont loin d'avoir été, tous, découverts.

En 1963, les Américains découvrent l'existence de Nan Britton, la maîtresse du président Warren G. Harding. Ils auraient eu une fille prénommée Elisabeth Ann. Chaque mois, le président Harding leur versait une pension. Entre juin 1921 et janvier 1923, lorsque Florence Harding était dans l'Ohio, Nan Britton entrait secrètement à la Maison Blanche.

Britton écrivit un best-seller : « *La fille du président* » qui ne souffrit pas de la crise de 1929. Les Américains s'arrachèrent la biographie.

Florence Harding est morte le 21 novembre 1924 à 64 ans, Nan Britton le 21 mars 1991. On ne connaîtra sans doute jamais toute la vérité sur la mort du 29e président des Etats-Unis.

★
★ ★

XXX

JOHN CALVIN COOLIDGE

CAL LE SILENCIEUX

MANDAT PRÉSIDENTIEL : LE 3 AOÛT 1923-3 MARS 1925 – 1925-1929
VICE-PRÉSIDENT : AUCUN (1923-1925) - CHARLES G. DAWES (1925-1929)
PARTI POLITIQUE : RÉPUBLICAIN
RELIGION : CONGRÉGATIONALISTE

John Calvin Coolidge est né le 4 juillet 1872 à Plymouth dans le Vermont. Fils de commerçants, Coolidge, yeux bleu azur, cheveux roux et accent nasal de la Nouvelle Angleterre, apprend dès sa plus jeune enfance que « *l'essentiel est une priorité, le superflu ne sert à rien* ». Sa mère, Victoria, lui apprend à lire et à écrire. A cette époque, la vie est dure dans le Vermont. En 1877, son père revend son commerce puis se fait élire au fauteuil de juge de paix du comté. Calvin est un garçon extrêmement timide : « *Pour moi, la chose la plus difficile à supporter était d'entendre des voix d'étrangers dans la cuisine de ma mère et de devoir la traverser devant tous ces gens…* »

A 23 ans, il obtient son diplôme d'avocat et entre dans un cabinet du Massachussetts. La politique le passionne rapidement. Il adhère au parti républicain et se fait un nom grâce à son sérieux, mais aussi à ses nombreuses facéties ! Car le personnage est drôle. Au Sénat, on dit que ses silences font aussi rire !

En 1899, il est élu au conseil municipal de Northampton. Le 4 octobre 1905, Calvin Coolidge se marie avec Grace Goodhue. C'est un vrai mariage d'amour. Ils auront deux fils : John (1906-2000) et Calvin Junior (1908-1924).

Deux ans plus tard, Calvin Coolidge est élu à la Chambre des Représentants. Il a 35 ans. Il remporte ensuite le poste de gouverneur du Massachussetts. Dès le début de son mandat, son sens de la citoyenneté est mis à l'honneur lors de la grève de la police : « *Vous ne pouvez pas faire grève car votre rôle est de toujours protéger nos concitoyens, reprenez votre travail dans l'honneur!*» Les policiers reprendront leur poste le lendemain.

En 1920, il se lance dans les primaires des élections présidentielles, en tant que colistier de Warren G. Harding. Le 8 novembre 1920, ils remportent une victoire historique. Le 4 mars 1921, Calvin Coolidge est le vice-président des Etats-Unis.

Les affaires de corruption coulent l'image du président et celle de son administration. Coolidge en tant que vice-président n'a pas la parole. Il doit attendre les prochaines élections présidentielles pour proposer une vraie présidence à l'Amérique. Harding ne se représentera sans doute pas. Le parti républicain est derrière Coolidge pour redorer le blason du parti et celui de la Maison Blanche.

Le 3 août 1923, en vacances d'été dans la maison de son père à Plymouth Notch dans le Vermont, le vice-président John Calvin Coolidge est réveillé à minuit par les services secrets et par le Colonel John. Coolidge, en pyjama, se pose des questions … les affaires de corruption sont le pain quotidien du gouvernement. Il est de mauvaise humeur quand il ouvre la porte de la propriété. Il n'a pas le temps de prononcer un mot que le colonel John lui annonce le décès du président Harding. Coolidge baisse la tête. Il quitte la pièce et monte se changer.

A deux heures quarante-sept minutes du matin, John Calvin Coolidge devient le 30e président des Etats-Unis d'Amérique. Il prête serment devant deux témoins officiels: son père et un ami notaire. Une lampe à huile - car ils n'ont pas l'électricité dans leur maison - illumine son visage lorsqu'il lève la main droite et pose l'autre sur la Bible. La Première Dame des Etats-Unis ne peut retenir ses larmes. Elle songe au chagrin de Florence Harding. Enseignante pour enfants sourds, Grace Coolidge est une femme de cœur.

La présidence de Coolidge profite d'un climat économique excellent. L'Amérique vit ses années folles! Les journalistes ironisent sur les «*difficultés de Coolidge à présider la Nation. Quand le président doit faire face à une crise, il baisse les rideaux, étire les jambes et somnole tout l'après-midi pour trouver une solution.* » L'éditorialiste du New York Herald Tribune écrit dans ses colonnes : « *Cette inactivité active va comme un gant au pays et à ses aspirations du moment !* » C'est à moitié vrai. Le président passe son temps libre à la pêche à la truite. Pour préserver son image, Coolidge accepte la proposition de son attaché de presse : deux conférences par semaine à la Maison Blanche.

Pendant leur séjour à la Maison Blanche, le couple Coolidge perd l'un de ses fils, Calvin Jr. Le jeune homme s'est empoisonné le sang après une blessure lors d'une partie de tennis.

Le 10 mai 1924, un personnage plutôt controversé est nommé directeur du BOI (FBI en 1935) : John Edgard Hoover. Il le restera jusqu'à sa mort en 1972. Le BOI doit faire face à la hausse d'une criminalité sans précédent en raison de la prohibition. Un des gangsters les plus notoires : Al Capone. Il est le patron de la prostitution, des machines à sous clandestines et de la contrebande d'alcools à New York. Sa fortune personnelle est impressionnante. Sa personnalité attire les journaux. On le photographie dans les lieux publics : cigare aux lèvres et entouré de jolies femmes. Il participe à des œuvres caritatives en offrant des milliers de dollars. Al Capone n'est pas avare de plaisanteries sur le compte d'Hoover. Il en fait rire les journalistes. Le président Coolidge veut « *sa peau* ».

Coolidge est facilement élu le 8 novembre 1924. Son langage simple plaît aux Américains : « *travaillez et économisez !* » Il prête serment le 4 mars 1925. Pour la première fois, la cérémonie est retransmise à la radio. Son discours inaugural est l'un des plus courts de la présidence américaine.

Les réceptions à la Maison Blanche restent très officielles. Un journaliste lui demande un jour : « *Pourquoi, Monsieur le Président, n'invitez vous pas des musiciens, des acteurs, des chanteurs comme le faisaient très bien Wilson ou Roosevelt ?* ». Coolidge sourit et lui rétorque : « *Eh bien, voyez vous, cher ami j'ai bien connu un poète quand j'officiais à Amherst et je n'ai plus jamais entendu parler de lui par la suite !* » Il est le seul à rire de sa plaisanterie.

Le 11 juin 1927, le 30e président des Etats-Unis est fier de récompenser le talent et le courage de l'aviateur Charles Lindbergh. Le pilote vient de traverser l'Atlantique d'ouest en est à bord de son célèbre «*Spirit of Saint Louis*». La Maison Blanche a envoyé un navire militaire pour le ramener de la France. Le président, dans son discours, le surnomme: «*le fils du peuple américain*».

Le bilan de la présidence de Coolidge est positif. Avec son gouvernement, il a réussi à faire baisser la dette nationale de plus d'un milliard de dollars et à diminuer les impôts. La production industrielle des Etats-Unis représente plus du tiers mondial. Les crédits octroyés à l'Allemagne rapportent beaucoup grâce au travail de Charles Gates Dawes, son vice-président. Mais la «*libre concurrence, le laisser-faire*» dégradent peu à peu la stabilité du pays.

Bémol de sa politique? En voulant favoriser le patronat, le président s'est éloigné des pauvres et des minorités raciales. Cette fois, les actes racistes frappent le pays entier. Coolidge maintient le frein à l'immigration massive: on ne doit pas accepter plus de 150 000 immigrants par an.

Durant ses vacances d'été de 1927, Coolidge part durant trois mois dans le massif du Dakota du Sud où vivent les Sioux. Il est accueilli chaleureusement par les chefs de la tribu. Une immense fête en son honneur y est organisée. Le président, ému, accepte de porter la coiffe composée de plumes d'aigles. On lui remet son nom d'Indien: «*Aigle suprême*»… La photographie fera le tour des rédactions internationales.

Durant ses congés, il annonce, dans un court communiqué de presse, qu'il ne briguera pas un troisième mandat: «*Je choisis de ne pas me représenter en 1928*». Son épouse apprend la nouvelle en même temps que le peuple américain.

Le parti républicain se tourne alors vers son secrétaire au Commerce, le brillant Herbert Hoover.

Les Coolidge retournent dans le Massachussetts avec, dans leurs bagages, les cadeaux offerts depuis le début de la présidence.

Dans leur propriété, Calvin Coolidge entreprend de rédiger son autobiographie. Il écrit occasionnellement dans les journaux de la capitale.

Le 5 janvier 1933, en allant chercher un verre d'eau, Calvin Coolidge tombe sur le carrelage de sa cuisine. Il ne se relève pas. Il est enterré dans le cimetière de Plymouth Notch. Il lègue l'ensemble de ses biens à son épouse. Grace Coolidge s'éteint le 8 juillet 1957.

⁂

XXXI

HERBERT CLARK HOOVER

LA CHANCE N'ETAIT PAS AU RENDEZ-VOUS

MANDAT PRÉSIDENTIEL : 1929-1933
VICE-PRÉSIDENT : CHARLES CURTIS
PARTI POLITIQUE : RÉPUBLICAIN
RELIGION : SOCIÉTÉ RELIGIEUSE DES AMIS, LES QUAKERS

« Les victoires ont plein de pères et les défaites sont toujours orphelines. »

John Fitzgerald Kennedy

Herbert Hoover naît le 10 août 1874 au sein d'une famille de quakers à West Branch dans l'Iowa. A sept ans, il perd son père qui était l'un des forgerons de la ville.

Sa mère, 32 ans, subvient aux besoins de la famille en travaillant comme professeur à l'école. Deux ans plus tard, elle décède à son tour. Herbert rejoint son oncle qui est médecin de campagne dans l'Oregon.

A 14 ans, son oncle le fait sortir de l'école pour travailler. Il poursuit, cependant, ses études le soir. Son seul livre de chevet est *David Copperfield*. En 1891, finançant ses études d'ingénierie par de petits boulots, il étudie à l'université de Stanford et obtient son diplôme en 1895.

Le 10 février 1899, Herbert Hoover se marie avec sa meilleure amie, Lou Henry. Le couple aura deux enfants : Herbert (1903-1969) et Allan (1907-1993). Herbert et Lou s'installent en Chine où Herbert travaille comme ingénieur. La révolte des Boxers fait rage. Lou Hoover dort avec un Mauser 39 sous son oreiller. Ils rejoignent ensuite Londres. Les affaires marchent fort pour Hoover. Il fait fortune.

Rentré au pays, Herbert Hoover est chargé, en 1915, du sort des Américains coincés par le blocus de la première guerre mondiale. Il sauve la vie à des milliers de personnes. Après ce succès, sans exiger un salaire, il préside la commission qui ventile 12 millions de dollars pour venir en aide à la population belge. Il demande simplement à l'Etat : « *Donnez-moi juste carte blanche pour mes décisions !* ». C'est accepté. Hoover trouve cependant la somme insuffisante et y injecte une partie de sa fortune personnelle : « *On ne peut laisser les Belges dans cette misère* ». Il risque sa vie en traversant près de cinquante fois la mer du Nord qui est infestée de sous-marins allemands. Sauvant de la famine des millions de personnes, il incarne le parfait héros aux yeux du peuple américain.

En examinant son travail de plus près, les Britanniques le soupçonnent d'être un agent à la solde du Kaiser… Henry Cabot Lodge, jaloux de sa renommée, exige une enquête du Sénat. N'attendant pas le rapport de cette commission, le président des Etats-Unis confirme sa confiance en Herbert Hoover.

Après la fin de la guerre, Hoover suit la reconstruction de l'Europe. Franklin Delano Roosevelt déclare dans la presse : « *J'espère que cet homme sera un jour président des Etats-Unis !* » Les présidents Warren G. Harding et Calvin Coolidge le nomment à leur tour ministre du commerce.

En 1928, suite au refus du président Coolidge de ne pas se représenter à un troisième mandat présidentiel, Herbert Hoover est le candidat idéal. Il remporte aisément les primaires. Le démocrate, Al Smith, gouverneur de l'Etat de New York n'a pas son aura. La victoire est immense avec les voix de 444 grands électeurs. Herbert Clark Hoover est élu 31e président des Etats-Unis. Hoover déclare : « *Il n'y aura bientôt plus de chômeurs dans notre pays ! Je promets en ce jour solennel un poulet dans chaque cocotte et une voiture dans chaque garage* ».

A la Maison Blanche, le sympathique président présente à la presse King Tut, son berger allemand. Ce geste deviendra une tradition présidentielle par la suite.

Al Capone est envoyé dans la prison d'Alcatraz par Eliot Ness (1903-1957) et « *les incorruptibles* ». Le plus grand mafieux des Etats-Unis est tombé non pas pour ses crimes mais pour avoir rentré une déclaration fiscale frauduleuse !

Entre le jeudi 24 et mardi 29 octobre 1929, le marché boursier s'effondre totalement. Dans une déclaration à la radio, Hoover veut rassurer ses concitoyens : « *Notre économie repose sur des bases saines !* »

On fait la queue à Central Park pour un bol de soupe et un morceau de pain. Hoover est montré du doigt. Son héroïsme durant la première guerre mondiale est mis à la trappe. Les 14 millions de chômeurs ne croient plus en lui. Le président décide de refuser son salaire.

A la Maison Blanche, Lou Hoover garde confiance en sa présidence et croit encore en l'avenir. C'est avec l'argent personnel du couple qu'elle rénove les pièces principales de l'habitation.

L'ambiance est pourtant morose. On ne rit plus. Le président travaille dix-huit heures par jour. Ne souhaitant pas être dérangé par les domestiques, c'est la Première Dame qui gère, seule, toute l'intendance de la Maison Blanche.

En 1930, Hoover signe une série de mesures pour tenter de mettre fin à la crise. Son optimisme le pousse à déclarer : « *Le pire est derrière nous...* » En vérité, l'Amérique est déjà dévorée de l'intérieur.

Hoover commet d'autres erreurs : l'augmentation des impôts en 1932 ou le refus de la prime promise aux anciens combattants de la première guerre mondiale...

Le 17 juin 1932, 10 000 soldats ceinturent le Capitole et réclament leurs 1 000 dollars de bonus. Le Sénat exténué et agacé propose enfin une transaction : « *500 dollars* » mais le président oppose son veto: « *L'équilibre du budget est essentiel en ces temps difficiles !* »

Hoover refuse de rencontrer les porte-paroles des anciens combattants. Il demande au général MacArthur de disperser la foule « *avec gentillesse* ». Le général envoie la cavalerie. Des morts et des blessés sont à déplorer. Cet acte signe la fin de la présidence d'Hoover. Le peuple est indigné, des patrons réclament sa tête.

Le 1er mars 1932, un nouveau drame national secoue toute l'Amérique : le kidnapping de Charles Lindbergh Jr.. Chaque jour, la presse internationale suit les étapes de l'enquête. Une rançon de 50 000 dollars est versée à la demande des parents. Le bébé est retrouvé mort le 12 mai. Deux ans plus tard, un suspect est arrêté. Il est d'origine allemande. Le peuple crie vengeance. Après un procès des plus chaotiques et spectaculaires, Bruno Richard Hauptmann est condamné à la chaise électrique. Il est exécuté le 3 avril 1936. Le couple Lindbergh quitte les Etats-Unis pour l'Europe. Par la suite, des rumeurs affirment qu'Hauptmann avait été martyrisé par la police et avait avoué afin que cesse son supplice. Même le patron du FBI, J.E. Hoover n'est pas satisfait des résultats de cette enquête puisque les billets de la rançon circulent toujours dans le pays ! La veuve Hauptmann passera le reste de sa vie à essayer de prouver innocence de son mari.

Herbert Hoover ne fait aucune déclaration à ce sujet. Avant de conclure sa campagne pour un second mandat présidentiel, il part avec son épouse en Floride pour de longues parties de pêche à bord du Séquoia. De retour, il est mis KO par le candidat démocrate, Franklin Delano Roosevelt.

Quittant la Maison Blanche le 4 mars 1933, il mènera plusieurs missions gouvernementales qui seront couronnées de succès.

Veuf depuis le 7 janvier 1944, Herbert Hoover est mort à l'âge de 90 ans, le 20 octobre 1964.

★
★★

XXXII

FRANKLIN DELANO ROOSEVELT

LE HEROS DE L'AMERIQUE

MANDAT PRÉSIDENTIEL : 1933-1937 - 1937-1941 - 1941-1945 - 20 JANVIER 1945-12 AVRIL 1945
VICE-PRÉSIDENT: JOHN N. GARNER (1933-1937 / 1937-1941), HENRY A. WALLACE (1941-1945), HARRY S. TRUMAN (1945-12 AVRIL 1945)
PARTI POLITIQUE: DÉMOCRATE
RELIGION: ÉPISCOPALIEN

« Il est la seule personne que j'aie connue qui n'avait peur de rien. »
Lyndon Johnson

« Rencontrer Franklin Delano Roosevelt c'est comme déboucher une excellente bouteille de champagne ! »
Winston Churchill

« Jugez-moi par les ennemis que j'ai dans la vie »
F.D.R

A période exceptionnelle, homme exceptionnel. Les Américains s'accrochent fermement aux promesses électorales du gouverneur Franklin Delano Roosevelt. Les Etats-Unis sont en pleine déconfiture ; la crise de 1929 a mis KO son économie et son rêve.

Joseph Kennedy, 10e fortune des Etats-Unis, verse des sommes considérables dans sa campagne électorale de FDR. En cas de victoire de son poulain, Kennedy espère ainsi obtenir une place au sein de son gouvernement.

Au XVIe siècle, les Roosevelt ont quitté la Hollande pour l'Amérique et les Delano, wallons, ont fait de même. Ils font rapidement partie de la haute aristocratie américaine.

James Roosevelt (1828-1900) cousin éloigné du 26e président des Etats-Unis et Sara Delano (1854-1941) ont presque trente ans d'écart lorsqu'ils se marient le 7 octobre 1880. C'est un deuxième mariage pour James qui a perdu sa première épouse quatre ans plus tôt. Franklin Delano Roosevelt naît de cette union le 30 janvier 1882 à Hyde Park dans l'Etat de New York.

Les Roosevelt font fortune dans le commerce maritime. L'éducation qui est donnée à leur fils unique est stricte : il a l'interdiction de jouer avec les enfants du village. Sara, mère ultra possessive, gardera jusqu'à sa mort une influence importante sur lui.

En 1899, Franklin fait ses études de droit à Harvard. Il loge dans la célèbre maison qui a appartenu au président John Adams. Sa mère lui rend régulièrement visite pour contrôler ses repas, ses notes et ses fréquentations. Il quitte Harvard pour l'université de Columbia mais ne termine pas son année. Sans diplôme, il est engagé dans un cabinet d'affaires de Wall Street mais il s'y ennuie. Ce qu'il désire le plus au monde est d'entrer en politique.

En 1902, au cours d'une réception familiale organisée par Theodore Roosevelt, Franklin tombe amoureux d'une de ses cousines : Eleanor. Ils se marient le 17 mars 1905. Ils auront six enfants.

En 1910, lorsqu'on lui propose de se présenter aux élections sénatoriales pour le 26e district de l'Etat de New York, Franklin D. Roosevelt répond : « *C'est une excellente idée mais je dois en parler à ma mère.* » Il est élu à 28 ans. Il ne quittera plus les couloirs de Washington D.C.

Durant la première guerre mondiale, Franklin D Roosevelt, secrétaire adjoint à la Marine, est envoyé en France et en Angleterre où il fait la connaissance de Winston Churchill. Il passe en revue les bâtiments américains qui sont arrivés en Mer du Nord. Eleanor Roosevelt, quant à elle, s'est engagée à la Croix-Rouge.

Le 19 septembre 1918, FDR est rapatrié d'urgence dans la maison de ses parents à Hyde Park. Il souffre d'une double pneumonie. Ses jours sont en danger. Durant sa convalescence, sa femme découvre l'existence d'une maîtresse en mettant par hasard la main sur leur correspondance. Franklin avoue. Depuis deux ans, il vit une histoire d'amour avec sa secrétaire personnelle, Lucy Mercer (1891-1948). C'est une jolie brune de 27 ans qui l'accompagne dans ses déplacements y compris en Europe.

Sara Delano Roosevelt s'emploie à éviter à son fils le scandale d'un divorce. Ce dernier a promis de ne plus revoir sa maîtresse. Eleanor et leurs enfants quittent le domicile conjugal pour s'installer à Valkill.

Quelques semaines plus tard, FDR gagne l'Europe pour préparer le rapatriement des troupes américaines. L'armistice est signé le 11 novembre 1918.

En 1920, Franklin D. Roosevelt est présent sur le ticket démocrate de James Cox (1870-1957) en tant que colistier. Les républicains remportent les élections présidentielles mais les électeurs connaissent désormais sa voix si particulière.

En aout 1921, les médecins annoncent à son épouse qu'il est atteint de poliomyélite, une maladie presque honteuse à cette époque. Peu à peu ses jambes l'abandonnent. Il se déplace avec des attelles en acier. Sa mère lui conseille de cesser sa carrière politique. Il refuse. Il se bat, accepte d'entreprendre plusieurs cures qui n'ont sur lui aucun résultat. Il s'oblige à des exercices quotidiens terribles pour ne pas perdre sa masse musculaire. Il souffre le martyre. Son combat est vain, la maladie a finalement dévoré son corps. Il ne peut plus bouger sans l'aide d'une chaise roulante. A 39 ans, FDR est au bord du gouffre.

La presse admire son courage. Aucune photographie n'est publiée. Dans le chagrin, le couple se ressoude : « *La maladie lui a donné une plus grande force, un plus grand courage. L'essentiel est devenu sa priorité. Il a acquis une patience et une persévérance infinie.* » Eleanor retombe amoureuse de lui.

Lorsqu'il se présente aux élections présidentielles de 1932, la presse est certaine de sa victoire. Les Américains n'ont pas pardonné à Herbert Hoover. Il est fini. Le programme électoral de Roosevelt intitulé le New Deal, est ambitieux : création de toutes sortes d'agences aux programmes variés, nouvelles règles dans le cadre des systèmes bancaire et monétaire, mesures dans les domaines de l'agriculture et de l'industrie dans laquelle un code de bonne concurrence est prévu. FDR ambitionne de s'attaquer aux problèmes des retraites, des syndicats et sa politique volontariste et interventionniste redonne confiance aux millions de chômeurs : « *Je m'engage à offrir au peuple américain une nouvelle donne. Ce n'est plus une campagne politique mais c'est notre appel aux armes. Aidez-nous à gagner des voix mais aussi à rendre l'Amérique aux Américains !...Nous devrions avoir peur uniquement de notre propre peur ! Nous devons agir et agir maintenant !* » L'appel est entendu. Il remporte les élections présidentielles avec 22 millions de voix favorables. Le parti démocrate a enfin remporté une belle victoire.

Le 15 février 1933, à Miami, un mois avant son investiture, un maçon au chômage, Giuseppe Zangara tente de l'assassiner. Les balles touchent le maire de Chicago, Anton Cermak, et ratent FDR. Avant d'être emmené aux urgences, le maire, ennemi juré de la mafia, murmure à Roosevelt : « *Je suis content que vous ayez été épargné.* »

Le 4 mars 1933, Franklin D Roosevelt annonce: « *Nos difficultés ne concernent, grâce à Dieu, que des choses matérielles. Nos valeurs se sont racornies jusqu'à des niveaux fantastiques. Les feuilles mortes de nos entreprises jonchent le sol, nos fermiers ne trouvent plus de marchés pour la vente de leurs produits...Les économies de millions de familles ont disparu ! Une véritable armée de citoyens sans travail doit faire face au problème de survivre. Il faut être un optimiste bien sot pour nier les tragiques réalités du moment. Nous pouvons rendre ce temple au culte de ses anciennes vérités ! Notre nation réclame des actions et des actions rapides.* »

Deux jours plus tard, le maire de Chicago meurt d'une péritonite. Roosevelt vient à ses funérailles. Giuseppe Zangara est exécuté le 20 mars.

De ce début de XXe siècle, FDR retient deux leçons. Une démocratie ne peut pas assurer la paix dans le monde à elle seule. Une démocratie ne peut pas empêcher une crise économique d'éclater chez elle. Le livre de chevet du président «*La théorie de l'emploi, de l'intérêt et de la monnaie*» de John Maynard Keynes lui inspire la fin du «*laissez-faire*».

La politique interventionniste de son gouvernement s'éloigne du principe américain en politique étrangère. Elle ne fait pas que des heureux. On traite le président de communiste! FDR répond: «*On me jugera en fonction de mes ennemis…*» Ses interventions régulières à la radio, intitulées «*causeries au coin du feu*» rassurent le peuple américain qu'il tient ainsi informé.

Eleanor Roosevelt n'est pas femme à rester silencieuse à ses côtés. Elle s'investit comme jamais dans l'histoire des Premières Dames. Femme de caractère, elle est la digne représentante de la défense des droits de l'homme. Elle s'est fortement liée d'amitié avec la journaliste, Lorena Hickok. Les rumeurs les plus folles circulent dans la capitale mais le président s'en moque.

L'humour d'Eleanor Roosevelt est son arme: «*J'ai deux fois plus de dents que mon oncle Theodore Roosevelt mais j'ai trois fois plus d'énergie!*» Les Américaines applaudissent son courage et son franc-parler. Elle devient la porte-parole des militants antiracistes, des syndicalistes, des féministes, des défavorisés… le président obtient en retour l'appui des électeurs de gauche. Ses interventions à la radio sont aussi attendues que celles de son mari. Sa chronique «*Ma journée*» connaît un vif succès.

Les élections législatives de 1933 donnent une large majorité aux démocrates. Le président peut poursuivre ses grands objectifs.

Le 5 décembre 1933, la fin de la prohibition est célébrée dans tout le pays.

Sur les 15 millions de chômeurs américains, la moitié a trouvé du travail. L'économie est relancée. Mais les crises sociales marquent encore le pays. Des grèves sont réprimées. Les entreprises sidérurgiques refusent d'appliquer la loi de 1935 qui reconnaît l'existence des syndicats. L'agriculture, quant à elle, souffre encore. La sécheresse de l'été 1936 a mis K.O les plus grands domaines. Le président encourage les fermiers à ne pas abandonner : « *Ni la terre craquelée, ni le soleil impitoyable, ni le vent brûlant, ni les sauterelles ne viendront à bout des éleveurs et des fermiers américains, de leurs femmes, de leurs enfants. Oui, ils ont tenu bon durant ces jours de désespoir. Leur confiance, leur ténacité et leur courage ont forcé notre admiration ! Il revenait à nos pères de construire les maisons, il leur revenait, à eux, de les préserver. Il nous revient à nous de les aider dans leur combat.* »

Le FBI et J.E. Hoover connaissent de « *beaux succès médiatiques* » : l'exécution de Bonnie et Clyde par la police texane, la mort de John Dillinger, l'arrestation de Kelly « *la mitraillette* ». Le masque mortuaire de Dillinger est accroché tel un trophée dans le bureau de Hoover.

Ce directeur est l'un des visiteurs privilégiés de la Maison Blanche. Il a un contact direct avec le président. Il lui présente les dossiers secrets sur ses principaux adversaires, et Roosevelt ne peut plus se passer de lui. J.E. Hoover connaît également les détails croustillants sur sa relation extraconjugale avec Lucy. Car le président continue à l'aimer. Le nom de code désignant Lucy est « *Madame Paule Johnson* ».

En Europe, Adolf Hitler est nommé Chancelier du Reich par le président Hindenburg. Depuis que la crise de 1929 a provoqué, entre autres, la division des principaux partis allemands de gauche, la popularité d'Hitler est devenue impressionnante. Pour lutter contre le chômage, Hitler met en place une politique industrielle axée sur l'armement - raison pour laquelle il refuse toute négociation pour le désarmement de l'Allemagne. A Berlin, ses partisans brûlent les livres d'Emile Zola, d'Helen Keller, de Sigmund Freud, de Marcel Proust, d'Albert Einstein… Hitler concentre les actions de son gouvernement contre ce qu'il considère être le « tissu affairiste des juifs ». Il s'attaque aux gitans, aux homosexuels, aux trisomiques. Le 1er mai 1933, soit trois mois après la deuxième investiture de

Roosevelt, plus de 1 200 communistes et sociaux-démocrates sont envoyés à Dachau, le premier camp de concentration. A quelques kilomètres de Munich !

Le 19 août 1934, Hitler est élu président du Reich et prend le titre honorifique de Führer, le guide.

Aux Etats-Unis, l'épineux problème des Noirs est à son paroxysme. Depuis 1929, la vie est plus dure pour cette population. Des émeutes raciales frappent le sud du pays où résident près de 80% des Noirs américains. Personne, à la Maison Blanche, ne souhaite soulever le dossier des droits civiques les concernant. Certes, le New Deal permet à la communauté noire du nord du pays de retrouver un emploi mais pas sa dignité. Roosevelt, en campagne pour son second mandat présidentiel, veut éviter de se mettre à dos la Chambre des Représentants. Durant la campagne, aucune promesse pour eux n'est annoncée.

FDR est largement réélu en novembre 1936.

Les Etats-Unis devront affronter un nouvel ennemi : Adolf Hitler. La seconde guerre mondiale semble inévitable. Roosevelt, tout comme le président Woodrow Wilson, ne veut pas engager l'Amérique dans ce conflit. Charles Lindbergh conjure le président de ne pas intervenir. Il a été invité par Hitler en Allemagne. Il lui confirme l'imposante aviation allemande : « *La France et l'Angleterre sont perdues.* »

En 1937, Roosevelt déclare : « *La paix, la liberté, la sécurité pour 90% de la population mondiale est mise en péril par les 10% restants. Je suis déterminé à adopter toutes les mesures nécessaires pour éviter notre implication dans la guerre.* » En novembre, il ajoute au Congrès : « *Je suis convaincu que le Congrès des Etats-Unis comprend bien les faits et est prêt à soutenir une lutte sans merci contre ceux qui cherchent à encourager cet esprit de crainte.* »

Le 8 décembre 1937, Joseph Kennedy est nommé ambassadeur des Etats-Unis à Londres en récompense du soutien financier apporté pendant les campagnes présidentielles.

Le 12 mars 1938, les troupes allemandes entrent en Autriche sans qu'aucun pays voisin n'intervienne. Le ministre anglais, Chamberlain, annonce qu'il n'est pas acquis que la Grande-Bretagne défende la Tchécoslovaquie. Winston Churchill déclare : « *L'Europe se retrouve confrontée à un programme d'agression bien calculé et réglé. Il se déroule étape par étape...il n'y a plus de salut sans risque !* »

Le 19 octobre 1938, Joseph Kennedy créé une vive polémique en Europe en déclarant: « *Nous devons cohabiter, que nous le voulions ou non ! Nous sommes condamnés à vivre ensemble... Dans le même monde que cela nous plaise ou non. Il est vain de creuser le fossé déjà existant entre les démocraties et les dictatures. Elles doivent résoudre leurs problèmes en commun.* »

Lors des accords de Munich, Neville Chamberlain cède aux exigences d'Hitler en espérant écarter son pays du conflit.

En janvier 1939, Roosevelt fait voter au Sénat une hausse du budget de la Défense. Le 15 mars 1939, la croix gammée flotte sur l'ancien palais royal de Prague. Chamberlain exige d'Hitler des explications. Mussolini et Hitler concluent le Pacte d'Acier le 22 mai. Hitler signe un pacte de non-agression avec Staline le 23 août. Le 1er septembre, l'Allemagne nazie envahit la Pologne. Chamberlain envoie un ultimatum au Führer. Il n'obtient aucune réponse. Le 3 septembre, à 11h15, l'Angleterre déclare la guerre à l'Allemagne. La France la rejoint à 17 heures. Chamberlain nomme Churchill premier Lord de l'Amirauté. Chaque bâtiment anglais salue le retour du « *guerrier* ». Roosevelt lui adresse une lettre de félicitations.

Le 4 novembre 1939, Roosevelt fait voter dans l'urgence la loi « *cash and carry* » permettant de vendre et de livrer des armes aux alliés. Roosevelt déclare : « *Cette Nation restera une Nation neutre. Mais je ne peux pas demander aux Américains de rester neutres dans leur jugement. Etre neutre ne nous retire pas le droit de prendre en compte les faits. Etre neutre ne nous oblige pas à fermer notre esprit et notre conscience !* »

Le 14 mars 1940, Staline envahit la Finlande. Churchill salue le courage des Finlandais. Le 8 avril, l'Allemagne envahit à son tour le Danemark et la Norvège. Le 10 mai, les troupes du Führer attaquent la Belgique et la Hollande. Chamberlain remet sa démission. Il mourra d'un cancer quelques mois plus tard. Winston Churchill le remplace et se retrouve en relation directe avec la Maison Blanche.

Le 14 juin, les troupes allemandes défilent sur les Champs Elysées. Quatre jours plus tard, le général de Gaulle annonce à la radio : « *La flamme de la résistance ne doit pas s'éteindre et elle ne s'éteindra jamais !* »

L'ambassadeur Joseph Kennedy démissionne de son poste le 1er décembre 1940. Son avenir politique est fini, il confie ses rêves à son fils aîné : Joseph Kennedy Jr, membre de la délégation démocrate du Massachussetts.

Roosevelt remporte un troisième mandat présidentiel avec un record historique. Il prête serment, non pas en mars comme la tradition le souhaite, mais le 20 janvier 1941.

Le 8 décembre 1941, à 7h55, les Japonais attaquent par surprise la base navale de Pearl Harbor. 350 avions torpilleurs et bombardiers sous le commandement de l'amiral Isoroku Yamamoto détruisent une grande partie des bâtiments américains. C'est la première fois que l'Amérique est touchée sur son propre territoire. 3 326 Américains ont perdu la vie, on compte des milliers de blessés graves. Dix-neuf des plus prestigieux navires militaires ont été coulés.

La tragédie de Pearl Harbor soulève la colère du peuple américain. Elle entraîne la déclaration de guerre des Etats-Unis à l'Allemagne, à l'Italie et au Japon. Dans un émouvant discours, Franklin Delano Roosevelt annonce :

« *Hier, le 7 décembre 1941, est une date à jamais entachée d'infamie.*

Les Etats-Unis d'Amérique ont été soudainement et délibérément attaqués par les forces navales et aériennes de l'empire du Japon. Il est évident que cette attaque était préparée et planifiée depuis de nombreuses semaines. Le gouvernement japonais a cherché délibérément à tromper les Etats-Unis par de fausses déclarations quant à une paix durable entre nos deux nations. L'attaque d'hier contres les îles hawaïennes a causé des dégâts considérables aux forces armées américaines. J'ai le regret de vous annoncer que plus de trois mille Américains ont trouvé la mort. Quel que soit le temps qui sera nécessaire pour refouler cette invasion préméditée et injustifiée, le peuple américain usera de sa puissance légitime et ce jusqu'à la victoire totale. En raison de cette attaque lâche et sans motif commise par le Japon, j'attends de notre Congrès qu'il déclare la guerre. »

Répondant à l'appel de leur président, les jeunes Américains s'engagent y compris John et Joseph Jr Kennedy, James Stewart, Clark Gable, Bobby Jones le vainqueur du Grand Chelem Le FBI emprisonne plus de 100 000 Japonais résidents dans le pays. Le président annonce à la radio : « *Les Etats-Unis ne rentreront pas la tête comme une tortue mais porteront la guerre chez l'ennemi !* »

Le président veut reconstruire l'arsenal naval américain dans les plus brefs délais. Il a convoqué une cellule de crise à la Maison Blanche. Un de ses proches amiraux lui rétorque : « *Monsieur le Président, c'est impossible, il nous faudra des années !* » Roosevelt enlève ses jambières d'acier et se lève de sa chaise roulante. Personne ne bronche. Il marche péniblement jusqu'à cet amiral et lui déclare, tête haute : « Ne me dites pas que c'est impossible ! » Le soir même, la construction de 60 000 avions militaires, de dizaines de milliers de chars d'assaut et de centaines de navires de guerre est lancée.

Le 20 janvier 1942, Reinhard Heydrich met en place la « *solution finale* » exigée par le Führer pour les onze millions de juifs européens. On utilisera les chambres à gaz. Eichmann est nommé à la tête du programme. Le 7 juin 1942, la marine américaine remporte une immense victoire au cours de la bataille de Midway. Quelques jours plus tard, Winston Churchill est reçu au bureau ovale. Le premier ministre anglais ne cache pas son admiration pour le président américain.

Le 28 juillet 1943, FDR s'adresse au Congrès pour lui faire part des récentes victoires en Afrique du Nord et en Sicile : « *Elles conduisent à la chute de Mussolini.* »

Le 6 juin 1944, la première phase du débarquement « *Overlord* » est lancée sur les plages de Normandie. Plus de 800 navires militaires et 7 500 avions font partie de cette opération dirigée par le commandant en chef des armées américaines, le général Eisenhower.

Quelques jours plus tard sur les ondes britanniques, le président Roosevelt intervient directement en français afin de s'adresser à la France : « Mes chers amis, je vous parle comme celui qui en 1918 était en France avec votre armée et votre marine. J'ai conservé toute ma vie une amitié pour le peuple français tout entier, j'ai des amis français en France et hors de la France. Je connais vos femmes, vos villages, vos villes...je connais vos soldats, vos ouvriers, vos professeurs. Je sais bien, oh combien, il est important et précieux pour la France, l'héritage de la démocratie, de sa culture... ma foi est dans l'égalité et la fraternité. Nous arrivons parmi vous pour repousser les envahisseurs cruels qui veulent vous dépouiller de vos droits pour toujours, vous priver d'adorer Dieu comme vous le voudriez. Nous venons pour écraser et anéantir vos ennemis. Nous ne vous ferons jamais de mal et nous vous assurons qu'une fois que le ménage sera fait en Allemagne et en Italie, nous quitterons votre territoire immédiatement... J'en appelle donc à vos idéaux nationaux... nous retrouverons le jour glorieux...Vive la France éternelle ! »

Une deuxième phase est lancée entre Marseille et Menton le 15 août 1944.

Roosevelt annonce à la radio la libération de Rome par les troupes alliées. Les armées américaines défilent devant le Colisée.

L'ex-ambassadeur des Etats-Unis, Joseph Kennedy perd son fils ainé, Joseph Jr Kennedy. Lieutenant, il était volontaire pour une mission suicide. Son bombardier a explosé en vol.

Roosevelt est épuisé par la paranoïa de Staline. Ce dernier est persuadé que la paix ne se fera qu'au seul bénéfice des Etats-Unis et de l'Angleterre. Les deux hommes se sont rencontrés le 4 février 1945 dans une station balnéaire. Winston Churchill reproche au président de céder à ses exigences. Neuf jours plus tard, la conférence de Yalta a lieu dans un climat de tension exceptionnelle. Elle constitue une victoire diplomatique pour Staline.

Le 1er mars 1945, lors de sa dernière grande allocution au Congrès, FDR semble extrêmement fatigué. Il part se reposer le 30 mars dans sa maison de campagne à Warm Springs. Eleanor reste à la Maison Blanche pour s'occuper des prochaines réceptions. Le président est accompagné secrètement par Lucy.

Le 12 avril 1945, Roosevelt signe des courriers sur la terrasse ensoleillée de la «*petite Maison Blanche*». Ce matin, il a envoyé un câble à Churchill: «*Nous devons rester ferme avec Staline*» car il doute de la sincérité du soviétique. Ensuite, il a accepté de poser devant la peintre, Elisabeth Shoumatoff. Le tableau sera un cadeau pour Lucy.

Le midi, un barbecue réveille la bonne humeur du président. Il plaisante avec Lucy et leurs invités. A treize heures, FDR s'éloigne de la salle à manger pour fumer une de ses célèbres longues cigarettes. Lucy lui apporte un café, il lui répond qu'il a soudainement mal à la tête et rejoint sa chambre à l'étage.

Quelques minutes plus tard, Lucy entend un bruit de chute. Il est 16H55. Roosevelt a été victime d'une hémorragie cérébrale. Il ne reprendra pas conscience. Ses proches demandent à Lucy de quitter les lieux rapidement. Les médecins personnels annoncent officiellement la nouvelle de la mort du président à 17h. La Première Dame apprend par la bouche de sa fille que Franklin était en compagnie de sa maîtresse. Elle ne dit aucun mot et prépare les obsèques. Elle rejoint le corps de son mari vers minuit.

Le cercueil est emmené par train spécial vers la capitale. Eleanor ne le quitte pas, il est entièrement recouvert par le drapeau des États-Unis. A la gare de Washington D.C., six chevaux prennent la relève du cortège et amènent la dépouille mortelle du président jusqu'à la Maison Blanche. Eleanor demande que le cercueil soit ouvert dans la salle est de la résidence présidentielle. Elle reste un moment seule à ses côtés.

Les funérailles nationales sont impressionnantes. Le premier ministre japonais, pourtant en guerre avec les Etats-Unis, exige qu'une radio diffuse un programme spécial sur le «*grand homme des Etats-Unis*».

Le corps est enterré dans le jardin privé des Roosevelt à Hyde Park suivant les instructions mêmes du président, signées du 26 décembre 1937.

Eleanor confie à Harry Truman : «J'ai plus de chagrin pour le pays que pour moi et la famille…l'histoire est terminée.» Le vice-président, «*le petit homme du Missouri*» prend immédiatement ses fonctions de président des Etats-Unis.

Le 31 juillet 1948, Eleanor apprend la mort de Lucy Mercer Rutherfurd. Elle avait 57 ans. Le 10 décembre 1948, elle est ovationnée par l'ensemble des délégués de l'ONU pour son travail remarquable dans la Déclaration Universelle des droits humains – mission dont elle est la plus fière. En 1961, John F. Kennedy la nomme au poste de présidente de la Commission sur le Statut de la Femme aux Etats-Unis. Mais elle meurt le 7 novembre 1962. JFK lui rend un hommage en citant une de ses phrases préférées : «*Vous devez accepter ce qui vous arrive et simplement y faire face avec courage*». Lorena Hickok n'est pas présente aux funérailles mais se rend sur sa tombe quelques jours plus tard. Six ans plus tard, la journaliste et biographe qui a reçu un immense succès pour son roman «*L'histoire d'Helen Keller*» meurt le 1er mai 1968.

*
**

XXXIII

HARRY S. TRUMAN

CONDUIS-LES EN ENFER !

MANDAT PRÉSIDENTIEL : 12 AVRIL 1945-1949 – 1949-1953
VICE-PRÉSIDENT : AUCUN (1945-1949), ALBEN W. BARKLEY (1949-1953)
PARTI POLITIQUE : DÉMOCRATE
RELIGION : BAPTISTE

> *« Si vous voulez avoir un ami à Washington D.C., je vous conseille d'acheter un chien. »*
> Harry Truman

Le 12 avril 1945, vers 17 heures, le vice-président Harry Truman siège au Congrès lorsqu' il apprend le décès brutal du président des Etats-Unis, Franklin D. Roosevelt. Il doit se rasseoir un instant avant de pouvoir prononcer un mot. Au cours des derniers événements, Truman avait fini par aimer cet homme.

Une voiture le conduit à la Maison Blanche. Il est reçu par Eleanor Roosevelt. Elle le prend dans les bras et lui dit : « *Harry, l'histoire est finie…* ». Truman lui murmure : « *Que puis-je faire pour vous ?* »

Winston Churchill adresse un télégramme à Eleanor Roosevelt : « Je viens de perdre un ami très cher et notre amitié avait été forgée par les épreuves de la guerre. Je sais que vous trouverez une consolation dans la grandeur de ce qu'il a fait et la gloire attachée à son nom. »

A 19H09, sous le portrait officiel du président Woodrow Wilson, Harry Truman, 60 ans, prête serment face au président de la Cour suprême. Autour de ces deux hommes se tiennent, émus, quelques membres du gouvernement, la femme de Truman et leur fille Margaret. Après cette courte cérémonie, la presse est conviée à les rejoindre. Le 33e président des Etats- Unis leur déclare : « *Priez pour moi maintenant…* »

Encadré par les services secrets, Harry Truman rejoint, à 21h30, son modeste appartement à Washington D.C. au 4701, avenue du Connecticut. Il y soupe d'un sandwich à la dinde accompagné d'un verre de lait. Puis il téléphone à sa mère: « *Tu peux dormir tranquille, tout ira bien.* »

Né le 8 mai 1884 à Lamar dans le Missouri, Harry Truman apprend à lire grâce à sa mère Martha Ellen Truman, avant d'atteindre 5 ans. A 12 ans, il se passionne pour les romans de Charles Dickens (1812-1870), ceux de James Fenimore Cooper (1789-1851) dont «*Le dernier des Mohicans*» et ceux de Mark Twain (1835-1910). Sa lecture favorite reste la Bible dont il récite par cœur certains évangiles.

A 18 ans, Harry Truman est employé dans une banque à Kansas City. Lorsque son père meurt en 1914, il hérite de sa ferme. Il y travaille trois ans jusqu'à son engagement en tant que sergent lors de la première guerre mondiale. A la fin du conflit, il est promu au grade de capitaine.

Le 28 juin 1919, Harry Truman épouse Elisabeth Wallace surnommée Bess. Ils se fréquentent depuis leur enfance. Cette jeune femme athlétique aux yeux bleus a été marquée par le suicide de son père. Le couple aura une fille: Margaret (1924-2008). Il s'installe dans la maison familiale de Bess.

Bess Truman est une femme réservée mais autoritaire dont le passe-temps favori est d'aller à la messe. Elle apprécie peu la politique qu'elle trouve vulgaire. Cela n'empêche pas son mari d'entrer au parti démocrate.

Entre 1922 et 1936, Harry Truman siège au fauteuil de juge, pour le comté de Jackson. Durant cette période, il remporte les élections sénatoriales pour l'Etat du Mississipi. Le Couple Truman déménage et s'installe dans la capitale.

En 1944, le sénateur Harry Truman est chargé de contrôler les dépenses du gouvernement en matière d'armement. Son travail est salué par ses confrères et par la presse de Washington D.C.

Le 28 août 1944, le président Roosevelt l'invite à déjeuner à la Maison Blanche : « *Des sandwichs à la sardine !* » Il lui demande de le rejoindre pour son 4e mandat présidentiel en tant que vice-président des Etats-Unis. Truman n'a jamais été un grand supporter du président. Il accepte cette charge sans enthousiasme.

Le lendemain du déjeuner, le sénateur Harry Truman confie à la presse : « *Le président a l'air d'aller bien...* » En vérité, Truman a constaté qu'il était incapable de se servir lui-même de café sans le renverser. L'état de santé de Franklin D. Roosevelt est préoccupant.

Entre janvier et début avril 1945, les deux hommes se côtoient peu. Bess Truman n'est pas ravie de cette situation et le fait savoir à son mari : « *Si le président venait à mourir, que deviendrions-nous ?* »

A quelques jours de la mort de Franklin D. Roosevelt, les nouvelles en Europe sont encourageantes pour les Alliés. L'Italie et l'Allemagne sont en pleine déconfiture. Le 28 avril, Mussolini est exécuté à Milan par une foule hystérique. Pietro Badoglio, ancien gouverneur de la Libye et vice-roi d'Ethiopie est nommé chef du gouvernement italien. Deux jours plus tard, à Berlin, Hitler et sa femme Eva Braun se suicident dans leur bunker. Leurs corps sont brûlés par des SS avant l'arrivée des Soviétiques.

La reddition de l'Allemagne est signée le 7 mai 1945. C'est une immense victoire pour les Alliés malgré des pertes très lourdes.

Le 8 mai 1945, le président Truman s'adresse à la Nation pour annoncer officiellement la capitulation de l'Allemagne nazie : « *C'est une heure de gloire.* » Il y fait l'éloge du courage, du sacrifice et du travail du peuple américain tout en rappelant que la guerre se poursuit en Extrême-Orient. A Londres, on célèbre également la capitulation de l'Italie et de l'Allemagne. Une foule impressionnante se rassemble devant les grilles du palais de Buckingham. Elle chante, elle danse, elle rit. Winston Churchill leur lance un message via des haut-parleurs installés la veille : « *Vive la liberté et que Dieu garde le Roi !* » Puis la famille royale s'avance jusqu'au balcon principal. Les Anglais hurlent : « *Vive le Roi !* »

Le 12 mai 1945, Harry Truman reçoit une lettre de Winston Churchill. Ce dernier craint la montée du communisme dans une Europe de l'Est totalement détruite : « *Cher Harry, un rideau de fer est tombé sur le front russe...* » Le lendemain, Churchill déclare sur les ondes de la BBC : « *Il nous reste à nous assurer que les mots liberté, démocratie et libération garderont leur vrai sens, ce sens que nous leur attribuons. A quoi bon punir les hitlériens pour leurs crimes si le règne de la loi et de la justice ne s'établissait pas, si des gouvernements totalitaires et policiers devaient prendre la place des envahisseurs ?* »

Le 26 juin 1945, à San Francisco, cinquante nations signent la Charte des Nations Unies.

Le 15 juillet 1945, le président rencontre Churchill et Staline à Berlin. Ils visitent ensemble le bunker d'Hitler. A Potsdam, Truman confie à ses deux interlocuteurs que les essais atomiques au Nouveau Mexique sont un franc succès. Le premier ministre anglais comprend que les prochains jours seront funestes pour le Japon qui refuse toujours une reddition. Un dernier ultimatum est adressé à l'empereur, il reste muet.

En rentrant à Londres, Winston Churchill présente sa démission au roi car les travaillistes ont remporté une écrasante victoire. Le 1er août, il quitte le 10, Downing Street en tenant la main de son épouse : « *Les lumières de l'histoire brilleront au-dessus de nos têtes.* »

Fin juillet 1945, Harry Truman est au centre d'une réunion historique à la Maison Blanche. Cette concertation ultrasecrète tient sur la décision ou non d'utiliser la bombe atomique sur le Japon pour en terminer avec ce dernier ennemi. Eisenhower y est opposé : « Ce n'est absolument pas nécessaire. » Les deux atomistes, Robert Oppenheimer et Edward Teller, ne sont pas conviés à cette cellule de crise. Des officiers annoncent une estimation dans le cas où les Etats-Unis organiseraient un débarquement en septembre sur les côtes japonaises : « *Nous estimons que cela coûterait la vie de 500 000 à un million d'Américains... sans compter les pertes humaines japonaises très élevées* ». Truman a pris sa décision.

Le 6 août 1945, Truman autorise le largage de la bombe atomique sur l'Empire du Japon.

A 8H16, le B-29, « *Enola Gay* » lâche une première bombe baptisée « *Little Boy* » sur Hiroshima. Plus de 150 000 Japonais sont pulvérisés par les 5400 degrés de l'engin. La ville entière est détruite en une fraction de seconde. Le président Truman annonce au peuple américain: « Plus puissante que 20 000 tonnes de TNT ! C'est la plus grande bombe jamais utilisée dans l'histoire de la guerre…Les Japonais avaient commencé la guerre à Pearl Harbor….Nous allons détruire leurs quais, leurs ports, leurs usines, leurs communications. » Les pertes totales estimées sont de 250 000 morts.

L'empereur tente d'avoir des nouvelles d'Hiroshima mais c'est impossible car toutes les liaisons ont été interrompues. Des rumeurs inquiétantes parviennent à Tokyo via des localités voisines : les Américains auraient utilisé une arme d'une grande puissance. Dans la nuit du 6 août, l'Empereur prend connaissance du message radiophonique du président Harry Truman : « *Nous avons maîtrisé l'énergie fondamentale de l'univers. La force d'où le soleil tire sa puissance a été lâchée contre ceux qui ont apporté la guerre à l'Extrême-Orient !* » Le jeune empereur décide de cacher la vérité à la population.

Une autre nouvelle parvient à Tokyo via Radio-Moscou : les Soviétiques entrent en guerre contre le Japon. La Russie dénonce le pacte de neutralité entre les deux grandes puissances.

Le 9 août 1945, à 11h02, une seconde bombe appelée « *fat man* » est larguée par le commandant Frédéric Bock sur Nagasaki. Elle tue la moitié de la population. Plus de 120 000 victimes sont à déplorer.

Dans la nuit du 9 août 1945 le cabinet nippon tente de trouver une solution. Elle paraît si évidente pour l'empereur : « *Nous devons accepter l'inacceptable, supporter l'insupportable…* » Des larmes coulent sur les joues des amiraux présents. La séance est levée à 2H30 du matin. Nul n'a désormais le droit de s'élever contre la décision de l'empereur. Le 13 août, des bombardiers américains frappent encore Yokohama et Kawasaki.

Le mardi 14 août 1945, l'empereur Hirohito reconnaît la victoire des Alliés. Il pose son sceau sur une acceptation inconditionnelle de l'ultimatum américain. Un texte préparé par son secrétaire général, Sakomizu, est enregistré puis envoyé sur les ondes japonaises: «*Après avoir longuement réfléchi sur les tendances générales du monde et les conditions prévalant aujourd'hui dans Notre empire, Nous, L'Empereur avons décidé de régler la situation actuelle en recourant à une mesure extraordinaire. Nous avons ordonné au gouvernement impérial de notifier aux quatre pays: les Etats-Unis, la Grande-Bretagne, la Chine et l'Union soviétique que Nous acceptions les termes de leur déclaration conjointe*». Des centaines d'officiers et de sous-officiers se suicident par revolver ou en s'ouvrant le ventre.

Dans la nuit du 15 août à Tokyo, le père des kamikazes, l'amiral Onishi confie à ses proches: « *Ce n'est pas moi qui ai perdu la guerre mais l'Empereur.* » Puis il se fait harakiri. Il meurt après une longue agonie. En hommage à leur chef, onze bombardiers kamikazes tombent en piqué sur les porte-avions américains basés à Okinawa. C'est le dernier acte militaire des Japonais.

Dans la baie de Tokyo, le 2 septembre 1945, la capitulation a lieu sur le cuirassé Missouri. Pendant sa signature, des centaines de bombardiers américains survolent Tokyo pour démontrer la suprématie aéronavale américaine. La seconde guerre mondiale est terminée. Elle a coûté la vie à 406 000 soldats américains. Mais, au-delà, ce conflit, le plus meurtrier de l'histoire de l'humanité, aura, selon les estimations, tué de 50 à 70 millions de personnes, civils et militaires confondus.

L'Europe est à reconstruire, comme l'économie mondiale. Le Japon, l'Allemagne, l'Italie, la Grande-Bretagne sont au bord de la faillite. En 1948, le Congrès validera le plan Marshall (14 billions de dollars) qui permettra la reconstruction des pays européens, évitant au maximum l'aide communiste de l'Union soviétique. La guerre froide ne fait que commencer y compris la haine du «*rouge*» aux Etats-Unis.

Le 29 juin 1947, au Lincoln Memorial, c'est la première fois qu'un président des Etats-Unis s'adresse officiellement à l'association nationale pour la promotion des gens de couleur (NAACP). Dans ce discours attendu, Truman déclare qu'i n'existe aucune raison justifiable pour la discrimination en raison de l'ascendance, de la religion, de la race ou de la couleur : « *Les Etats-Unis ne doivent pas tolérer ces telles limitations à la liberté de tous les Américains et à la jouissance des droits fondamentaux que chaque citoyen dans une démocratie doit pouvoir posséder !* »

Le 26 juillet 1947, la CIA est créée, en remplacement de l'O.S.S., à la demande du président Truman et contre l'avis du FBI et du Département d'Etat. Elle obtient trois ans plus tard l'aval du Congrès pour dissimuler sa hiérarchie, ses agents et son organisation. Ses premières missions sont dirigées vers l'Europe et l'Asie.

Pour le 65e anniversaire du président, une salle de bowling est installée au sous-sol de la résidence présidentielle. Une rénovation des 62 pièces de la Maison Blanche est enclenchée. Son budget, approuvé par le Congrès, est de 5 millions de dollars. Des poutres d'acier remplacent les boiseries anciennes. Du ciment est coulé pour consolider les fondations. Les parquets en chêne, les colonnes et les principales corniches sont remis dans leur état d'origine. On agrandit les lieux en créant onze pièces supplémentaires.

Au cours des travaux, les Truman logent à Blair House, la maison destinée aux invités du président. Elle se situe à deux cents mètres de la Maison Blanche. Le président utilise le yacht présidentiel ancré dans les eaux calmes du Potomac pour y recevoir ses invités et ses proches conseillers. A leur retour à la Maison Blanche, la belle-mère du président, Margaret Gates Wallace, réside au premier étage. Elle refuse de dormir dans la chambre Lincoln car elle « *ne supporte pas ce républicain !* »

Le 5 octobre 1947, le président Truman s'adresse à la Nation grâce au premier direct télévisé de la Maison Blanche. C'est un immense succès.

Quant au langage châtié du président, Bess Truman est la première à le réprimander dans le bureau ovale : « *Surveillez votre vocabulaire !* »

Elle refuse d'animer des conférences avec la presse. A plus de 60 ans, elle a envie de vivre en paix. Elle ne participe pas davantage aux manifestations populaires comme le faisait admirablement Eleanor Roosevelt.

Les crises sociales qui frappent durement le pays justifient la victoire des républicains aux législatives. Le Sénat et la Chambre sont passés entre leurs mains. L'action du gouvernement de Truman est bloquée.

En janvier 1948, le président demande au Congrès le vote d'une série de lois favorables aux droits civiques de la population noire. Le 30 juillet 1948, il signe le décret mettant fin à la ségrégation raciale dans l'armée américaine.

En juin 1948, les Soviétiques déclenchent le blocus de Berlin. Truman est fou de rage. C'est le premier incident entre les deux vainqueurs depuis la victoire de 1945. Durant les 321 jours du blocus, un avion décolle toutes les trois minutes de l'aéroport de Tempelhof : l'armée américaine envoie des vêtements et des vivres aux 2, 6 millions de Berlinois. Cette opération coûte quelque 200 millions de dollars. Un accord est finalement trouvé : l'Union soviétique renonce à mettre en circulation une monnaie unique pour Berlin et accepte la création d'un Etat indépendant en Allemagne de l'Ouest.

Les élections présidentielles de 1948 s'annoncent mal pour Truman. Pour haranguer les foules, le président se déplace en train qui traverse tout le pays. Le Chicago Daily Tribune devance les résultats. Il confirme la victoire du républicain Thomas E. Dewey mais en vérité les résultats définitifs démontrent le contraire. Truman montre en riant la Une du journal malheureux qui annonce « *Dewey bat Truman* ». Il ajoute à ses supporters hilares : « *Cette histoire finira dans les livres.* »

Le 20 janvier 1949, lors de son investiture, le président annonce que l'Amérique soutiendra les pays s'opposant aux régimes communistes. Car l'Union soviétique a installé des gouvernements communistes en Allemagne de l'Est, en Hongrie, en Roumanie, en Bulgarie et en Tchécoslovaquie. Entre l'Europe de l'Ouest et l'Europe de l'Est, un « *rideau de fer* » est tombé. La télévision retransmet, pour la première fois en direct, l'investiture d'un président. Plus de 10 millions d'Américains assistent ainsi à sa prestation de serment.

Le 4 avril 1949, dix chefs de gouvernements européens sont invités à s'asseoir autour du président Truman pour signer le pacte de l'Atlantique Nord mettant définitivement fin à l'isolationnisme américain. Dans ce pacte d'alliance il est dit que si un des dix pays est attaqué, l'ensemble des neuf autres pays le soutiendra immédiatement. Le général Eisenhower est nommé commandant en chef de cette armée interalliée.

Le 29 septembre, Truman annonce à la télévision que les Soviétiques ont désormais la bombe atomique : « *Si nous devions vivre une guerre atomique, que Dieu nous en garde, nos pertes seraient effroyables. La meilleure prévention contre la bombe atomique est d'empêcher le déclenchement d'une troisième guerre mondiale et d'arriver à une paix durable…* » Le bureau ovale donne son accord pour la fabrication de la bombe H, 1 000 fois supérieure à la bombe atomique. Son programme coûte plus de 35 milliards de dollars.

Le 1er octobre 1949, Mao ZeDong proclame la République populaire de Chine après avoir écrasé les nationalistes de Tchang Kaï-Chek, soutenus officieusement par les Etats-Unis. Les nationalistes se réfugient sur l'île de Formose.

Le samedi 25 juin 1950, les Coréens du Nord, commandés par le général Kim II Sung, fondateur de la dynastie encore à la tête du pays, et appuyés par l'Union soviétique, franchissent le 38e parallèle qui sépare le nord et le sud du pays. Le bureau ovale en est informé par le secrétaire d'Etat, Dean Acheson (1893-1971). Cette invasion peut dégénérer rapidement en conflit entre les Etats-Unis et l'Union soviétique et la Chine. Les troupes de l'ONU sont envoyées sous le commandement du général Douglas MacArthur sans attendre l'accord du Congrès. Les Coréens du Nord sont repoussés jusqu'à la frontière de la Chine. Les Chinois envoient 200 000 hommes et des avions de chasse. MacArthur bat en retraite. Dans la capitale, les journalistes parlent de la possibilité d'utiliser une fois de plus la bombe atomique voire la bombe H.

Le général MacArthur demande l'accord du président afin que ses soldats puissent intervenir en Chine. Il émet le souhait d'utiliser l'arme nucléaire. Totalement hostile à cette stratégie, Truman préfère les pourparlers en faveur de la paix. Le général s'obstine et adresse une lettre rendue publique au Congrès. C'est un affront de trop pour la Maison Blanche. Le Sénat confirme, dans la presse, que les agissements de MacArthur peuvent conduire à une guerre avec la Chine et l'Union soviétique.

Le 11 avril 1951, MacArthur est révoqué malgré sa popularité. Des manifestations en sa faveur sont organisées dans tout le pays. Truman ne revient pourtant pas sur sa décision : « *J'ai considéré comme essentiel de relever le général de ses fonctions pour qu'il n'y ait aucun doute ou confusion sur les véritables buts et objectifs de notre politique. C'est avec le plus grand regret que j'ai été obligé de prendre cette décision. Le général MacArthur est l'un de nos plus brillants commandants militaires mais la cause de la paix dans le monde a beaucoup plus d'importance qu'aucun individu.* » MacArthur est remplacé par le général Ridgway. Truman n'a jamais supporté l'arrogance de MacArthur qu'il traitait en privé « *d'enfoiré !* »

Le 1er novembre 1950, le président Truman échappe de peu à un attentat mené par deux nationalistes portoricains. Le 5 décembre 1952, Margaret Gates Wallace, la belle-mère du président meurt à la Maison Blanche. Bess est inconsolable.

Le conflit en Corée se termine le 27 juillet 1953. 2 000 000 de civils ont été tués ainsi que 54 246 soldats américains, 47 000 combattants sud-coréens et 215 000 nord-coréens. La Corée est ravagée. Les communistes reprennent leur position initiale dans le nord du Pays.

Le sénateur du Wisconsin, Eugene McCarthy dénonce, dans la presse nationale, une conspiration communiste au sein de l'administration américaine déclenchant une psychose dans le pays. La sinistre *chasse aux sorcières* traque sans pitié les artistes et les hauts fonctionnaires. L'affaire Alger Hiss et celle du couple Rosenberg illustrent la paranoïa du peuple américain à l'égard du *rouge.* Truman ne supporte plus les caprices de ce sénateur « à moitié fou ».

Les élections présidentielles de 1952 prédisent une victoire éclatante pour le général Eisenhower, candidat républicain.

A 68 ans, Harry Truman décide de ne pas se représenter pour un troisième mandat. Sa popularité a sérieusement baissé depuis le début de la guerre froide, le limogeage du général MacArthur, le scandale financier auquel il est lié, ainsi que son épouse : un frigo acheté avec l'argent des contribuables ou le manteau de vison à 9 000 dollars offert à sa secrétaire. Les démocrates choisissent Adlai Stevenson pour le remplacer.

Mais c'est Eisenhower, le héros de guerre, qui remporte le bureau ovale.

Harry Truman prend une retraite méritée dans le Missouri.

Le président Kennedy l'invite à la Maison Blanche pour célébrer son anniversaire. Bess Truman s'entend à merveille avec Jackie. Le couple passe le week-end au premier étage de la résidence. Le lundi matin 25 novembre 1963, Harry Truman sera la première personnalité à saluer la dépouille mortelle du président Kennedy.

Il meurt le 26 décembre 1972. Le président Jimmy Carter, au cours de sa campagne de réélection, rendra visite à l'ex-Première Dame des Etats-Unis, chez elle, dans le Missouri. Bess Truman meurt d'une crise cardiaque le 18 octobre 1982. Le président Reagan et Nancy Reagan lui rendront un hommage émouvant.

★
★★

XXXIV

DWIGHT DAVID EISENHOWER

LE HEROS DE LA SECONDE GUERRE MONDIALE

MANDANT PRÉSIDENTIEL : 1953-1957 – 1957-1961
VICE-PRÉSIDENT : RICHARD M. NIXON
PARTI POLITIQUE : RÉPUBLICAIN
RELIGION : PRESBYTÉRIEN

« Il y a deux sortes de problèmes qui arrivent au bureau ovale : les urgents et les importants. Je me contente de m'occuper des urgences, je n'ai donc pas le temps de m'occuper de l'important ! »

Eisenhower

« Dans les conseils de gouvernement, nous devons prendre garde à l'acquisition d'une influence illégitime, qu'elle soit recherchée ou non, par le complexe militaro-industriel. Le risque d'un développement désastreux d'un pouvoir usurpé existe et persistera. Nous ne devrons jamais laisser le poids de cette conjonction menacer nos libertés ou les processus démocratiques. Nous ne devons rien considérer comme acquis. Seules une vigilance et une conscience citoyennes peuvent garantir l'équilibre entre l'influence de la gigantesque machinerie industrielle et militaire de défense et nos méthodes et nos buts pacifiques, de sorte que la sécurité et la liberté puisse croître de pair. »

Dwight Eisenhower, 17 janvier 1961

« Les hommes d'affaires de Wall Street n'ont pas de caractère. Jamais, ils ne prennent fait et cause pour un principe. Ils ne soutiennent que les gagnants. »

Général MacArthur

Dwight David Eisenhower a vécu dans 17 domiciles différents durant ses 38 ans de carrière militaire. Son sourire et son courage sont les marques de fabrique de cet homme hors du commun.

Né le 14 octobre 1890 à Denison dans le Texas, Dwight David Eisenhower surnommé Ike passe son enfance dans le Kansas à

Abilene. La famille Eisenhower est nombreuse : Ike a cinq frères et deux sœurs. Son père David et sa mère, Ida Stover, sont des mennonites très pieux. Leurs ancêtres ont été persécutés en Europe. Chaque matin, la famille, à genoux, prie avant de débuter la journée. C'est dans cette ambiance religieuse qu'Ike grandit. Il surprend ses parents en annonçant qu'il deviendra « *un grand soldat* ». Ike croit en sa chance.

En 1911, à 21 ans, il entre à la prestigieuse académie militaire de West Point. Quatre ans plus tard, il est promu lieutenant. Il rejoint ensuite un camp militaire du Texas où il rencontre Genova Doud, 19 ans. C'est le coup de foudre. Ils se marient le 1er juillet 1916. Le couple aura deux fils. Doud Dwight meurt cependant à l'âge de 4 ans des suites d'une scarlatine.

En 1917, Ike est instructeur au moment où les Etats-Unis s'engagent dans la première guerre mondiale. En 1932, il sert aux côtés du général Douglas MacArthur.

Durant la seconde guerre mondiale, Eisenhower se fait remarquer par le président Roosevelt qui admire cet « *homme de caractère* ». Dès 1942, il assume la direction des opérations militaires en Europe. Il prépare l'invasion américaine de l'Afrique du Nord.

Pendant le conflit, il entretient une liaison extraconjugale avec son chauffeur et secrétaire particulier, la jeune divorcée irlandaise, Kay Summersby (1910-1975). Ike pense à divorcer mais change d'avis en suivant les conseils du général G.C Marshall. Après la fin de la guerre, Kay Summersby se marie et ne reverra plus son amant. En 1948, elle écrira un livre intitulé « *Eisenhower était mon patron* ». En 1975, avant de mourir, elle publiera « *Mon histoire d'amour avec Ike Eisenhower* ».

Ike est nommé commandant en chef des armées pour le débarquement du 6 juin 1944. C'est un succès. Le livre « *Le jour le plus long* » de Cornelius Ryan puis un film raconteront cette extraordinaire expédition militaire. Eisenhower confiera en 1963 à JFK qu'il n'a jamais lu « *ce bouquin* » ni vu le film !

En 1947, à 57 ans, il quitte l'armée pour se consacrer à la rédaction de ses mémoires, « *La Croisade en Europe* ». C'est un best-seller. Sa renommée est mondiale.

Eisenhower obtient la présidence de l'université de Columbia à New York. Son salaire annuel est de 25 000 dollars.

Le 13 juillet 1948, il confie au général Robert L.Schultz : « *Je suis maintenant intéressé par la politique, je veux servir mon pays autrement.* »

En 1950, il est nommé commandant en chef des armées de l'OTAN. Il quitte Washington D.C. pour Paris.

Deux ans plus tard, il se présente pour la prochaine campagne présidentielle. Le sénateur du Massachussetts, Henry Cabot Lodge, est l'un de ses proches conseillers. Il choisit le sénateur de Californie, Richard Nixon, comme colistier. Ce choix n'est pas anodin. La hargne médiatisée de Nixon à l'égard des communistes est un atout considérable pour les élections.

Les primaires sont rudes : deux candidats sont retenus : Eisenhower et le sénateur Robert A. Taft. Ce dernier, par fidélité, finit par soutenir le général.

Du côté des démocrates, c'est Adlai Stevenson qui est le candidat aux élections présidentielles. Pendant la Convention nationale des démocrates, John Fitzgerald Kennedy essuie son unique défaite en politique. Estes Kevaufer remporte la place de colistier.

« *Time for change* » est le slogan d'Eisenhower. Un événement secoue sévèrement la campagne du général : le New York Post accuse Richard Nixon d'avoir touché personnellement 18 150 dollars. Cet argent proviendrait de la participation de supporters californiens qui pensaient financer son élection sénatoriale. Les barons du parti républicain exigent sa démission. Une solution est trouvée in extremis : une demi-heure d'antenne est achetée pour 75 000 dollars afin que Richard Nixon puisse s'expliquer. Eisenhower lui téléphone avant le direct : « *Gardez la tête haute, Richard !* »

Le 23 septembre 1952 à 20 heures, sur la NBC, le sénateur de la Californie, Richard Nixon fait l'inventaire de ses biens aux côtés de son épouse, Patricia… littéralement humiliée : « *Mes chers concitoyens, je me présente devant vous ce soir comme le candidat à la vice-présidence et comme un homme dont l'honnêteté et l'intégrité ont été mises en doute… Ma femme ne possède qu'un simple manteau. Le seul bien que nous ayons reçu et accepté de nos amis est notre chienne cocker qui s'appelle Checkers…* ». Les démocrates en rient encore.

Eisenhower regarde l'émission aux côtés de son épouse qui ne peut retenir ses larmes. L'intervention de Nixon est une réussite. Les lettres et les télégrammes de soutien affluent dans la soirée. Eisenhower lui adresse un mot : « *Votre présentation était admirable.* » Nixon reste sur le ticket républicain.

Le 6 novembre 1952, après 20 ans de présidence démocrate, c'est un véritable raz-de-marée républicain qui submerge sur le pays. Le 34e président des Etats-Unis dispose d'une très large majorité au Sénat et à la Chambre. John Fitzgerald Kennedy fait partie des rares démocrates qui remportent une élection : il emporte le poste de sénateur du Massachussetts en battant Henry Cabot Lodge, le conseiller d'Eisenhower.

Le 20 janvier 1953, à 9H45, le président Eisenhower prête serment devant une foule admirative. Il demande aux Américains de l'aider « à orienter le monde vers un avenir de liberté ». Le magnifique chant « *America the Beautiful* » est interprété et suivi d'une prière. Ike est le premier militaire à entrer dans le bureau ovale depuis la présidence d'Ulysses Grant.

A la mort de Staline, le 5 mars 1953, une direction collégiale se met en place, puis en 1955, Nikita Khrouchtchev finira par prendre en main les rênes de l'URSS. Monsieur K a l'intention de ne pas faiblir face au général américain. Leur duel ne fait que commencer.

L'anticommunisme de Joseph McCarthy défigure l'Amérique. Plus de 12 000 fonctionnaires perdent leur emploi. Le couple Rosenberg est condamné à la chaise électrique le 19 juin 1953.

L'opinion internationale s'inquiète de la tournure des événements. Le 24 août 1954, la loi Mc Carran impose des sanctions juridiques, politiques et économiques aux membres du parti communiste. Tout Américain ayant adhéré au parti communiste ou ayant été sympathisant communiste ne peut plus prétendre à une fonction dans l'administration américaine.

Le catholique Mc Carthy commet deux erreurs fatales : il s'attaque aux églises protestantes et aux chefs des armées. Sa brutalité et sa grossièreté exaspèrent le peuple américain. Lauren Bacall, Humphrey Bogart, John Huston, Danny Kaye, Howard Hugues … manifestent contre lui dans la capitale.

Le 2 décembre 1954, le sénateur est condamné par le Sénat pour avoir abusé ses collègues. Ses ambitions présidentielles sont anéanties. Sur les douze millions de ses victimes, une centaine est finalement condamnée. Ces enquêtes ont coûté des millions de dollars aux contribuables américains.

Le 26 avril 1954, les seize nations ayant combattu en Corée se retrouvent à Genève. Parmi elles : l'Union soviétique, la Chine et la Corée du Nord.

En février 1954, Eisenhower envoie 200 conseillers militaires appuyés par les agents de la CIA au Vietnam pour soutenir les forces françaises et vietnamiennes. Le Congrès ne s'y oppose pas car officiellement ce sont des mécaniciens et non des militaires. Les nouvelles venues de Diên Biên Phu sont rassurantes : les Français et les Vietnamiens devraient pouvoir contenir l'armée viêt minh.

Eisenhower se rend pendant quelques jours à Augusta National pour le Tournoi des Maîtres. Comme trois millions d'Américains, le président voue une véritable passion au golf. Le jour de son élection, Henry McLemore, un syndicaliste, avait déclaré : « *Je peux imaginer le réel changement qui aura lieu à la Maison Blanche quand Eisenhower prendra ses fonctions : on installera un 18 trous dans les jardins et on retirera la piscine pour y installer un putting green. Son cabinet devra attendre un long moment avant de le voir arriver…* ».

On reproche au président d'être plus souvent sur les fairways qu'à la Maison Blanche. Golf Digest diffuse les badges « *Don't ask what I shot* » que porte fièrement le président. Ils ne font pas rire l'ancien président Truman : « *Son golf est ridicule et antipatriotique !* ».

A Augusta, Eisenhower dîne avec son vieil ami Bobby Jones. Après la victoire de Sam Snead, Eisenhower demande à Nixon de le remplacer au Congrès annuel de l'association des directeurs de journaux américains qui se tient le 16 avril. Nixon annonce au cours d'une allocution que le gouvernement américain pourrait envisager « *hypothétiquement* » d'envoyer des troupes américaines au Vietnam si les Français s'en retiraient. L'annonce fait la Une des journaux internationaux. Eisenhower n'est pas fâché et réaffirme, par téléphone, son soutien à son vice-président : « *J'aurais sans doute déclaré la même chose.* »

Eisenhower inaugure avec joie Air Force One. Sous sa présidence, le Pentagone obtient du Congrès des budgets supplémentaires. 45 000 téléphones sont installés au Département de la Défense ! Le sous-marin atomique « Nautilus » démontre la volonté des Etats-Unis d'asseoir leur force stratégique militaire face à celle de l'Union soviétique.

Le 8 mai 1954, c'est la chute de Diên Biên Phu, au Vietnam. Après une bataille sanglante, les forces françaises et vietnamiennes sont battues par les troupes viêt minh du général Giap. Les 200 conseillers américains retournent au pays à la demande expresse du président Eisenhower.

Le 24 septembre 1955, Richard Nixon est averti par l'attaché de presse du président Jim Hagerty qu'Eisenhower vient de faire un infarctus. Nixon le remplace pendant deux semaines à la Maison Blanche. Il signe les documents officiels en indiquant « *au nom du président* ». Eisenhower est fier de lui et le lui fait savoir par téléphone, régulièrement.

Le général est de retour au bureau ovale 48 jours après son infarctus. Les membres de son gouvernement l'applaudissent tandis qu'il franchit le portail de la Maison Blanche. Des milliers d'Américains brandissent des pancartes le long de l'avenue de Pennsylvanie : « *Ike est de retour !* »

Le 29 septembre 1955, Eisenhower annonce à la télévision son intention de se représenter pour un second mandat. Après son allocution télévisée, il rejoint Nixon et quelques membres de son cabinet et leur confie : « *J'ai besoin maintenant du soutien moral de madame Ike.* »

En novembre 1956, Eisenhower est réélu. Un an plus tard, les Américains sont abasourdis en apprenant le vol spatial du Spoutnik. Cet événement international affirme l'avance technologique spatiale des Soviétiques. Khrouchtchev jubile au Kremlin. Le 3 novembre 1958, la chienne Laïka est envoyée dans l'espace.

Le gouvernement américain réagit et inaugure la NASA le 29 juillet 1958. Le NSA (National Security Agency) organise de multiples opérations clandestines pour renverser les dictateurs soutenus par les communistes. Une partie d'échecs s'engage entre les deux nations.

Le 16 mai 1957, une figure mythique du Trésor disparaît d'une crise cardiaque : Elliot Ness. L'inspecteur qui a fait tomber Al Capone laisse derrière lui un best seller « *The Intouchables* ». Ses funérailles ont lieu à Cleveland.

Le 25 novembre 1957, Eisenhower est victime d'une nouvelle crise cardiaque. Il convoque Nixon pour lui remettre une lettre signée par ses soins : « *Si jamais j'étais dans l'incapacité de gouverner, vous deviendriez le président automatiquement.* » Kennedy fera la même lettre à Johnson quatre ans plus tard.

Le 15 septembre 1959, Nikita Khrouchtchev arrive aux Etats-Unis pour une tournée de douze jours. C'est une première. Il dîne avec le président à Camp David. Khrouchtchev s'amuse en Amérique. Il confie à la presse : « *Chez nous, nous devrions dire plus souvent ok* ! » Le Premier soviétique se rend à Hollywood et au siège des Nations Unies à New York. L'heure est à la détente entre les deux nations.

Le 16 janvier 1959, Fidel Castro, Che Guevara et ses guérilleros prennent le contrôle de Cuba. Castro, pour rassurer les Etats-Unis, présente «*son*» président marionnette: Manuel Urrutia. Allan Dulles directeur de la CIA présente au président les preuves qui indiquent que «*Castro est un agent communiste*». Le 17 avril 1959, Fidel Castro est reçu à la Maison Blanche par Eisenhower et par Richard Nixon.

Après le retour de Castro à la Havane, la CIA prépare une opération d'envergure pour le renverser. Elle est composée essentiellement d'anticastristes. Elle est validée par le président le 8 mars 1960. L'entraînement des Cubains a lieu au Guatemala.

En juillet 1959, lors de l'Exposition nationale américaine, Richard Nixon est envoyé à Moscou par le président. Khrouchtchev lui sert de guide. Une certaine tension entre les deux hommes se fait ressentir. Le Soviétique demande à Nixon: «*Depuis combien de temps les Etats-Unis existent-ils? Trois cents ans?*». Nixon lui répond en souriant: «*180 ans.*»

Pendant la présidence d'Eisenhower, un homme s'élève pour défendre les droits civiques des Noirs: le pasteur Martin Luther King. Il a soutenu l'acte courageux de la couturière Rosa Parks qui a refusé de céder sa place à un Blanc dans un bus de Montgomery. Pour protester devant ces actes racistes, les Noirs font la grève des transports en commun. C'est une catastrophe pour la ville. Le 13 novembre 1956, la Cour Suprême des Etats-Unis interdit la ségrégation raciale dans les moyens de transport publics américains. C'est une grande victoire pour Martin Luther King. Qui est cet homme dont le modèle n'est autre que le Mahatma Gandhi?

King est né le 15 janvier 1929 à Atlanta en Georgie. D'une famille modeste, son père est pasteur et sa mère est institutrice. Le jeune Martin fait des études brillantes. Il obtient sa licence en lettres en 1948. En 1951, il est diplômé en théologie puis poursuit des études de droit à Harvard.

Le 17 mai 1954, la Cour Suprême décrète l'interdiction de toutes formes de ségrégation dans le système éducatif du pays. Le Sud refuse d'appliquer cette ordonnance. Les Noirs subissent la violence aveugle du KKK. Les cinémas leur sont interdits. Les restaurants ne leur sont ouverts qu'à une certaine heure. Martin Luther King organise des marches pacifiques. La police, sous l'œil complice du gouverneur George Wallace, bouscule les manifestants en espérant provoquer des incidents. King déclare à la presse : « *Nous en avons assez d'être maltraités et opprimés. Nous n'avons été que trop patients. L'une des gloires de la démocratie, c'est qu'elle donne au peuple le droit de protester. Nous le ferons mais sans violence ni haine. L'amour du prochain sera notre règle.* »

Le 26 janvier 1956, Martin Luther King est arrêté pour excès de vitesse. Le 30 janvier, une bombe explose à son domicile.

Le 25 septembre 1957, une manifestation pacifiste tourne mal à Little Rock. Le refus d'intégrer neuf enfants noirs au lycée de Little Rock provoque la colère du président : « *Je ferai appliquer la Constitution des Etats-Unis par tous les moyens dont je dispose en tant que président de cette nation !* » L'armée américaine est envoyée sur place pour renforcer les 10 000 gardes nationaux.

Le 20 septembre 1958, le pasteur est victime d'une seconde tentative d'assassinat. Une jeune femme noire a tenté de le poignarder. Le FBI envoie son rapport à la Maison Blanche : « O*n a voulu l'assassiner car on le soupçonne d'être un agent communiste.* » Dans le monde entier, les Etats-Unis sont montrés du doigt. Hemingway, Steinbeck, William Faulkner s'élèvent contre la complaisance de l'Amérique. Eisenhower ne peut que tempérer. Les prochaines élections présidentielles arrivent à grands pas et se mettre à dos le Sud du pays serait catastrophique pour le futur candidat républicain.

Le 2 janvier 1960, à 12H30, le sénateur du Massachussetts, John Fitzgerald Kennedy, annonce au Sénat qu'il est candidat aux élections présidentielles.

Depuis le 22e amendement de 1951, les présidents américains n'ont plus droit qu'à deux mandats. Eisenhower ne pouvant en briguer un troisième, c'est donc Richard Nixon qui obtient l'investiture du parti républicain pour les présidentielles le 28 juillet 1960. Il choisit Henry Cabot Lodge comme colistier.

Après l'investiture de JFK à la présidence des Etats-Unis, Eisenhower quitte Washington D.C. Il se retire dans sa propriété de Gettysburg en Pennsylvanie. Il s'y consacre à ses mémoires et au golf! Il joue au Country Club Golf Club d'Eldorado à Palm Springs. Un journaliste lui demande un jour ce qui a changé depuis qu'il n'est plus président : « *Oh c'est simple, on ne me donne plus les putts courts !* ». Il partage ses parties avec Arnold Palmer, Sam Snead ou Jimmy Desmaret.

Le 25 novembre 1963, il assiste aux funérailles du président Kennedy. Il adressera aussi une lettre poignante à Ethel Kennedy lorsque Robert Kennedy sera assassiné.

Eisenhower est présent lors de l'investiture de son ancien vice-président, Richard Nixon. Il fait partie des invités au mariage de Julie Nixon et de son petit fils, David Eisenhower.

Dwight David Eisenhower s'éteint le 28 mars 1969 à Washington D.C. Il est enterré aux côtés de son fils Doug Eisenhower. Une semaine plus tard, le tournoi de golf préféré d'Eisenhower a lieu à Augusta National. Lors du dîner des maîtres, Clifford Roberts y délivre un hommage émouvant. Une minute de silence est observée par les joueurs professionnels.

Mamie Eisenhower meurt dix ans plus tard le 1er novembre 1979.

⁂

XXXV

JOHN FITZGERALD KENNEDY

L'HOMME QUI A MONTRE LES ETOILES AU PEUPLE AMERICAIN

MANDAT PRÉSIDENTIEL : 20 JANVIER 1961-22 NOVEMBRE 1963
VICE PRÉSIDENT : LYNDON B. JOHNSON
PARTI POLITIQUE : DÉMOCRATE
RELIGION : CATHOLIQUE

> *« La terre était à nous avant que nous soyons à elle. »*
> Robert Frost

> *« Je suis devenu légendaire car, le cœur sans repos dans mes perpétuelles errances, j'ai beaucoup vu, j'ai beaucoup connu. »*
> Voyage d'Ulysse

John Fitzgerald Kennedy naît le 29 mai 1917 à Brookline dans le Massachussetts. Ses ancêtres catholiques ont fui l'Irlande ravagée par la maladie de la pomme de terre. Ils sont arrivés à Boston sans un sou. Une génération plus tard, les Fitzgerald et les Kennedy sont à la tête de la ville.

Joseph Kennedy, père de JFK, a 25 ans quand il hérite de la présidence de la Columbia Trust, la banque des Irlandais du Massachussetts. Diplômé d'Harvard, il épouse la fille du maire de Boston : Rose Fitzgerald. Ils auront neuf enfants dont John Fitzgerald Kennedy.

Joseph Kennedy fait rapidement fortune dans les produits financiers, dans la production de films muets à Hollywood. Elle s'élève à plus de 300 millions de dollars. Il quitte le monde des affaires pour se consacrer à la politique et devient le mécène du gouverneur de New York, Franklin Delano Roosevelt.

Le 8 décembre 1937, il est nommé ambassadeur à Londres par le président Franklin D. Roosevelt. Durant sa mission, l'Europe est menacée par la folie d'Adolf Hitler. Kennedy obéit aux instructions de Roosevelt en prônant sur place la neutralité des Etats-Unis. Sa position diplomatique et son soutien inflexible à Neville Chamberlain sont pris pour de la lâcheté. On le traite d'antisémite, lui qui n'a pratiquement que des amis juifs… c'est un comble à ses yeux et à ceux de sa famille. Il est peut-être temps de rentrer aux Etats-Unis.

Le 5 juin 1940, John F. Kennedy obtient son diplôme de l'université d'Harvard et publie sa thèse : « *Pourquoi l'Angleterre dormait.* » Le 3 septembre 1940, l'Angleterre entre en guerre contre l'Allemagne après l'invasion de la Pologne par les troupes du Führer.

Le 1er décembre 1940, Joseph Kennedy démissionne de ses fonctions. Ses deux fils, Joseph Junior et JFK s'enrôlent dans l'armée en octobre 1941 pour montrer « *que les Kennedy ne sont pas des lâches* ». Après l'attaque de Pearl Harbor le 8 décembre 1941, les Etats-Unis entrent à leur tour en guerre contre le Japon, l'Allemagne et l'Italie.

Le FBI informe Joseph Kennedy que le jeune lieutenant de vaisseau John F. Kennedy entretient une liaison avec Inga Arvad (1913-1973). Cette journaliste de Washington est soupçonnée par le FBI d'être une espionne à la solde de l'Allemagne. JFK est affecté à Charleston.

Le 8 août 1943, JFK fait acte d'héroïsme en sauvant la vie de ses marins après le naufrage de leur vedette lance-torpilles, le PT-109. Le 13 août 1944, un prêtre frappe à la porte de la résidence des Kennedy à Hyannis Port : « *Le lieutenant Joseph Kennedy Junior est porté disparu…* » Joseph Kennedy s'écroule sur le sol de la véranda. Son fils aîné s'était porté volontaire pour une mission suicide au-dessus de la Belgique. Son avion a explosé en plein vol. A partir de cet événement, Kennedy n'adressera plus la parole au président Roosevelt.

A la fin de la guerre, JFK se lance pendant quelques mois dans le journalisme mais c'est la politique qui l'intéresse. Il annonce à sa famille que la politique « *est une aventure honorable et qu'il veut s'y engager* ». Il reçoit aussitôt le soutien de toute la famille.

Il est élu le 5 novembre 1946 à la Chambre des Représentants. La campagne a coûté plus de 250 000 dollars à Joseph Kennedy.

La vie à Washington D.C. comble les désirs du jeune député dont le Times a publié le portrait. Il est le célibataire le plus en vue des Etats-Unis. Ses conquêtes sont nombreuses. Au cours d'une conférence en Pennsylvanie, il rencontre le jeune Richard Nixon. Ils partagent le même wagon lors de leur retour vers la capitale.

Le 7 novembre 1950, JFK décroche son troisième mandat. Malgré sa fortune personnelle – son père lui a légué un héritage suffisant pour qu'il ne se préoccupe plus de son salaire – JFK ne fait pas partie de la Jet Set. Il fait cependant très attention à son apparence : séances d'UV chaque semaine, rendez-vous chez le coiffeur de la Chambre des Représentants une fois par mois, massage quotidien du cuir chevelu … Il veut absolument cacher la maladie d'Addison dont il est atteint. Il confie à son ami George Smathers : « *L'important est de vivre chaque jour comme le dernier jour sur terre.* »

Le 6 avril 1952, JFK présente sa candidature pour le poste de sénateur du Massachussetts. Son adversaire n'est autre que le protégé d'Eisenhower : Henry Cabot Lodge. Robert Kennedy, son frère, dirige sa campagne. JFK remporte les élections avec plus de 60 000 voix d'avance. Eisenhower, quant à lui, est élu président des Etats-Unis.

JFK rencontre la jolie journaliste Jacqueline Bouvier. Ils se marient le 12 septembre 1953.

Jackie apprend par Robert Kennedy que son mari est très gravement malade. Le 21 octobre 1954, JFK subit une intervention à la colonne vertébrale. L'extrême-onction lui est administrée par le cardinal de New York. Ses jours sont en danger. Il s'en sort cependant et regagne la résidence de Palm Beach des Kennedy pour s'y reposer durant plusieurs mois. Jackie lui propose d'écrire un livre. « *Bonne idée*» s'exclame le jeune convalescent. Il se met à l'écriture de: «*Le courage en politique*».

Le 15 février 1955, il subit une seconde intervention chirurgicale. L'extrême-onction lui est une fois encore administrée. Il regagne le Sénat le 24 mai 1955. Son livre «*Le courage en politique*» connaît un immense succès et obtient le Prix Pulitzer. Le couple achète un superbe manoir à Hickory Hill à une grosse demi-heure de la capitale. Ils attendent un heureux événement.

En 1956, JFK soutient officiellement la candidature d'Adlai Stevenson lors des élections présidentielles. Il espère être nommé comme colistier malgré la désapprobation de Joseph Kennedy. Finalement, à la Convention nationale des démocrates, les délégués choisissent Este Kevaufer. Ce sera l'unique échec électoral de JFK mais, désormais, les Américains connaissent ce jeune sénateur de 39 ans.

JFK part se détendre sur la Côte d'Azur. Pendant ce séjour en Méditerranée, il est accompagné de son frère Edward Moore Kennedy et de Georges Smathers. En croisière à bord d'un voilier, les jeunes loups de Washington D.C. sont en charmante compagnie.

Le 23 août, Jackie, enceinte, est hospitalisée aux urgences. Robert Kennedy est à ses côtés. Il a cherché en vain à contacter son frère. Dans la soirée, Jackie subit une césarienne. Le bébé meurt. Le Washington Post annonce: «*Le sénateur John F. Kennedy est en croisière sur un voilier avec des amis en Méditerranée, ignorant que sa femme a perdu leur enfant*». Arabella Kennedy est enterrée au cimetière de Saint Columba deux jours plus tard. JFK rentre au plus vite au pays.

Le 25 novembre 1956, JFK se lance dans les élections présidentielles. Dans son équipe, il compte de jeunes talents, Pierre Salinger, Arthur Schlesinger Jr, Theodore Sorensen, Jacques Lowe, John Kenneth Galbraith, Lou Harris, Kenny O'Donnel, Sargant Shriver, son beau-frère…

En attendant, l'avocat Robert Kennedy se fait une réputation à

Washington en affrontant le syndicat des camionneurs et Jimmy Hoffa. Celui que l'on appelle *Bobby* s'est lancé dans une croisade contre la mafia. JFK le soutient.

Le 2 janvier 1960, JFK annonce officiellement sa candidature aux présidentielles. La presse résume les atouts du jeune sénateur et présente également ses faiblesses. JFK est catholique et il a seulement 43 ans.

Les grandes instances démocrates lui préfèrent le sénateur du Texas, Lyndon Bayne Johnson ou le sénateur du Missouri Stuart Symington. Finalement JFK est choisi à la fin des primaires. Lyndon Bayne Johnson devient son colistier malgré les réticences de Robert Kennedy : « *Ce type nous a lâchés durant toute la campagne ! Il t'a traité d'impotent et notre père de nazi !* »

La campagne est rude. JFK et Nixon animent trois débats télévisés. C'est une première aux Etats-Unis. JFK remporte aisément le premier débat grâce à son charisme et à son charme. Les Américaines sont amoureuses de lui... Son programme, « *la nouvelle frontière* », touche les minorités raciales qui votent républicain depuis Abraham Lincoln.

Le 8 novembre 1960, JFK remporte les élections présidentielles avec une très courte avance sur Nixon, à peine 100 000 voix d'écart. Le camp Nixon est persuadé qu'il y a eu tricherie dans le décompte des bulletins de Chicago. L'attaché de presse de Nixon lui conseille d'accepter la défaite : « *Il a gagné à la régulière, tu as perdu, Dick... il faut maintenant passer à autre chose.* »

Le 20 janvier 1961, les télévisions du monde entier suivent en direct le discours inaugural de ce jeune président des Etats-Unis. A 12H51, il prête serment devant Earl Warren le président de la Cour Suprême et déclare : « *Mes chers concitoyens, ne vous demandez pas ce que votre pays peut faire pour vous. Mais demandez-vous ce que vous pouvez faire pour votre pays* ». Les 1 007 jours de la présidence de JFK débutent dans un immense espoir.

La lune de miel entre les Américains et le 35e président des Etats-

Unis est de courte durée. Le 21 avril 1961, son gouvernement est tenu pour responsable du fiasco de la baie des Cochons à Cuba. Le débarquement des anticastristes a été un désastre. Plus de 1 000 hommes sont faits prisonniers. JFK ne peut rien faire. Il sait que l'opération a été préparée par Eisenhower et Nixon bien avant son investiture mais aujourd'hui il est à la tête de la nation. Dans les couloirs de la Maison Blanche, on parle de sa démission. Fou de rage, JFK accepte celle du directeur de la CIA, Allan Dulles et exige des explications aux généraux.

Robert Kennedy, ministre de la Justice, devient son principal conseiller spécial. JFK lui confie: «*Je vais prendre la CIA, la mettre en pièces et la répandre aux quatre vents!*»

Les médias européens ne font qu'une bouchée de la Nouvelle Frontière. Eisenhower, en retraite, ironise sur les promesses de ce jeune gouvernement «prétentieux». Nikita Khrouchtchev félicite officieusement Castro.

Quelques mois plus tard, Robert Kennedy dirige secrètement l'opération «*Mangouste*» qui vise à renverser Castro par n'importe quel moyen. La CIA utilisera des membres du crime organisé pour mener à bien sa mission.

Pour Robert Kennedy, ce «*mariage*» est insupportable. Il a passé les dix dernières années de sa vie à pourchasser les mafieux. Il se souvient du discours de son frère le 27 avril dernier : «*Aucun président ne peut admettre ou pardonner la moindre déviation d'un niveau de conduite irréprochable au sein du gouvernement. Car ce sont tant la fermeté que la détermination du président qui sont la source de la confiance du public dans le gouvernement des Etats-Unis.*» . Les principaux chefs mafieux, de leur côté, sont persuadés que la Maison Blanche «*les oubliera un moment*».

Le 5 mai 1961, une bonne nouvelle arrive enfin à la Maison Blanche: le premier astronaute américain, Alan Shepard (1923-1998), a réussi un vol dans l'espace qui a duré 15 minutes et 22 secondes. Le 12 avril dernier, les Soviétiques avaient volé la vedette aux Américains en envoyant leur premier astronaute, Youri Gagarine. Le 25 mai, au Congrès, le président Kennedy engage son pays dans la conquête de la Lune.

Quelques jours plus tard, le couple Kennedy part en visite officielle en Europe. Plusieurs rencontres importantes sont attendues : le général de Gaulle à Paris et Nikita Khrouchtchev à Vienne.

Sur l'avenue des Champs Elysées le cortège présidentiel est applaudi par des milliers de Parisiens qui hurlent « *Vive Jackie!* ». Le général tombe également sous le charme de la Première Dame des Etats-Unis. Jackie, qui parle français couramment, apprécie la compagnie du ministre de la Culture, André Malraux. Ce dernier la félicite pour le travail de rénovation qu'elle a entrepris à la Maison Blanche. Grâce à elle, le peuple américain peut désormais visiter la résidence présidentielle et repartir avec un album souvenir qui amortit par ses ventes le budget des travaux.

Au Pavillon Dauphine, JFK déclare : « *Je ne crois pas inutile de me présenter : je suis l'homme qui accompagne Jacqueline Kennedy.* » Après le dîner au château de Versailles, le couple regagne sa suite au Quai d'Orsay. JFK y reçoit secrètement des injections du docteur Jacobson pour soulager son dos.

A Vienne, l'ambiance est différente. Le sommet confirme les calculs de JFK : Khrouchtchev ne lâchera rien. Il est prêt à en venir au conflit militaire. A la fin des entrevues, JFK demande au Soviétique la signification des médailles qu'il porte sur le revers de sa veste. « *Ce sont des médailles de la paix, Monsieur Kennedy...* » rétorque Khrouchtchev, amusé. JFK lui murmure en réponse : « *Alors, j'espère que vous les garderez longtemps encore.* » Le Premier soviétique lui confirme qu'il a précisément l'intention de signer la paix avec l'Allemagne de l'Est avant le mois de décembre. JFK sourit : « *Alors, s'il en est ainsi, cet hiver va être très froid* ».

Le 13 août 1961, Berlin est coupé en deux par un mur criblé de barbelés. Le monde craint une troisième guerre mondiale. Plus de 500 000 Berlinois manifestent. Le vice-président Lyndon Bayne

Johnson est envoyé sur place. Robert Kennedy est consterné par le silence du gouvernement français. Le 25 septembre, JFK déclare à la télévision : « *Des droits internationaux sont remis en cause de manière unilatérale. La libre circulation se heurte désormais aux fils barbelés et aux murs en béton. Cela n'est pas sans rappeler l'ordre du « Boris Godounov » de Pouchkine : Que tout soit fait sur l'heure pour que nos frontières soient scellées ! Qu'aucune âme ne puisse passer, ni le lièvre en sa course ni le corbeau en son vol !* »

Le 2 novembre, les Soviétiques procèdent avec succès à une série d'essais de leur bombe H. JFK annonce au peuple que les essais nucléaires américains reprendront en 1962.

Le 20 décembre, après une partie de golf au country club de Hyannis Port, Joseph Kennedy s'effondre. Il ne reparlera plus. JFK et Robert Kennedy ne pourront plus être conseillés par l'ex-ambassadeur des Etats-Unis. Il a totalement perdu l'usage de la parole et se déplace uniquement en chaise roulante.

Les tensions entre Robert Francis Kennedy et John Edgard Hoover sont à leur apogée. Le directeur du FBI ne supporte plus « *ce petit merdeux de Kennedy* ». Il connaît les moindres détails de la liaison extraconjugale du président Kennedy avec Judith Campbell (1934-1999). Elle est aussi la maîtresse d'un des plus dangereux mafieux de Chicago : Sam Giancana (1908-1975).

Hoover s'invite à la Maison Blanche le 22 mars 1962 pour confier au président les informations qu'il détient. Après la rencontre, Robert Kennedy demande à son frère de rompre avec Judith Campbell. JFK confirme à son frère que Hoover sera démis de ses fonctions après le 20 janvier1965, une décision qui ne sera pas appliquée. À la tête du FBI depuis mai 1924, Hoover ne quittera son poste qu'à sa mort en 1972.

Le 13 avril 1962, JFK remporte une victoire médiatique dans la bataille de l'acier. Le président du conseil d'administration de la puissante United States Steel a enfin cédé aux exigences du bureau ovale. L'augmentation de 6 dollars du prix par tonne d'acier n'aura pas lieu. La presse salue JFK pour ce succès.

A la Maison Blanche, le personnel est ravi de la présence du clan Kennedy. Les enfants du couple présidentiel, Caroline et John Junior, sont leurs chouchous. Jackie a créé une crèche au troisième étage de la résidence pour leurs deux enfants et pour ceux des membres du gouvernement «*afin qu'ils ne soient pas séparés de leur famille*». Les paparazzi ne quittent pas les grilles de l'avenue de Pennsylvanie en espérant décrocher la bonne photo! Pierre Salinger, le porte-parole du président, a reçu des instructions claires de la part de Jackie: «*Pas de photos de nos enfants!*»

La journée du président débute à sept heures par la lecture de journaux et de magazines. Son valet noir, George Thomas, lui apporte ses habits et ses chaussures. Kenny O'Donnel, conseiller spécial, lui apporte le rapport quotidien de la CIA et du FBI. JFK les lit, il est encore en pyjama. Une demi-heure plus tard, il entreprend sa séance de gymnastique pour renforcer les muscles de son dos. Puis, il prend un bain chaud. Ses deux enfants entrent ensuite dans sa chambre pour regarder à la télévision les dessins animés. A neuf heures, JFK retrouve sa secrétaire particulière, Evelyn Lincoln, pour prendre connaissance de l'emploi du temps de sa journée. La porte de son bureau est toujours ouverte.

Lors d'une des dernières conférences de presse – qui ont lieu chaque mercredi sous le contrôle de Pierre Salinger – JFK fait un inventaire sur la situation au Vietnam. L'enlisement militaire américain a bien débuté. Le 11 avril 1962, JFK confirme la présence sur place de 5 850 soldats. 22 d'entre eux ont été tués. Le 12 décembre 1962, l'implication des Etats-Unis atteint désormais 11 300 soldats, 41 ont été tués depuis le début du conflit.

Le 19 mai 1962, le président fête son anniversaire au Madison Square Garden. Jackie n'a pas voulu assister à ce *show*. Marylin Monroe, ivre, chante langoureusement un «*Joyeux anniversaire*» au président Kennedy. Les démocrates, qui ont payé 1 000 dollars le couvert applaudissent à tout rompre. JFK conclut sa prestation par un brin d'humour: «*Maintenant que l'on m'a chanté un tel anniversaire, je n'ai plus qu'à quitter la politique.*»

Le 5 août 1962, la police retrouve le cadavre de Marylin Monroe à son domicile. Après autopsie et enquête, le FBI conclut à un suicide.

Octobre 1962 marque la présidence de JFK à tout jamais. La CIA apporte la preuve de l'existence de missiles balistiques soviétiques basés à Cuba. Le président, Robert Kennedy et quelques conseillers vont vivre ces treize prochains jours dans une incertitude absolue.

Ils évitent une intervention militaire qui aurait déclenché un conflit nucléaire entre l'Union soviétique et les Etats-Unis. Kennedy trouve un miraculeux compromis : Khrouchtchev enlève ses missiles de Cuba et les Etats-Unis retirent leurs missiles Jupiter de Turquie. Cette négociation permet à Khrouchtchev de sauver la face vis-à-vis de ses généraux. Le courage de JFK et plus particulièrement de Robert Kennedy est salué par la presse internationale. Après cet incroyable dénouement, les Kennedy ont pu remarquer le manque de communication directe entre la Maison Blanche et le Kremlin. Quelques mois plus tard, le fameux téléphone rouge reliant Moscou à Washington est installé au bureau ovale.

Le 6 novembre 1962, Edward Moore Kennedy reprend le siège vacant de son frère. Il est élu sénateur du Massachussetts. Il le gardera jusqu'à sa mort, le 25 août 2009.

Le 10 novembre 1962, Kennedy assiste aux funérailles d'Eleanor Roosevelt. Il est accompagné de Truman et Eisenhower.

Le 10 juin 1963, le président Kennedy proclame un discours historique à l'Université de Washington. C'est un magnifique plaidoyer en faveur de la paix. Un appel amical vis-à-vis de l'Union soviétique. Les conservateurs hurlent au scandale. Mais la presse internationale publie l'intégralité de son allocution. Le peuple américain applaudit son courage.

Le 10 octobre 1963, le premier traité de limitation des armes nucléaires ratifié par le Sénat est signé par le 35e président des Etats-Unis. Il est approuvé par l'Union soviétique et la Grande-Bretagne ce qui amorce le désarmement bilatéral.

Quelques jours plus tard, à quelques pas du mur de Berlin, JFK déclare devant 150 000 Berlinois : « *Il y a deux mille ans, le grand sujet de gloire était de pouvoir dire : civis romanus sum. Dans le monde libre aujourd'hui, il est de pouvoir dire Ich bin ein Berliner... C'est pourquoi en tant qu'homme libre, je suis fier de dire Ich bin ein Berliner.* »

Le 26 juin 1963, JFK retourne en Irlande pour saluer la terre de ses ancêtres. Ce voyage l'émeut beaucoup. Il promet aux Irlandais de revenir en 1964 « *avec Jackie et les enfants* ».

Le 10 août 1963, Jackie et John perdent leur bébé, Patrick Bouvier.

Le 28 août 1963, 250 000 manifestants entendent le rêve de Martin Luther King. A la Maison Blanche, le pasteur est félicité chaleureusement par Kennedy. JFK le met en garde contre certains de ses conseillers soupçonnés par le FBI d'être des agents communistes.

Durant l'année 1963, JFK reçoit des centaines de menaces de mort qu'il ne prend pas réellement en compte. Le 22 novembre 1963, à Dallas, plusieurs coups de feu retentissent. JFK s'effondre. Son crâne a explosé. Abraham Zapruder, un commerçant de la ville, a filmé la scène avec sa caméra 8mm.

Le 24 novembre, l'assassin présumé de JFK, Lee Harvey Oswald, est lui-même assassiné par un mafieux notoire de Dallas : Jack Ruby. Le mystère du 22 novembre 1963 s'épaissit.

Le 25 novembre, le 35e président des Etats-Unis est enterré au cimetière militaire d'Arlington. A la demande expresse de Jackie, une flamme éternelle est allumée devant sa pierre tombale. Le salut militaire de John Junior bouleverse le monde entier y compris le Premier soviétique qui a déclaré le deuil national en Union Soviétique !

A son retour à la Maison Blanche, Jackie reçoit les personnalités pour les remercier de leur venue. Elle serre la main à l'interprète personnel de Khrouchtchev qui est venu rendre hommage à JFK. L'homme était présent au sommet de Vienne. Jackie lui confie une mission : « *Vous direz à Monsieur Khrouchtchev que lorsque le président Kennedy était encore en vie, il y avait deux hommes pour défendre la paix. Désormais, Monsieur Khrouchtchev sera seul pour la protéger. Que Dieu lui vienne en aide...* »

Jackie et ses deux enfants, Caroline et John Junior, quittent la Maison Blanche avant Noël 1963.

Après l'assassinat de son beau-frère, Robert Kennedy, lors des primaires de 1968, Jackie se remariera avec le milliardaire Aristote Onassis. A la mort de ce dernier, elle s'installera dans un luxueux appartement de New York. En janvier 1980, Jackie inaugure la bibliothèque JFK à Boston qui rassemble les archives des 1 007 jours de la présidence de Kennedy.

Le 23 mai 1994, Jacqueline Bouvier Kennedy Onassis s'éteint d'un cancer. Le président Clinton lui rend un hommage émouvant. Elle est enterrée aux côtés du président Kennedy et de leurs deux enfants : Arabella et Patrick Bouvier.

*
* *

XXXVI

LYNDON BAINES JOHNSON

LE COMEDIEN

MANDAT PRÉSIDENTIEL : 22 NOVEMBRE 1963-20 JANVIER 1965 / 1965-1969
VICE-PRÉSIDENT : AUCUN (22 NOVEMBRE 1963-20 JANVIER 1965 – HUBERT H. HUMPHREY (1965-1969)
PARTI POLITIQUE : DÉMOCRATE
RELIGION : DISCIPLES DU CHRIST

« *N'enragez pas ! Vengez-vous !* »
Robert Kennedy

Le 22 novembre 1963, le vice-président Lyndon Baines Johnson est dans Air Force One. Il s'entretient au téléphone avec le ministre de la Justice, Robert Kennedy. Le frère du président assassiné est chez lui à Hickory Hill où il vient d'apprendre la mort de JFK, tué à Dallas. Il était en train de préparer une opération nationale contre la mafia avec le concours exceptionnel de tous les procureurs du pays, opération pour laquelle JFK lui avait donné, un mois plus tôt, carte blanche. Johnson ne lui transmet pas ses condoléances et lui demande s'il peut prêter serment avant qu'Air Force One ne décolle de Dallas. Robert Kennedy désire que son frère rentre à Washington D.C. en tant que président et non pas en tant que simple citoyen. Il lui répond : « *Je vais vous rappeler.* »

Johnson n'attend pas son appel et annonce à ses proches conseillers que le ministre l'a autorisé à prêter serment. Deux jours auparavant, JFK avait confié à Robert Kennedy : « *Johnson est incapable de dire la vérité… il ment même si c'est inutile !* » Johnson commande une soupe de légumes avant de se changer dans la cabine de JFK. Il est le seul à prendre un repas durant le vol.

Jackie est aux côtés du Texan pendant la prestation. Elle a gardé son tailleur Chanel tâché du sang et des matières cervicales de son mari : « *Je veux qu'ils voient ce qu'ils ont fait à Jack* ». Johnson pose sa main sur la Bible de l'arrière-grand-père du président défunt. Il l'a demandée à Jackie car il n'y avait pas de Bible dans l'appareil hormis celle-ci. La scène est officialisée, à la demande expresse de Johnson, par le photographe officiel de la Maison Blanche.

Né le 27 août 1905 à Stonewall au Texas, Lyndon Baines Johnson n'est pas un élève brillant. Il est plus disposé à faire exploser des vieilles baraques à la dynamite ou à tirer sur des chacals qu'à étudier. Son père, Sam Johnson, fermier, n'aime pas beaucoup son métier. Il préfère la politique. Il y réussit localement et devient parlementaire jusqu'en 1920 où une première récession le met dans des difficultés financières importantes. Il doit vendre sa ferme mais ne parvient pas à payer ses dettes. Il quitte ses fonctions de parlementaire et s'adonne à la boisson. Lyndon Baines Johnson restera marqué par cette période.

En 1931, Lyndon Baines Johnson fait campagne pour le démocrate Richard M. Kleberg. Le député remporte les élections et remercie le Texan en lui offrant le poste de secrétaire personnel.

Le 21 novembre 1934, à 26 ans, il épouse Claudia Alta, 21 ans, qu'on surnomme Lady Bird (coccinelle). Il lui achète une alliance à 2 dollars 50. Le couple aura deux filles, Lynda (1944) et Lucy (1947). Il s'installe dans un petit meublé à Washington D.C.

Johnson quitte son patron quand Kleberg vote contre l'aide financière réclamée par les fermiers texans. Le 27 juillet 1935, il est nommé président de l'Association nationale pour la jeunesse. Ce poste lui permet de rencontrer des hommes politiques et d'affaires influents dans la capitale.

En 1937, il entre dans la franc-maçonnerie et se présente aux élections pour la 10e circonscription du Texas. Son père, Sam Johnson, est à ses côtés durant la campagne. Lady Bird obtient de sa famille 10 000 dollars pour financer la campagne. Johnson remporte les élections avec 8 200 voix de plus que son adversaire. Le président Franklin D. Roosevelt le félicite en personne pour cette victoire. Johnson garde ce poste jusqu'en 1948.

En novembre 1948, le voilà élu sénateur du Texas. C'est la première fois qu'un candidat utilise un hélicoptère pour ses déplacements. Harry Truman l'invite à la Maison Blanche pour saluer sa jeune carrière politique. Il confirme son ascension en s'infiltrant chez les démocrates les plus influents de Washington D.C. L'homme est malin. Son carnet de relations est assez impressionnant. Le 11 octobre 1959, une émission de télévision sur CBS lui est consacrée: « *Mesdames, Messieurs, vous allez découvrir le chef de la majorité sénatoriale et sans doute le candidat à la présidence des Etats-Unis* ... » L'équipe du sénateur du Massachussetts John F. Kennedy ne rate pas une minute de ce programme spécial.

Johnson se présente aux primaires de 1960. Durant la Convention nationale démocrate à Los Angeles, il est battu. 806 délégués ont voté pour JFK contre 409 pour le Texan. John Fitzgerald Kennedy lui propose d'être son colistier: « *Il vaut mieux l'avoir de notre côté que contre nous...* » Johnson y répond favorablement.

En novembre 1960, il devient vice-président des Etats-Unis après la victoire de JFK. Johnson s'installe dans son bureau de sénateur pour prendre ses fonctions. La résidence du vice- président n'existe pas encore. Elle le sera sous la présidence de Richard Nixon, dans l'immeuble de la Marine au 1 Observatory Circle à Washington D.C.

Kennedy lui confie trois principales missions: la NASA, la présidence de la Commission d'égalité des chances et un poste de relations publiques à l'étranger lorsque JFK ne peut pas s'y déplacer.

Ces trois années sont un cauchemar pour Johnson. Il ne supporte pas le ministre de la justice, Robert Kennedy. Il se sent écarté des décisions du gouvernement. Et puis, à la différence de JFK, le Texan n'a aucun charme. On lui reproche sa grossièreté et son humour pataud. Il a toujours l'impression d'en faire trop ou pas assez. En ce qui concerne le projet de loi sur les droits civiques, qui sera proposée par JFK en 1964, Johnson n'y est pas favorable. Il le fait savoir à Robert Kennedy qui ne lui fait aucun commentaire en retour. Quelques jours avant le déplacement présidentiel pour le Texas, Robert et John Kennedy travaillent sur le slogan de la campagne de 1964 : « *Paix et Prospérité* ». Kennedy a l'intention de commencer le retrait des troupes US du Vietnam : « C'est leur guerre et pas la nôtre. C'est à eux de la gagner ou de la perdre ».Il décide aussi de stopper les opérations clandestines de la CIA, comme Mangouste.

Après Dallas, les orientations de l'Amérique sont désormais différentes. Lorsqu'Air Force One atterrit sur la base militaire de Washington D.C., le cercueil de Kennedy est descendu par ses proches. Robert Kennedy est aux côtés de Jackie. Il n'a pas salué Johnson en montant à bord de l'avion.

Du tarmac, le nouveau président annonce à la Nation : « *Que Dieu nous vienne en aide !* » Sur la route vers la capitale, Johnson contacte Hoover pour lui demander des explications sur l'assassinat. Les deux hommes s'entendent bien depuis longtemps. Le directeur du FBI l'informe qu'un homme d'une trentaine d'années répondant au nom de Lee Harvey Oswald a sans doute tiré sur le président.

Le 27 novembre 1963, Johnson annonce au Congrès : « *Le président John Fitzgerald Kennedy avait dit à notre peuple "Mettons nous en marche ; je vous dis ce soir : Continuons !* " » Au bureau ovale, il prend connaissance de l'ensemble des dossiers du FBI et de la CIA dont il était tenu à l'écart pendant la présidence de JFK. Un dossier retient particulièrement son attention : depuis 1956, la CIA planifie des assassinats en utilisant des chefs mafieux notoires. Johnson est choqué. Il pensait que « la nouvelle frontière » était réelle.

Quarante-huit heures plus tard, le président Johnson mandate Earl Warren, président de la Cour Suprême des Etats-Unis pour diriger une Commission d'enquête sur le « *22 novembre 1963* ». Parmi les membres qui la composeront : l'ancien directeur de la CIA limogé par le président Kennedy : Allan Dulles. Robert Kennedy refuse d'y participer.

Johnson et Robert Kennedy se revoient pour la première fois depuis les funérailles de JFK, en févier 1964. L'ambiance est très tendue. Le ministre de la Justice ne supporte pas l'homme qui est assis dans le bureau ovale à la place de son frère. Johnson a récupéré une bonne quarantaine de dossiers de JFK, sans état d'âme, tout en y imposant sa signature. Ses attitudes grossières – il lui arrive de recevoir ses plus proches conseillers assis dans les WC –ses accolades clownesques, ses mensonges quotidiens dégoûtent Robert. Plusieurs incidents, après Dallas, l'ont personnellement choqué : « *Le lendemain de la mort de mon frère, il est allé au bureau ovale pour en faire retirer le bureau présidentiel et vérifier que ses papiers personnels* avaient bien été enlevés. Au sujet d'Evelyn Lincoln, la secrétaire personnelle de mon frère, il lui a demandé de quitter les lieux dans la demi-heure afin que sa propre secrétaire s'y installe ! »

La presse n'hésite pas à attiser leurs différends. En outre, Robert Kennedy n'adresse plus la parole à Hoover.

En mai 1964, Johnson est en campagne pour son mandat présidentiel. Il présente aux électeurs son programme : « *La Grande Société* ». Il annonce que son gouvernement engagera une guerre contre la pauvreté et l'inégalité. Il demande à Jacqueline Bouvier Kennedy de venir le retrouver à la Maison Blanche et lui propose un poste d'ambassadrice des Etats-Unis à Paris. Jackie décline sa proposition.

Le 10 juin 1964, Johnson fait voter au Sénat la loi portant sur les droits civiques en faveur des minorités raciales. Il déclare : « *La loi sur les droits civiques prend tout son sens non seulement parce qu'elle contient des clauses légales mais comme expression d'une volonté nationale d'atteindre un réel progrès grâce à l'égalité des chances et de traitement pour tous les Américains sans distinction de race, de couleur, de croyance ou d'origine nationale !* » La presse salue le 36e président des Etats-Unis « *pour son courage et sa loyauté vis-à-vis de la communauté noire* ». Martin Luther King le remercie devant la presse internationale. Robert Kennedy déclare à la presse : « *Je pense qu'il y a une quantité de choses qui ont été faites par le président*

Kennedy et qui désormais sont portées au crédit de Johnson sans que ce dernier insiste assez sur la réelle paternité de ces actions. »

Le 29 juillet 1964, Johnson annonce à Robert Kennedy, au cours d'une entrevue de 45 minutes, qu'il ne le prendra pas pour colistier. Malgré son influence sur le Comité démocrate, Robert Kennedy ne sera donc pas le prochain vice-président des Etats-Unis en 1965. Il lui propose à la place un poste d'ambassadeur à Londres. Robert Kennedy refuse en souriant.

Le 27 septembre 1964, la Commission Warren remet au président Johnson son rapport composé de 26 volumes. Sa conclusion est irrévocable : Lee Harvey Oswald a agi seul.

Robert Kennedy remet sa démission à Johnson et se lance dans la campagne pour les élections sénatoriales de New York de 1964. Malgré tout, le président des États-Unis vient le soutenir en marchant à ses côtés lors d'une parade car le parti démocrate souhaite que leur relation s'améliore. Mais suite à la conclusion de la Commission, Bobby Kennedy refuse tout compromis avec le Texan et finit par obtenir le poste de sénateur. Quant à Johnson, il remporte les élections présidentielles avec 15 millions de voix de plus que son adversaire républicain Barry Goldwater. C'est une grande victoire électorale pour les démocrates. Johnson prête serment le 20 janvier 1965. Il annonce « *un véritable changement dans la société américaine* » en concentrant son nouveau gouvernement sur trois objectifs, « *la justice, la liberté et l'Union* ».

Peu à peu, les proches conseillers de JFK, qui étaient restés à la Maison Blanche après sa mort, quittent Johnson. Parmi eux : Pierre Salinger et Arthur Schlesinger Jr.

Le 10 décembre 1964, Martin Luther King reçoit le Prix Nobel de la Paix. Il est élu Homme de l'année par le Times. Une partie de la communauté noire reproche à King d'être trop « mou » vis-à-vis des injustices qui sévissent dans le pays. Des groupes comme les « panthères noires » ou le prêcheur Malcom X prônent la violence. Malcom X est assassiné le 21 février 1965.

Parmi l'héritage de Kennedy, la guerre du Vietnam est un poison pour la présidence de Johnson. L'enlisement de l'armée américaine préoccupe l'opinion américaine et les républicains dénoncent une situation « dangereuse ». Johnson confie à ses proches : « *Nos troupes vont débarquer en fanfare. La foule va pousser des hourrah! En trois jours, tout le monde aura oublié. Alors, on nous dira qu'il faut absolument envoyer de nouvelles troupes! Et c'est ainsi de suite... c'est comme l'alcool, l'effet du premier verre s'estompe et il faut en prendre un second.* » Il déclare à la CIA et au Département de la Défense : « *Je ne suis pas prêt à perdre le Vietnam! Je ne serai pas le président qui aura vu l'Asie du Sud-Est prendre le même chemin que celui de la Chine!* » L'armée américaine reprend aussitôt ses bombardements tuant non seulement des soldats mais aussi des civils.

Le 31 janvier 1966, le sénateur Robert Kennedy déclare au Congrès : « *Les Etats-Unis ne pourront pas gagner cette guerre.* » Johnson ne décolère pas. Il pense que RFK est déjà en campagne présidentielle et qu'il va se présenter en 1968 face à lui. Une partie de la population américaine, de plus en plus en hostile au conflit, manifeste devant les grilles de la Maison Blanche. En décembre 1966, Johnson convoque RFK qui vient juste de rentrer d'une tournée européenne : « *Un bruit circule ici, selon lequel vous envisagez un pourparler avec le Vietnam du Nord pour nous négocier une paix! Vous et vos colombes de la paix, je vais vous anéantir tous!* »

L'année 1966 est marquée par l'arrivée de Brejnev au Kremlin et par la révolution culturelle de Mao Zedong. A la Maison Blanche, Lady Bird organise des réceptions bien différentes de celles de Jackie. Les Texans ont envahi les couloirs de la résidence présidentielle avec leur chapeau de cow-boy et leurs bottes. Johnson ne joue pas au golf, il préfère les dominos où il joue dans ses appartements privés.

Début 1967, la situation au Vietnam est alarmante : plus de 520000 Américains sont sur place. Les bombardiers ont jeté plus de bombes sur le Vietnam qu'ils n'en avaient largué durant la seconde guerre mondiale. Les budgets destinés à la santé, à l'éducation, contre la pauvreté sont amputés par les dépenses militaires. Les Américains ne sont plus que 38% à soutenir la politique étrangère de Johnson. Le président estime que son ministre de la Défense doit quitter la Maison Blanche. Robert McNamara obtient la présidence de la Banque mondiale.

En novembre 1967, le démocrate Eugene McCarthy se lance dans les primaires pour les présidentielles. Robert Kennedy et Martin Luther King critiquent sévèrement la politique de Johnson au Vietnam. Kennedy n'envisage cependant pas de se présenter aux primaires.

Le 31 janvier 1968, le Viêt-Cong lance une offensive.

Le 31 mars 1968, fatigué, Johnson annonce à la télévision : « *L'arrêt immédiat des bombardements au Nord-Vietnam… Et je ne demanderai ni n'accepterai l'investiture de mon parti pour un nouveau mandat présidentiel…* » La plupart des membres de son gouvernement ignoraient sa décision.

Le 4 avril 1968, Martin Luther King est assassiné. Robert Kennedy reste le seul espoir pour la communauté noire des Etats-Unis. Des émeutes sévissent dans le pays. Plus de 100 villes sont touchées par des actes de violence inouïs. Johnson annonce qu'il n'ira pas aux funérailles de King « pour des raisons de sécurité ». RFK accompagné de Jackie suit le cortège funéraire le 8 avril 1968.

Le 5 juin 1968, Robert Kennedy, en campagne en Californie, tombe sous les balles du palestinien Shiran Shiran. Plusieurs témoins affirment qu'il y avait plusieurs tireurs dans les cuisines de l'hôtel Ambassadors. Robert Kennedy meurt le 6 juin. Il est enterré aux côtés de JFK au cimetière d'Arlington le samedi 8 juin. Des centaines de milliers d'Américains lui rendent un dernier hommage.

Richard Nixon remporte les élections présidentielles de 1968 face au démocrate Hubert Humphrey.

Johnson et Lady Bird rentrent au Texas. Le bilan de sa présidence est mitigé. Sa guerre contre la pauvreté a permis cependant de baisser le nombre de pauvres aux Etats-Unis : douze millions de moins qu'en 1959. Grâce à son « Voting Rights Act » de 1965, les électeurs noirs ont pu participer aux élections et l'amendement sur la sécurité sociale a permis à des millions de séniors américains d'en profiter.

Durant sa retraite, Johnson se remet à boire et à manger copieusement. Il se laisse pousser les cheveux. En 1970, il fait un premier malaise cardiaque.

Pour occuper son temps, il travaille, à Austin, sur la bibliothèque qui est consacrée à sa présidence. Elle est inaugurée le 22 mai 1971. Johnson mourra d'une crise cardiaque le 22 janvier 1973. Avant de disparaître, il reçoit quelques journalistes chez lui et leur confirme qu'il a toujours douté de la thèse de la Commission Warren.

Lady Bird décède le 11 juillet 2007 à l'âge de 94 ans.

⁂

XXXVII

RICHARD MILHOUS NIXON

LA CHINE ET L'UNION SOVIETIQUE ENTRE SES MAINS

MANDAT PRÉSIDENTIEL : 1969-1973 / 1973-9 AOÛT 1974
VICE-PRÉSIDENT : SPIRO T. AGNEW (1969 – 10 OCTOBRE 1973), GERALD FORD (10 OCTOBRE 1973 - 9 AOÛT 1974)
PARTI POLITIQUE : RÉPUBLICAIN
RELIGION : SOCIÉTÉ DES AMIS

> *« Nous devons nous rappeler que, sur tous les sujets controversés, la moitié du peuple est pour nous, l'autre contre nous. »*
>
> El Sadate

Richard Nixon est un personnage de Shakespeare. Sans aucun doute, le plus émouvant. Voici son histoire, résumée.

Lorsque Richard Nixon remporte l'investiture de son parti pour les élections présidentielles de 1968, il se souvient de son enfance à Yorba Linda en Californie. Le train de minuit de Santa Fe traversait la petite ville et son sifflement « était la plus jolie mélodie qu'il avait jamais entendue ». Il restait alors éveillé la nuit entière rêvant les yeux ouverts aux lieux qu'il visiterait plus tard. Ses souvenirs sont encore si tenaces dans sa mémoire. Dans l'immense brouhaha de la Convention républicaine de Chicago, il lève les bras de toutes ses forces et rit aux éclats sous les cris de dizaines de milliers de supporters : « *Nixon ! Nixon ! Nixon !* » Les Kennedy ont disparu, Lyndon Johnson s'est désisté pour un nouveau mandat. Plus rien n'arrêtera sa course pour atteindre le bureau ovale. Au milieu de l'arène, tel un gladiateur, il attend le dernier combat avec hâte.

Suivant les traces des anciens chercheurs d'or qui espèrent faire fortune dans l'agrume, Frank Nixon se lance dans la plantation de citronniers en Californie. Le 14 février 1908, il rencontre Hannah. Quatre mois plus tard, le couple se marie. Ils auront quatre fils : Harold (1909), Richard Milhous le 9 janvier 1913, Arthur (1908) et Edouard (1930).

Fait exceptionnel pour la Californie, une vague de grand froid frappe tout l'Etat. Elle gèle l'ensemble des arbres fruitiers de Frank Nixon et anéantit les espoirs du jeune marié. Il est ruiné. En 1921, les Nixon emménagent à Whittier dans la communauté des Quakers. Ce mouvement religieux fondé au XVIIe siècle par des dissidents de l'église anglicane est bien implanté aux Etats-Unis et en Grande-Bretagne.

Whittier est une ville en plein essor grâce à ses sources pétrolières et à l'élevage. Les Nixon y ouvrent une station-service qui fait aussi office d'épicerie.

En 1925, Arthur Nixon décède de la tuberculose. Frank Nixon est persuadé qu'il s'agit d'un signe de Dieu. Il décide de fermer son commerce le dimanche. Il perd une bonne partie de son chiffre d'affaires.

Richard Nixon participe courageusement aux efforts de la famille pour survivre. C'est un petit garçon rude et obéissant qui écoute les instructions religieuses de sa mère. Après ses devoirs, il nettoie les vitres du magasin, trie les fruits dans les étalages et s'occupe parfois de la caisse. Il obtient les meilleures notes de sa classe et se trouve à la tête de la plupart des associations scolaires.

Paradoxalement, Richard Nixon ne s'attire aucune sympathie de la part de ses camarades de classe. Il est souvent seul à la récréation et se réfugie dans ses livres d'histoire.

Son frère Harold Nixon est, à son tour, atteint de tuberculose. L'air humide de Whittier n'arrange en rien son état. Hannah l'emmène en Arizona pour trois longues années. Richard les retrouve à Noël, au printemps et aux vacances d'été. Harold Nixon mourra cependant le 6 mars 1933 dans d'atroces souffrances. Il n'avait que 24 ans. Sans en connaître précisément les raisons, Richard Nixon se sent coupable de la mort de ses deux frères. Ce sentiment de culpabilité accroît celui de la solitude. Il ne s'est jamais senti aussi seul.

A la fin de ses études secondaires, Richard Nixon termine major de sa promotion. L'université de Yale lui ouvre les bras et lui offre une bourse. Celle-ci est insuffisante pour couvrir les dépenses annuelles estimées par son père. La mort dans l'âme, Richard Nixon doit refuser la proposition et entre à l'université, moins prestigieuse, de Whittier.

En juin 1934, il obtient son diplôme avec mention très bien et poursuit ses études à l'université de Duke, à Durham, en Caroline du Nord. A la fin de son cursus universitaire, il postule pour un emploi au FBI. Il est refusé.

Il revient à Whittier pour entrer dans un cabinet juridique spécialisé dans les divorces et le foncier : Wingert & Bewley. Il préside plusieurs associations municipales et s'inscrit à des cours de théâtre. En quelques années, il devient l'un des meilleurs partis de la ville.

Au cours d'une répétition théâtrale, il fait la connaissance de Thelma Catherine Ryan surnommée Pat. Cette jolie institutrice est née dans le Nevada. C'est le coup de foudre. Ils se marient le 21 juin 1940. Le couple aura deux filles : Patricia (1946) et Julie (1948).

Richard Nixon entre dans l'administration de Washington D.C. pour un salaire mensuel de 3 200 dollars. Le jeune marié découvre les lourdeurs de la bureaucratie. Lorsque les Etats-Unis déclarent la guerre contre l'Allemagne, le Japon et l'Italie, Nixon s'engage, en 1942, comme volontaire dans l'US Navy malgré les protestations de sa mère : « *C'est contre notre religion !* » Sous-lieutenant, il est chargé du ravitaillement du mess. Il joue beaucoup au poker et amasse plus de 10 000 dollars.

En 1946, cet argent est investi dans sa première campagne politique. Herman Perry, banquier de Whittier, entouré de cent hommes d'affaires de la ville, lui demande de se présenter dans le XIIe district de la Californie. Au cours de ses allocutions, Richard Nixon dénonce avec véhémence les conséquences du New Deal. Il engage une campagne calomnieuse contre son adversaire démocrate Jerry Voorhis (1901-1984) en l'accusant d'être communiste. A 33 ans, il est élu à la Chambre des Représentants.

Le 5 juin 1947, le général Marshall présente à l'université d'Harvard son plan pour une aide financière qui permettra à l'Europe de se reconstruire. Le 30 juillet 1947, Richard Nixon intègre le Comité Herter qui doit évaluer les besoins financiers de l'Europe. Il se rend sur place pour faire un bilan de la situation. Les conclusions du comité aboutiront à l'établissement du plan Marshall.

Richard Nixon rejoint ensuite la Commission d'enquête sur les activités antiaméricaines. La crise de Berlin, la capacité nucléaire des Soviétiques exacerbent l'anticommunisme américain. Des journalistes, des artistes, des fonctionnaires sont dénoncés...Afin d'apaiser ce climat épouvantable, le président Harry Truman ordonne aux services fédéraux de ne pas répondre aux enquêtes parlementaires et aux assignations, tout en renforçant le pouvoir de la CIA.

Durant l'été 1948, la Commission où travaille Richard Nixon convoque Whittaker Chambers, rédacteur en chef du Time Magazine. Il est accusé d'entretenir des relations avec le parti communiste. Au cours de l'audience, le journaliste déclare qu'un ex-haut fonctionnaire du Département d'Etat, conseiller de Roosevelt pendant la conférence de Yalta, était un communiste. Son nom : Alger Hiss. L'homme ne quitte plus les colonnes des médias américains. En janvier 1950, Alger Hiss est condamné à cinq ans d'emprisonnement. Hoover adresse ses félicitations à Richard Nixon : « *Enfin, le courant de la trahison qui existait dans notre gouvernement a été exposé d'une façon évidente pour tous les Américains. Merci pour votre excellent travail !* »

A 37 ans, Richard Nixon fait partie des figures incontournables de Washington D.C.

Nixon profite de sa popularité pour se présenter aux sénatoriales de Californie. Quelle revanche pour un fils d'épicier et planteur ruiné! Son adversaire démocrate est Helen Douglas. Il laisse entendre qu'elle et son compagnon ont des sympathies communistes. Douglas, de son côté, l'affuble d'un sobriquet qui ne le quittera plus durant toute sa carrière politique : « *Dick le tricheur* ». Nixon remporte les élections en 1950.

En 1952, le général Eisenhower entre en campagne présidentielle et choisit Nixon, alors âgé de 39 ans, comme colistier. Accusé, dans la presse, de détournements de fonds, Richard Nixon fait l'inventaire de ses biens aux côtés de son épouse sur une chaîne de télévision. Son intervention de 30 minutes restera dans les annales de la télévision américaine. Il remporte la sympathie des Américains. Eisenhower lui renouvelle sa confiance. Les républicains reprennent le bureau ovale.

Pendant sa présidence, Eisenhower est victime d'un infarctus. Nixon le remplace pendant sa convalescence. Il signe les documents officiels par la mention « *pour le président* ». Avant qu'il ne prenne trop d'aisance au bureau ovale, Eisenhower revient à son fauteuil.

En 1958, les Nixon sont attaqués au cours d'un voyage officiel en Amérique latine. Le sang-froid du vice-président des Etats-Unis est salué par la presse.

En 1959, à Moscou, Nixon annonce : « *En cas de guerre, nous serions tous perdants !* »

En 1960, il remporte la nomination de son parti pour les élections présidentielles. Il perd face à JFK avec un écart d'à peine 100 000 voix. En 1962, il échoue lors de la campagne pour le fauteuil de gouverneur de la Californie. La presse a été particulièrement agressive à son égard. Nixon est exténué.

Répondant au souhait de sa femme bien-aimée, Richard Nixon entre dans un cabinet d'avocats à New York et annonce aux journalistes la fin de sa carrière politique : « *Vous n'aurez plus de Nixon à jeter aux chiens car voici venue ma dernière conférence de presse !* »

Néanmoins, après l'annonce du président Johnson de ne pas se représenter et après l'assassinat de Robert Kennedy lors des primaires, Nixon remporte se relance dans la course à la Maison Blanche et décroche la nomination républicaine pour les élections présidentielles de 1968.

Nixon choisit un obscur gouverneur du Maryland, Spiro Agnew, comme colistier. La campagne est rude face au démocrate Hubert Humphrey. En novembre 1968, il remporte les élections avec une faible majorité.

Le 20 janvier 1969, lors de son discours inaugural, le président Nixon annonce une nouvelle Amérique «*ouverte à de nouvelles idées...*» Pendant son allocution, plus de 6000 Américains défilent devant le capitole pour protester contre la guerre au Vietnam et chantent: «*La paix maintenant!*»...«*Encore quatre ans pour la mort!*».

Richard Nixon hérite de la guerre au Vietnam qui tue plusieurs centaines de GI chaque semaine. Dès mars 1969, il autorise le bombardement massif du Cambodge. Des milliers de paysans sont tués. L'opinion internationale est choquée. Nixon se referme sur lui-même et travaille de concert avec Henry Kissinger, son Conseiller à la sécurité nationale pour ne «*pas perdre cette fichue guerre*».

Devant les grilles de la Maison Blanche, des manifestations se tiennent quotidiennement en faveur de la paix. Elles sont filmées par les télévisions du monde entier.

Avec Henry Kissinger, Richard Nixon étudie la possibilité d'utiliser l'arme nucléaire en découvrant le dossier «*Duck Hook*». Il s'en détourne en raison des manifestations de plus en plus hostiles à sa politique étrangère. Il remplace peu à peu les GI par des soldats sud-vietnamiens.

Le 18 juillet 1969, le sénateur du Massachussetts, Edward Moore Kennedy, est victime d'un tragique accident de voiture. Une des secrétaires de Robert Kennedy, Mary Joe Kopechne, est retrouvée noyée dans sa Mercury. L'ambition présidentielle d'Edward Moore Kennedy sombre dans les eaux de Chappaquiddick. Le

18 novembre 1969, Joseph Kennedy, père du président Kennedy, vient de s'éteindre à 81 ans dans sa propriété de Hyannis Port. Le président Nixon déclare à la télévision le soir même : « *Je rend hommage au clan Kennedy qui a tant donné à l'Amérique* ». Le soir, en se promenant, un verre de bourbon à la main, le président Nixon s'attarde devant le tableau officiel de JFK. Son majordome, le Cubain Manolo, est à ses côtés. Le président lui murmure : « En regardant Kennedy, les Américains se voient tels qu'ils voudraient être. En me regardant, ils se voient tels qu'ils sont. »

Le 24 juillet 1969, les astronautes Neil Armstrong, Edwin Aldrin et Michael Collins reviennent d'un voyage spatial sur la Lune. La capsule où ils se trouvent est amarrée à bord du bâtiment américain USS Hornet. Sous les caméras de la presse internationale, le président Richard Nixon les salue devant leur hublot. La mission d'Apollo XI est une immense réussite pour les Etats-Unis. Elle prouve la suprématie américaine sur les ambitions soviétiques dans ce domaine. Six autres missions seront envoyées sur la Lune. Nixon signera la construction de la première navette spatiale.

Nixon approuve une Commission présidée par J.E. Hoover qui établira un bilan sur les réelles menaces qui pèsent sur la sécurité intérieure du pays. Elle doit aussi examiner les outils qui sont mis à la disposition de l'Amérique pour y faire face. Les mouvements de gauche qui sévissent aux Etats-Unis devront être anéantis. Richard Nixon y place astucieusement un de ses conseillers : Tom Huston.

Pourquoi une telle commission malgré les actions de la CIA et du FBI ? Car les rapports qui sont remis au président démontrent que près d'une centaine d'attentats à la bombe menacent chaque jour les Américains. Les explosions, qui ont détruit les bâtiments d'IBM et de Mobil Oil et qui ont fait 43 victimes, ont sérieusement ébranlé la confiance de Nixon en J. Edgard Hoover. De plus le directeur du FBI dont la vie privée écœure le président refuse toujours de collaborer sérieusement avec la CIA et le NSA pour lutter efficacement contre cette « *vermine gauchiste* ». Depuis quelques années, Hoover, vieillissant, règne de manière dictatoriale sur les agents du FBI. Pratiquement plus personne ne peut vraiment le raisonner excepté son compagnon Clyde Tolson. Pour ne pas vexer Hoover, Richard Nixon lui a donc demandé de présider cette Commission mais pour le président la décision a déjà été prise.

Le programme de 43 pages rédigé par Tom Huston autoriserait la Maison Blanche à se servir d'écoutes téléphoniques, de cambriolages, ouvertures de courriers, présence de plus d'informateurs sur les campus étudiants. Elle autoriserait également la création d'une agence qui superviserait le travail du FBI et de la CIA. Nixon veut approuver ce plan.

Hoover, qui perdrait le contrôle de son bureau, s'oppose vivement à cette opération. Le plan est annulé et Tom Huston remet sa démission à Nixon.

A la demande de la Maison Blanche, J. Edgard Hoover met clandestinement sur écoute plusieurs personnalités officielles et quatre journalistes afin de comprendre certaines fuites sur la guerre du Vietnam qui mettent mal à l'aise le gouvernent et qui sont publiées dans les colonnes du New York Times et de CBS. Nixon veut la peau de ces « *enfoirés* ».

Au printemps 1970, le président envoie des troupes au Cambodge. Il déclare à la télévision : « *Nous ne serons pas humiliés, nous ne serons pas battus.* »

Le 4 mai 1970, durant une manifestation contre la guerre au Vietnam, près de l'université de l'Ohio, la police tue quatre étudiants. Le 30 juillet 1969, Nixon rencontre le président du Vietnam du Sud.

Du 21 au 28 février 1972, avec l'aide brillante d'Henry Kissinger, le 37e président des Etats-Unis se rapproche de la République populaire de Chine en se rendant à Pékin et à Shanghai. Pour le leader de la pensée anti-communiste aux Etats-Unis, c'est un événement incroyable. Il est temps pour l'Amérique de comprendre la Chine. Les entrevues avec Mao Zedong (1893-1976) sont très cordiales. Cette fois, la presse américaine à l'unanimité salue sa pugnacité. De retour à Washington, le président déclare : « Ce fut la semaine qui a changé le monde, parce que ce que nous avons dit dans ce communiqué nest presque pas aussi important que ce que nous ferons dans les années à venir pour construire un pont au-dessus de 16000 miles et 22 ans d'hostilités, qui nous ont divisés dans le passé. Et ce que nous avons dit aujourd'hui, c'est que nous allons construire ce pont! ».

Le 22 mai 1972, Richard Nixon poursuit l'engagement de son gouvernement qui souhaite normaliser ses relations avec les grandes puissances communistes. Il se rend à Moscou. C'est une première dans l'histoire américaine : un président se déplace en Union soviétique. Il est reçu par Leonid Brejnev. Les deux hommes signent le traité SALT I qui limite la construction des missiles balistiques et le déploiement des missiles défensifs pour une durée de 5 ans.

Quelques tensions entre Kissinger et Nixon commencent à se faire ressentir : « *On a l'impression qu'Henry se croit président! Un petit coup sur la tête lui ferait du bien!* » Paranoïaque, Nixon s'enferme de plus en plus dans son bureau du premier étage de la Maison Blanche. Seuls deux hommes en franchissent plusieurs fois par jour la porte: Bob Haldeman et John Ehrlichman. Nixon confiera plus tard dans ses mémoires : « *Nous avions l'obsession du secret.* »

Les tensions aussi entre Nixon et Hoover sont à leur apogée. Hoover refuse toutes les propositions qui lui sont faites pour accepter une retraite. Le 1er mai 1972, Hoover est dans son bureau du FBI, jusqu'à 18 heures. Il rejoint ensuite son compagnon Clyde Tolson pour souper. Puis il part se coucher dans sa jolie propriété.

Le 2 mai 1972, la domestique noire Annie Fields lui apporte son petit déjeuner. Il est huit heures du matin. J.E Hoover est retrouvé mort dans son lit. Il a été victime d'une crise cardiaque en plein milieu de la nuit. Le président Richard Nixon lui organise des funérailles nationales : « *J.Edgard Hoover était le symbole et l'incarnation des valeurs qu'il chérissait le plus : le courage, le patriotisme, le dévouement pour son pays, l'honnêteté et l'intégrité à toute épreuve.* » Plus de 20000 Américains défilent devant son cercueil installé au centre du Capitole. Louis Patrick Gray (1916-2005) est nommé directeur du FBI.

Un cambriolage a lieu au domicile de Daniel Ellsberg. Ce dernier avait photocopié des documents ultraconfidentiels du Pentagone pour les transmettre ensuite au journaliste Neil Sheehan du New York Times ! Ils furent publiés intégralement. On soupçonne une équipe envoyée par la Maison Blanche.

Le 17 juin 1972, « *cinq plombiers* » sont envoyés dans l'immeuble du Watergate où siège le parti démocrate. Ils sont arrêtés pendant leur intervention. Parmi eux, un ex-agent de la CIA et du FBI. Les premiers enquêteurs remontent jusqu'à leur chef, un certain Howard Hunt (1918-2007), ex-agent de la CIA.

Le 22 juin 1972, Nixon annonce à la presse que la Maison Blanche n'a rien avoir avec ce cambriolage.

Le lendemain, Nixon rencontre Bob Haldeman. Ensemble, ils conspirent pour déjouer l'enquête du FBI mené par le nouveau directeur. Ils annoncent que la CIA avait une mission confidentielle et que se renseigner davantage « *réveillerait les démons de la baie des Cochons…* ». Nixon gagne du temps.

L'affaire du Watergate rattrape la Maison Blanche faisant de l'ombre aux nombreux succès de Nixon en matière de politique étrangère. Deux journalistes du Washington Post, Carl Bernstein et Bob Woodward, ne lâchent pas ce dossier. Ils obtiennent des informations ultra confidentielles grâce à un anonyme qui se fait appeler « *gorge profonde* ». C'est en fait le numéro 2 du FBI : Mark Felt (1913-2008). Cette information, confirmée par Felt lui-même, sera connue le 31 mai 2005.

Le travail des deux journalistes du Washington Post aboutit à la création d'une commission d'enquête sénatoriale. C'est un immense succès pour le quatrième pouvoir. Le juge John Sirica préside la Commission.

Malgré les rumeurs persistantes sur l'implication de la Maison Blanche dans le Watergate, Nixon est réélu le 7 novembre 1972 pour un second mandat avec une très belle majorité. Durant la période de Noël, Richard Nixon autorise la destruction d'Hanoi avec l'intervention des B-52. Les bombes détruisent les hôpitaux, les écoles et les principales habitations...Le New York Post, annonce dans ses colonnes : « *L'âge de pierre de la barbarie!* »

Le 20 janvier 1973, Nixon prête serment pour un second mandat présidentiel. Dans son discours, il parle de la responsabilité de chaque Américain, de l'Amérique et des autres pays dans le monde. Il énumère les grands succès de son administration pour une paix mondiale : « *Sans le leadership de notre nation, la paix mondiale serait en danger. Elle serait en voie de disparition.* »

Après une longue série de bombardements, le 27 janvier 1973, un accord de paix avec le Nord-Vietnam est signé à Paris. C'est une victoire pour Nixon.

Le 10 octobre 1973, à la suite d'un scandale financier, le vice-président, Spiro Agnew, démissionne de ses fonctions. Il est condamné à 10 000 dollars d'amende et trois ans de mise à l'épreuve. Gerald Ford le remplace. Nixon est encore montré du doigt dans la presse internationale.

Une seconde Commission sénatoriale est créée pour examiner les pressions éventuelles de la Maison Blanche sur les inculpés du Watergate. Elle est présidée par le sénateur Sam Ervin. Elle travaillera entre mars 1973 et mars 1974.

Le 27 avril 1973, le directeur du FBI, Louis Patrick Gray démissionne de ses fonctions après avoir été accusé d'avoir détruit certaines preuves liées au Watergate.

Dans la presse, les Américains apprennent que l'un des plombiers du Watergate, Howard Hunt était présent sur l'île de Chappaquiddick avant le tragique accident du sénateur Edward Moore Kennedy qui lui coûta son ambition présidentielle. Ils apprennent également l'existence à la Maison Blanche d'une liste où figurent « *les ennemis de Nixon* ». Ils ont été victimes de contrôles fiscaux, d'écoutes téléphoniques etc.

En final, la Commission de Sam Ervin révèle des mouvements

financiers étranges pendant les dernières campagnes de Nixon dont 100 000 dollars émis par le milliardaire excentrique Howard Hugues. Cette somme aurait été détournée par un des intimes de Nixon. Les Américains sont scandalisés.

Le 16 juillet 1973, la Commission apprend l'existence de bandes qui ont enregistré tous les entretiens du président Nixon depuis son élection. Ces enregistrements ont été approuvés par Nixon lui-même à l'insu de ses interlocuteurs. Cette révélation plonge l'administration du président dans le chaos. Trahisons, témoignages, dénonciations... Les plus proches conseillers du président sont inculpés.

Avec l'aide de ses conseillers juridiques, le président Nixon tente de ne pas remettre ces bandes d'enregistrement. Le procureur exige que celles-ci soient déposées le plus rapidement possible. Elles pourraient enfin éclairer les différentes Commissions sur les véritables motifs du cambriolage du Watergate. Elles pourraient surtout donner le nom du commanditaire. Nixon évoque devant la presse « *le privilège de l'exécutif* ». Il exige la démission du procureur par l'intermédiaire de son ministre de la Justice, Elliot Richardson. Ce dernier refuse et démissionne. Sa démission crée un tollé général à Washington D.C.

Finalement, une partie des bandes est remise. Les membres de la Commission se rendent compte qu'il manque des passages essentiels. La secrétaire particulière de Nixon, Rose Mary Woods, prétend que la faute lui en revient et est due à une mauvaise manipulation des enregistrements.

L'écoute des bandes révèle un président grossier, alcoolique... Le peuple américain est outré entre autres par son vocabulaire ordurier « *fils de pute... chien galeux... ce salopard...* ».

Le 9 mai 1974, la Cour Suprême lance une procédure d'Impeachment contre le président Richard Nixon. Menacé, Nixon préfère démissionner durant la nuit du 8 août 1974 au cours d'une brève allocution télévisée. Manolo, son majordome, lui dit en lui préparant sa chambre : « *Monsieur le Président, vous avez pris la bonne décision. Vous avez été un grand président.* »

Nixon quitte la Maison Blanche le vendredi 9 août 1974, à 9h30 en prononçant l'un des plus beaux discours jamais donnés à la Maison Blanche dans le salon de l'Orient :

« *Je me souviens de mon père. Je crois qu'on aurait pu dire de lui que c'était un homme extraordinaire, un humble. Mais il ne se considérait pas comme un humble. Savez-vous ce qu'il faisait mon père ? Il avait d'abord été un conducteur de tramway, puis il a été ouvrier agricole et enfin il s'est acheté une petite exploitation, où il cultivait des citronniers. Je peux vous garantir que c'était la ferme la plus pauvre de toute la Californie. Il a dû la revendre avant qu'on y découvre du pétrole. Ensuite, il a été épicier. Mais c'était un grand homme parce qu'il avait toujours fait son travail et que tout travail bien fait est un travail qui compte, quoi qu'il arrive. Personne, j'imagine, n'écrira jamais un livre sur ma mère. Vous tous, je crois, pouvez dire la même chose de votre mère : c'était une sainte. Quand je repense à elle, je la vois avec deux garçons mourant de la tuberculose, en prenant quatre en nourrice pour pouvoir s'occuper de mon frère aîné en Arizona. Et les voyant mourir tous les quatre. A chaque fois, c'était comme si un des siens mourait. Non, il n'y aura jamais de livre pour raconter sa vie. Et pourtant c'était une sainte... Parfois quand nous sentons que les choses vont mal, quand nous perdons un être cher, quand nous sommes battus à une élection, quand nous subissons un échec, nous croyons que tout est fini. Nous pensons comme le disait Theodore Roosevelt, que la lumière s'est éteinte à jamais dans la vie. Eh bien non ! Tout est toujours un recommencement. Jeunes ou vieux, nous devons toujours y penser. Cela doit toujours nous soutenir car le succès, la grandeur ne nous sont pas donnés quand tout va bien ! Ils doivent être gagnés lorsqu'on a subi des épreuves, quand on a surmonté les obstacles, la tristesse, les déceptions. Car ce n'est qu'après avoir été au plus profond des vallées que l'on apprécie la magnificence de se trouver sur les cimes. Donnez toujours le meilleur de vous-mêmes, ne vous découragez pas, jamais, ne vous laissez pas aller à la mesquinerie. N'oubliez jamais que d'autres peuvent éprouver de la haine envers vous, mais ceux-là ne pourront l'emporter sur vous que si vous vous laissez aller à les haïr à votre tour. En les haïssant, vous bous détruisez vous-mêmes. Car comme le dit notre vieux dicton quaker, la paix est au centre.* »

Le 9 août 1974, Gerald Ford, son vice-président, devient le 38e président des Etats-Unis.

Dès sa sortie, Richard Nixon subit les assauts judiciaires de centaines de personnes qui lui réclament des dommages suite à des décisions administratives prises durant sa présidence. Nixon démissionne également de la Cour Suprême, du barreau de la Californie et de celui de New York. Ce dernier refuse et lui intente une mesure de radiation. Nixon est au bout du rouleau. Il est dans une situation financière désastreuse. Près de deux millions de dollars sont dépensés pour payer les honoraires de ses avocats. Il court à la ruine.

Le miracle lui parvient par l'un de ses conseillers juridiques, Jack Miller, qui lui annonce que le président Ford lui offre la grâce présidentielle : « *Un pardon sans réserves pour toutes les fautes qu'il a commises* ». Elle lui est accordée le 8 septembre 1974. L'enquête du Watergate est close. Nixon signe un communiqué pour la presse avant de quitter définitivement la scène publique : « J'ai eu tort de ne pas avoir agi plus décisivement et plus franchement dans le Watergate, en particulier lorsque cela atteignit l'étape des accusations judiciaires et s'accrut jusqu'à atteindre la taille d'un scandale politique et d'une tragédie nationale. Aucun mot ne peut décrire l'étendue de mon chagrin et de ma douleur concernant les souffrances que mes erreurs sur le Watergate ont causées à la nation et à la présidence, une nation que j'aime profondément et une institution que je respecte énormément. »

En mars 1977, Richard Nixon accepte quatre entretiens télévisés avec le célèbre présentateur de télévision, David Frost. Cela fait plus de deux ans que Nixon a disparu de la vie publique. Pour ce face à face,

Nixon touche une somme de 600 000 dollars qui lui permettront, entre autres, de payer les honoraires de ses avocats. Le contrat est négocié par le conseiller spécial de Nixon, Jack Brennan. L'ancien président est persuadé qu'il parviendra à «*gagner*» ce nouveau duel face à un «*jeune adversaire de 38 ans*». Les enregistrements débutent en Californie le 23 mars 1977 et se terminent 14 jours plus tard.

Les quatre entretiens de 90 minutes chacun sont suivis par plus de 45 millions d'Américains. Lors de la diffusion du 26 mai 1977, au cours du dernier entretien intitulé «*Nixon, l'homme*», l'ex-président perd son sang- froid: «*Oui, je suppose que quand un président fait des choses, elles ne sont donc pas illégales.*»

Durant sa retraite à San Clemente en Californie, Nixon est nommé ambassadeur pour la paix. Il écrit ses mémoires en 1978 et anime des conférences dans le monde entier. En janvier 1992, Nixon accepte l'invitation de Larry King pour son célèbre Talk Show. Il répond avec humour aux questions du journaliste: «*Non, je ne suis jamais descendu à l'immeuble du Watergate quand je passe devant avec ma voiture!*» Le public rit. Le Watergate n'est plus qu'une «*plaisanterie*» à Washington D.C. ou un terme journalistique pour adjectiver un scandale politique comme l' «*Irangate*».

Le 4 juin 1992, Nixon rencontre avec beaucoup de plaisir le président russe Boris Eltsine au Kremlin.

Depuis 1976, la santé de Patricia Nixon se dégrade de jour en jour. Elle décède d'un cancer du poumon le 22 juin 1993 dans leur maison du New Jersey. Richard Nixon qui a toujours été amoureux de son épouse souffre beaucoup de sa disparition. Il est inconsolable. La veille, ils venaient de fêter le 53e anniversaire de leur mariage. Il meurt dix mois plus tard d'une hémorragie cérébrale le 22 avril 1994 à 21h08 à 81 ans. Ses deux filles sont à ses côtés.

A la demande expresse de Richard Nixon, les funérailles ne sont pas nationales. Elles ont lieu le 27 avril 1994. Les présidents des Etats-Unis lui rendent un hommage émouvant: Gerald Ford, Jimmy Carter, Ronald Reagan, Bill Clinton, George W. Bush…

ainsi que ses proches collaborateurs comme Henry Kissinger. Plus de 40 000 Américains défileront devant sa dépouille.

Richard Nixon est enterré aux côtés de Pat Nixon dans les jardins de la Bibliothèque Privée Nixon, située à Yorba Linda, son village natal.

En 1995, le réalisateur Oliver Stone réalise « *Nixon* ». Anthony Hopkins interprète avec magie Richard Nixon.

★
★ ★

XXXVIII

GERALD FORD

LE GAFFEUR SYMPATHIQUE
DE LA MAISON BLANCHE

MANDAT PRÉSIDENTIEL : 9 AOÛT 1974-20 JANVIER 1977
VICE PRÉSIDENT : NELSON A. ROCKEFELLER
PARTI POLITIQUE : RÉPUBLICAIN
RELIGION : ÉPISCOPALIEN

Gerald Ford est le seul président des Etats-Unis qui n'a pas été élu.

Né le 14 juillet 1913 à Omaha dans l'Etat du Nebraska, Leslie Lynch King est un garçon très athlétique. Il est fils unique. Son père, négociant en laine, est un homme violent. Ses parents divorcent quand il a deux ans. Sa mère l'emmène vivre avec elle dans le Michigan. Elle se remarie avec Gerald Rudolph Ford. Leslie s'appelle désormais Gerald Ford. Sa mère ne lui parlera jamais de son père biologique. Gerald Ford apprendra son existence à 17 ans.

A l'université de Yale dans l'Etat du Connecticut, Gerald Ford est réputé pour être le meilleur footballeur de l'équipe. Il accepte un job d'assistant auprès du coach. En 1941, il obtient son diplôme de droit et retourne chez lui pour exercer dans un cabinet d'avocat. Il entre au parti républicain.

En avril 1942, pendant la seconde guerre mondiale, il s'engage dans l'US Navy à bord du porte-avions USS Monterey. Le bâtiment est détruit par un terrible typhon. En décembre 1945, le lieutenant Gerald Ford retourne dans la vie civile.

Gerald Ford se présente à la Chambre des Représentants pour le district du Grand Rapids. Le 15 octobre 1948, pendant sa campagne électorale, il se marie avec le professeur de danse, Betty Bloomer. Ils auront quatre enfants : Michael (1950), John (1952), Steven (1956) et Susan (1957).

Ford gagne les élections. En 1968, il décline l'offre du parti républicain pour être le colistier de Richard Nixon.

Suite à la démission du vice-président Spiro Agnew le 10 décembre 1973, Nixon hésite entre lui et le gouverneur John Connally qui a quitté le parti démocrate pour rejoindre les républicains. Nixon choisit Ford malgré les réticences de son conseiller John Ehrlichman : « *Il n'est pas très brillant !* »

Gerald Ford devient le vice-président des Etats-Unis le 6 décembre 1973. Sa présence au sein du gouvernement chahuté par le Watergate ne peut faire que du bien. Ford éprouve une réelle amitié envers le président.

Après la démission de Richard Nixon le 9 août 1974, Gerald Ford prête serment à la Maison Blanche face au président de la Cour Suprême : « Le serment que je prends est le même que celui de George Washington et des autres présidents en vertu de la Constitution. Mais je suppose que ma présidence tient à des circonstances bien particulières, non connues des Américains… Je suis parfaitement conscient que vous ne m'avez pas élu par vos votes en tant que président, aussi je vous demande vos prières. » A ses côtés, sa femme Betty.

Ford a pour mission urgente de rétablir l'image de la Maison Blanche. L'héritage de la présidence de Nixon est assez accablant : inflation, chômage, développement des armes nucléaires et surtout les nombreux scandales dont cette sale affaire du Watergate.

Au sein de son équipe, il choisit le puissant Nelson Rockefeller comme vice-président. Il garde Henry Kissinger à la Sécurité Nationale. Kissinger garantit quelque part sa légitimité car Ford n'a pas été élu pour ce poste ni pour celui de vice-président.

Parmi les personnalités républicaines de son administration, il nomme George Bush comme ambassadeur des Etats-Unis en Chine.

Le 8 septembre 1974, Ford accorde la grâce présidentielle à Nixon : « *Ce qui me préoccupe, ce n'est pas le sort ultime de Richard*

Nixon mais l'avenir immédiat de notre pays. Mon souci est d'être fidèle à mes convictions et à ma propre conscience… Je crois que Monsieur Nixon et ses proches ont assez souffert. Moi, Gerald Ford, président des Etats-Unis, en vertu du pardon qui m'est conféré par l'article II de la Constitution des Etats-Unis, j'accorde un plein et absolu pardon à Richard Nixon pour tous les crimes envers les Etats-Unis que lui, Richard Nixon, a commis ou peut avoir commis… »

Nixon ne peut plus être jugé. Une grande majorité des Américains manifestent leur mécontentement. Ford « *vient de les trahir* ». La presse est mécontente : « *C'est un acte imprudent, séparatif et injuste* ».

En octobre 1974, le président Ford intervient à la télévision pour demander au peuple américain « *de passer un coup de torchon à l'inflation* ». Celle-ci atteint la barre tragique des 7%. L'économie américaine est de nouveau menacée. Six mois plus tard, le Congrès, à la demande de Gerald Ford, ratifie des dégrèvements d'impôts pour relancer les investisseurs.

Au sommet de Vladivostok, en novembre 1974, il rencontre Brejnev (1906-1982) – qui avait une grande admiration pour Nixon. Ford veut exprimer sa volonté de ne pas rompre le lien qui unit les deux nations depuis le gel de la guerre froide. Il confirme que les troupes américaines vont se retirer du Vietnam.

Depuis le retrait des troupes américaines, le Nord-Vietnam a repris les combats et intensifié sa lutte contre le Vietnam du Sud. Ford intervient au Congrès pour lever des fonds afin de soutenir financièrement les combattants du Vietnam du Sud. Le Congrès rejette sa proposition. L'envoi des 500 000 soldats depuis le début de ce conflit a coûté beaucoup d'argent à l'Amérique qui est en pleine crise financière.

En avril 1975, la ville de Saigon tombe entre les mains du Nord-Vietnam. Plus de 1 000 civils américains et 5 595 sud-vietnamiens sont évacués par hélicoptères devant les caméras de la presse internationale. Le 29 avril, les derniers Américains quittent Saigon laissant sous le feu des communistes les civils sud-vietnamiens. A

10h24, les portes du palais présidentiel sont détruites par les chars. Saigon est rebaptisée Ho Chi Minh City. L'opinion internationale est choquée !

Le 15 mai 1975, cependant, l'Amérique retrouve son honneur lorsqu'elle libère les 39 marins du navire marchand américain SS Mayagüez qui étaient retenus par les Khmers Rouges. 11 Marines américains perdent la vie dans cet assaut. La presse salue l'intervention du président Ford.

Avec l'aide de la CIA, Ford mène une guerre secrète en Angola. 25 millions de dollars sont dépensés au profit des rebelles du FNLA. La CIA forme des mercenaires pour compléter leurs rangs. De son côté, Fidel Castro envoie des troupes pour soutenir le MLPA sous influence communiste.

A la Maison Blanche, les maladresses de Ford sont monnaie courante. Elles sont caricaturées aussitôt dans des émissions télévisées telles que le « *Saturday Night Live* ». Ford est le premier à en rire. Parmi les plus citées : le président des Etats-Unis tombe des escaliers d'Air Force One lors du voyage officiel à Salzbourg ou, lors de son voyage officiel à Tokyo, il porte un pantalon bien trop court et ironise : « *Oui, j'étais boy scout autrefois !* » Ou bien, il se cogne en descendant de l'hélicoptère présidentiel devant les Marines qui ont du mal à retenir leurs rires. Au cours d'une partie de golf, il blesse un spectateur, le 25 juin 1977. L'incident est transmis en direct à la télévision.

Le 17 juillet 1975, les cosmonautes américains et soviétiques se rencontrent dans l'espace. Cet événement ultra médiatisé conforte la volonté des deux grandes nations de préserver la paix mondiale.

Le 1er août 1975, les accords historiques d'Helsinki sont signés, en présence du président Ford, par 35 pays.

On intente sans succès deux fois à sa vie : le 5 septembre 1975 et le 22 septembre 1975. Le premier attentat a lieu à Sacramento au cours d'une visite officielle. Lynette Fromme, 27 ans, membre de la secte de Charles Manson, tente d'assassiner le président avec un fusil. Ford est sauvé grâce à un agent des services secrets, Larry Buendorf. Lynette FrommeElle est condamnée à 34 ans de prison et en sortira le 14 août 2009.

A peine deux semaines plus tard, Sara Jane Moore tente de tirer sur le président à San Francisco. Ford est sauvé de justesse grâce au courage d'un des 3000 spectateurs, Oliver Sipple (1941-1989). Le 31 décembre 2007, Moore sera libérée à l'âge de 77 ans après avoir passé 32 années en prison.

En 1976, le gouverneur républicain de la Californie, Ronald Reagan, annonce sa candidature pour les prochaines primaires. La situation électorale de Ford pour un nouveau mandat est délicate depuis les conflits en Asie, la crise financière et le pardon octroyé à Nixon. Le candidat démocrate Jimmy Carter entre dans la course également.

Ford remporte finalement l'investiture du parti républicain. Lors de la Convention nationale républicaine il déclare : « *Je suis très fier de pouvoir dire que je suis le premier président en exercice, depuis le président Eisenhower, sous la direction duquel l'Amérique est en paix ! Après le 9 août 1974, notre long cauchemar national a bel et bien pris fin ! Nous allons veiller à ce que le parti de Lincoln reste le parti de l'égalité des droits…* »

La campagne entre Carter et Ford est rude. Trois débats télévisés sont attendus avec impatience par les électeurs. Ils ont lieu en direct le 23 septembre, le 6 octobre et le 22 octobre 1976. Aucun d'entre eux ne plaide en faveur de l'hôte de la Maison Blanche.

Le 2 novembre 1976, le peuple américain choisit Jimmy Carter. Il pense revivre avec lui les ambitions de la Nouvelle Frontière de John F. Kennedy. Ford retourne dans le district du Grand Rapids après un mandat de 896 jours.

En 1979, il publie une autobiographie.

En 1982, il inaugure la bibliothèque Ford dans le Michigan. En 1999, il est reçu à la Maison Blanche par le président Clinton qui lui décerne la médaille de la liberté en raison de son courage lors de l'affaire du Watergate. Dans les années 2000, il apparaît encore durant la Convention nationale républicaine.

Il décède chez lui à 93 ans le 26 juillet 2006, assisté de son épouse et de leurs enfants. Des funérailles nationales sont organisées à Washington D.C. en présence de nombreuses personnalités étrangères et de présidents des Etats-Unis. Le président George W. Bush rend hommage aux réalisations les plus importantes de sa présidence : « *Il était le synonyme de l'intégrité.* » En signe de deuil national, la bourse de New York interrompt ses activités pendant les obsèques. Gerald Ford est enterré à la bibliothèque Ford dans le Michigan.

★
★★

XXXIX

JAMES EARL CARTER

LE VENDEUR DE CACAHUETES

MANDAT PRÉSIDENTIEL : 1977-1981
VICE-PRÉSIDENT : WALTER F. MONDALE
PARTI POLITIQUE : DÉMOCRATE
RELIGION : BAPTISTE

> *«Il est écrit en lettres d'or dans le ciel azur : ici-bas, des hommes, seuls les bienfaits perdurent».*
> Hafez (1320-1389)

James Earl Carter est né le 1er octobre 1924 dans une ferme du Sud profond de l'Amérique, à Plains en Géorgie. Il grandit entre ses deux sœurs Gloria, Ruth et son frère Billy. La famille vit au sein d'un domaine confortable de deux milles hectares où travaillent 200 ouvriers noirs. A 5 ans, Jimmy aide son père à la ferme. Il vend des cacahuètes sur les marchés populaires de Plains.

A 9 ans, Jimmy obtient un demi-hectare de la ferme de son père. A 10 ans, il achète quatre meules de coton et attend quatre ans pour les revendre. Il en récupère un bon bénéfice ! Avec celui-ci, il achète cinq cabanes qu'il loue 16,50 dollars par mois à des ouvriers agricoles noirs. Ses parents sont fiers de lui.

En 1943, il entre comme cadet à l'Académie navale d'Annapolis pour une formation d'ingénieur. Après avoir obtenu son diplôme, Jimmy Carter se marie le 7 juillet 1946 avec Rosalynn Smith. Le couple est inséparable. Ils auront quatre enfants : John, James, Donnell et Amy.

Le lieutenant Jimmy Carter réintègre Annapolis où il travaille sur le second sous-marin nucléaire des Etats-Unis le «*Sea Wolf*». Il navigue sur le Pacifique et sur l'Atlantique. A la demande de l'amiral Hyman Rickover (1900-1986) surnommé « l*e père de la Marine nucléaire* », le lieutenant Carter travaille sur un important programme de sous-marins à propulsion nucléaire à Schenectady dans l'Etat de New York. Il y est nommé ingénieur en chef. En 1949, il rejoint avec sa famille la base navale de Pearl Harbor sur le programme de reconstruction des bâtiments américains.

En 1953, il stoppe sa carrière dans la Navy pour rejoindre la ferme de ses parents car son père se meurt d'un cancer du pancréas. Il se console en confiant à sa femme : « *Dieu n'a pas voulu que je passe ma vie à travailler sur des armes de destruction…* » De retour chez lui, Jimmy Carter se lance dans la production des arachides. Il fait rapidement fortune et obtient la reconnaissance des principaux hommes d'affaires de la Géorgie. Sa respectabilité le conduit à la tête de plusieurs administrations du comté, qui gèrent les hôpitaux, les écoles et les bibliothèques publiques. Il entre au parti démocrate.

Lorsque la Cour Suprême interdit la ségrégation dans les écoles, un groupe contestataire de Blancs venus de Plains lui demandent de se joindre à eux. Jimmy Carter refuse. Sa compagnie est alors boycottée par une partie de la population blanche de son comté.

Le 1er octobre 1962, à 38 ans, il se présente aux élections pour le poste de sénateur de Géorgie. La campagne est dure face à Homer Moore. Le 16 octobre, il dénonce les résultats électoraux devant l'Attorney général Charles Kirbo en évoquant la possibilité d'une fraude. Le juge Carl Crow est dépêché sur place. Finalement, Jimmy Carter est élu avec une marge d'un millier de voix. Le vainqueur déclare : « *Les événements récents m'ont ouvert les yeux, pas seulement sur l'aspect subversif de ces élections démocratiques mais surtout sur la capacité des femmes et des hommes de bien qui s'engagent chaque jour pour un meilleur système tout en corrigeant les erreurs!* » Il est réélu en 1964. Durant sa carrière politique, Carter évoquera toujours les forces du bien et du démon. Pour cet homme de la terre, il n'y a pas de juste milieu.

En tant que sénateur de l'Etat de Géorgie, Jimmy Carter travaille dur pour défendre la réforme de l'éducation nationale. En 1966, il fait campagne pour le poste de gouverneur de la Géorgie. Il est battu par son adversaire, le ségrégationniste Lester Maddox (1915-2003).

Profondément déçu par cette défaite, Carter retourne à sa ferme. Il se fait soigner pour une dépression. Pendant cette période, Ruth renforce sa foi. Désormais, ses convictions religieuses dicteront sa conduite. Jusqu'au bureau ovale.

En 1970, il est de nouveau en course. Ses discours sont plus modérés afin d'obtenir le soutien d'une partie de la population blanche. Il accepte de rencontrer le gouverneur de l'Alabama, George Wallace, reconnu pour ses positions ségrégationnistes. Rosalynn et Jimmy Carter serrent plus de 600 000 mains dans des centaines de villes. Carter remporte le poste de gouverneur de la Géorgie.

En 1974, il préside le Comité National Démocrate lors des élections sénatoriales et législatives. Le 12 décembre 1974, il annonce son intention de se présenter aux élections présidentielles de 1976. Aux yeux des électeurs, il symbolise un candidat qui n'appartient pas à la classe politique de Washington pour laquelle ils ont un dégoût profond depuis l'affaire du Watergate. Durant les primaires, le beau-frère de John F. Kennedy, Sargant Shriver abandonne la course dès mars 1976. Carter remporte les primaires à la grande surprise des dinosaures de la politique. Son programme tient en un seul slogan : « *la moralité* ».

Carter l'emporte aisément dans les débats télévisés avec Gerald Ford.

Au cours d'une interview avec le magazine Play-Boy, le digne représentant du mouvement « *naissance nouvelle dans la foi* » avoue avoir eu plusieurs liaisons extraconjugales durant son mariage : « *Parce que je suis humain, j'ai été tenté.* » Malgré cette confession, les sondages lui restent favorables.

Jimmy Carter est élu le 2 novembre 1976 avec le vote de 297 grands électeurs contre 240 pour le président sortant.

Le 20 janvier 1977, les nostalgiques de la présidence de John F. Kennedy espèrent beaucoup en ses promesses électorales. Ils sont présents lors de son discours inaugural. Carter leur promet « *une présidence compétente et pleine de compassion... la défense des droits de l'homme...* » . Le 39e président des Etats-Unis cite des passages de la Bible et fait référence au désarmement nucléaire : « *Le monde est encore engagé dans une course massive des armements destinée à garantir la continuité de résistance équivalente entre les adversaires potentiels. We pledge perseverance and wisdom in our efforts to limit the world's armaments to those necessary for each nation's own domestic safety. Nous nous engageons à la persévérance et à la sagesse dans nos efforts pour limiter les armements dans le monde à ceux nécessaires pour le propre de chaque nation en matière de sécurité intérieure. And we will move this year a step toward ultimate goal--the elimination of all nuclear weapons from this Earth. Et nous allons passer cette année une étape vers l'objectif ultime - l'élimination de toutes les armes nucléaires sur cette Terre. We urge all other people to join us, for success can mean life instead of death. Nous demandons instamment à toutes les personnes de nous rejoindre, car le succès peut signifier la vie au lieu de la mort.* » Il insiste sur les devoirs moraux de l'Amérique. Entre ses mains, il tient la Bible qui a appartenu à sa famille depuis quatre générations.

Rosalynn Carter reste le meilleur conseiller de son mari. La presse la surnomme « *la magnolia de fer* ». La Première Dame des Etats-Unis voyage à l'étranger pour défendre et représenter la politique du président. A la Maison Blanche, elle fait rire les journalistes en leur annonçant qu'elle « *dort avec des sous-vêtements chauds* » pour faire baisser la consommation de mazout de la Maison Blanche !

De son côté, Carter fait désarmer le yacht présidentiel ancré sur les eaux du Potomac. Il supprime les limousines pour les membres de son cabinet. Il hésite également à fermer la résidence présidentielle de Camp David mais Richard Nixon le convainc du contraire : « *Vous aimerez cet endroit, vous verrez, Monsieur le Président.* » A la Maison Blanche, les Carter vivent avec leurs quatre enfants. Elle compte désormais 132 pièces confortables. Le bureau ovale installé dans l'aile ouest est ultra équipé. Héritage de Jacqueline Bouvier Kennedy Onassis, la Maison Blanche reçoit plus de 10 000 visiteurs par jour. Le catalogue vendu au public est un grand succès.

A Washington D.C., Jimmy Carter et son gouvernement se concentrent sur les conséquences dramatiques du choc pétrolier. Le président se rapproche de l'Amérique latine pour signer plusieurs négociations portant sur le charbon, le pétrole et l'étain. Carter présente au Congrès un plan drastique comprenant 113 provisions énergétiques. Il crée, le 4 août 1977, le Département de l'Energie.

Le 30 mars 1977, les Soviétiques rejettent le traité du SALT II. En septembre, Carter invite à la Maison Blanche le ministre des affaires étrangères, Andreï Gromyko, pour en rediscuter. L'accord est finalement signé le 18 juin 1979 à Vienne.

Le 4 avril 1977, le président des Etats-Unis reçoit Anouar El-Sadate (1918-1981), président de la République arabe d'Egypte. Le 19 juillet, le premier ministre d'Israël est invité au bureau ovale. Carter espère pouvoir faire signer un traité de paix entre Israël et l'Egypte. En attendant, El-Sadate est le premier dirigeant arabe à venir officiellement en Israël. Il y rencontre le premier ministre Menahem Begin (1913-1992).

Le 7 septembre et le 31 décembre 1977, le président Jimmy Carter et le général panaméen Omar Torrijos (1929-1981) signent deux traités qui confirment la neutralité permanente du canal de Panama dont la défense sera désormais assurée par le Panama et les Etats-Unis jusqu'au 31 décembre 1999. Ensuite le contrôle du canal passera aux mains des Panaméens.

La détente entre les Etats-Unis et l'Union soviétique est officialisée lors du discours de Jimmy Carter : « *Confiants dans notre futur, nous sommes maintenant libérés d'une peur excessive du communisme qui nous a menés autrefois à nous lier à tous les dictateurs qui nous rejoignaient dans cette peur. Je suis heureux que cela soit en train d'être changé. Notre politique était guidée par deux principes : la croyance que l'expansion soviétique était presque inévitable et devait être endiguée, et la croyance qui en découlait en l'importance d'une alliance presque exclusive entre les nations non-communistes des deux cotés de l'Atlantique. Ce système ne pouvait demeurer indéfiniment inchangé.* »

Le lendemain de l'allocution, la presse critique le « *laxisme* » de Jimmy Carter vis-à-vis de Moscou. Le Comité « *du danger immédiat* » composé d'extrémistes de droite et d'ex-agents de la CIA réagit plus violemment. Sa principale préoccupation est d'exiger une augmentation du budget de la Défense.

Durant l'automne 1977, un scandale frappe la Maison Blanche. Bert Lance, directeur de l'O.M.B (gestion du budget de la Nation) quitte le gouvernement le 21 septembre 1977. Il est soupçonné d'avoir obtenu plus de trois millions de dollars pour un prêt personnel en utilisant son influence. Le président et lui sont des amis de longue date et depuis son élection à la présidence, Jimmy Carter a pris l'habitude de prier à ses côtés chaque matin. Sa démission porte un coup sévère à l'administration de Carter. Quelques années plus tard, Lance est acquitté de ces accusations.

Le 16 novembre 1977, Carter remercie chaleureusement le Shah d'Iran pour sa venue à la Maison Blanche. Le Shah lui raconte ses souvenirs, quand il était venu avec l'impératrice saluer le président JFK et Jackie. Depuis 1968, le Shah d'Iran est l'enfant gâté des Etats-Unis. Il collabore avec la CIA pour lui transmettre des informations utiles sur la présence des communistes au Moyen-Orient. Mais cette fois, il se retrouve désemparé face au puritanisme de ce nouveau président. Il est persuadé que Carter ne fera jamais un second mandat et qu'il doit gagner du temps en faisant quelques efforts en matière des droits de l'homme dans son pays. Devant les grilles de la résidence présidentielle, des manifestants « *barbus* » opposés à l'impérialisme du Shah se battent avec ses supporters. La police s'en mêle. Des gaz lacrymogènes atteignent l'aile ouest.

Depuis des années, en Iran on dénonce les agissements de la police secrète du Shah. La SAVAK est son principal outil dissuasif pour contrer la moindre opposition à son régime. La torture fait partie de ses prérogatives. Le 31 décembre 1977, le centre irano-américain à Téhéran est victime d'un attentat terroriste. Carter est en visite officielle en Iran. Les services secrets sont sur le qui-vive. Durant la soirée du réveillon, le président des Etats-Unis adresse au Shah un magnifique poème de Saadi le Doux. L'assemblée est émue par ce geste présidentiel. Jimmy Carter ajoute : « *Le Shah est un grand chef d'Etat. Grâce à sa volonté, l'Iran est devenu une île de stabilité au milieu d'une région parmi les plus agités du monde. Il n'existe nulle part un chef d'Etat pour lequel j'éprouve autant de sentiments d'amitié.* »

Le 28 avril 1978, Carter demande aux Américains des sacrifices : « *Je vais avoir une conversation désagréable avec vous sur un problème qui est sans précédent dans notre histoire. La crise économique qui ne nous a pas encore accablés le fera si nous n'agissons pas rapidement… Nous devons équilibrer nos besoins énergétiques en supputant la baisse future de nos ressources …* » Carter présente son plan énergétique : « *réduire la consommation d'essence, baisser de 2% le taux de croissance de nos besoins en énergie…* »

Entre le 5 et le 17 septembre 1978, Jimmy Carter prépare à Camp David des négociations secrètes qui marqueront à jamais sa présidence. El-Sadate et Menahem Begin finalisent ensemble un traité de paix. Sur les neuf articles du traité, l'article numéro 6 est très discuté : il porte les obligations des signataires. A la fin de l'année, les deux chefs d'Etat recevront le Prix Nobel de la Paix pour récompenser cet effort historique. Le traité est officiellement signé le 26 mars 1979 à la Maison Blanche devant un parterre de journalistes impressionnés. A 14h04, un orchestre interprète les hymnes nationaux égyptien, israélien et américain. Devant les grilles de la Maison Blanche, des manifestants pro palestiniens hurlent leur colère. A 14h07, El-Sadate est le premier à poser sa signature. Ce traité de 120 pages est traduit en hébreu, en arabe et en anglais. Le moment le plus émouvant de la cérémonie se vit est sans aucun doute lorsque les trois signataires joignent leurs mains.

Le jour de la fin de la visite d'El-Sadate et de Menahem Begin à Camp David, le Shah d'Iran rencontre les chefs religieux de son pays pour tenter d'apaiser les tensions que sa politique génère auprès du clergé. Mais il est déjà trop tard. La révolution iranienne est en marche dans les plus grandes villes du pays y compris à Téhéran. Les industries pétrolières iraniennes sont en grève. L'Amérique ne reçoit plus une seule goutte de pétrole. Les 25 000 résidents américains en Iran sont en danger. Chaque jour, des millions d'iraniens hurlent leur haine vis-à-vis de l'Amérique. Cette colère existe depuis la chute, en 1953, de Mohamed Mossadegh lors de la nationalisation du pétrole iranien. L'ayatollah Khomeini (1902-1989) n'a pas grand-chose à faire pour jeter de l'huile sur le feu. Il instrumentalise savamment l'histoire.

Le 11 janvier 1979, le secrétaire d'Etat, Cyrus Vance annonce au cours de la conférence de presse hebdomadaire que « *le Shah va partir en vacances pour plusieurs semaines.* » Le 16 janvier 1979, le Shah d'Iran et sa famille quittent l'Iran pour l'Egypte. Le Roi est contraint à l'exil après le renversement de la monarchie. Le 11 février, des millions d'Iraniens proclament à Téhéran le « *régime islamique* » dirigé par Khomeini. Des milliers de Kalachnikov, armes soviétiques, sont distribuées aux jeunes révolutionnaires. L'Iran va connaître un immense bain de sang.

Khomeini, autoproclamé chef d'Etat, dirige l'Iran. C'est une théocratie barbare où la torture est largement utilisée. Le général Abdollah Badreï, fidèle au Shah, est assassiné.

Le 20 février, le couple royal est attendu à Marrakech. Il rejoint les Bahamas puis se réfugie au Mexique. Le 7 avril, l'ex-premier ministre, Hoveyda, est exécuté d'une balle dans la tête après un procès lamentable. Avant son exécution, il avoue que des tortures étaient bien pratiquées pendant le régime du Shah. La SAVAK est remplacée par la VEVAK qui se rend coupable des mêmes crimes.

Le 17 juillet 1979, un dossier fantôme secoue l'Amérique. Les conclusions de la Commission Warren sont remises en cause par une enquête officielle demandée par la Chambre des Représentants. Elle conclut que « *si Lee Harvey Oswald a bien tiré sur le président Kennedy, il y a une forte probabilité qu'un second tireur ait aussi fait feu sur le président. Kennedy a probablement été l'objet d'un complot.* » Elle affirme que le deuxième tir qui a touché JFK serait frontal. Les photographies de l'autopsie prouvent que l'un des tirs a bien été exécuté en face du président. L'arrière du crâne est fortement endommagé. Cette nouvelle Commission s'interroge sur la disparition de certaines images du film amateur d'Abraham Zapruder. Ce dernier, mort cinq ans plus tôt, avait vendu son film et deux copies à Life Magazine pour 150 000 dollars le 25 novembre 1963. Elle s'étonne des décès qui ont suivi l'enquête de la Commission Warren.

Pendant cet été là, Rosalynn Carter voyage dans quatre Etats. Elle est toujours aussi proche des décisions du président. Il n'est pas rare de la voir entrer dans le bureau ovale entre deux rendez-vous. Sa simplicité fait l'admiration des Américains. Au cours d'une entrevue avec la presse, la première Dame des Etats-Unis confie : « *Cette vie est excitante. J'aime ça.* » Depuis l'élection de Jimmy Carter, elle a prononcé plus de 240 discours, a pris part à plus de 600 réunions de travail et serré des centaines de milliers de mains en visitant 152 villes des Etats-Unis. Elle a déjà personnellement participé à 430 réceptions officielles. Rosalynn Carter s'est également rendue dans 36 pays étrangers !

Atteint d'un cancer, le Shah est accueilli par les Etats-Unis le 25 octobre 1979. Il est hospitalisé en urgence à New York. Khomeini enrage. Après une opération de la vésicule, le couple impérial est envoyé à la base militaire de San Antonio au Texas. Le 4 novembre 1979, 66 Américains sont pris en otage à l'ambassade américaine de Téhéran. Khomeini exige que les Etats-Unis renvoient le Shah dans son pays en échange de la libération des otages. En réponse immédiate, Carter organise une cellule de crise à Camp David et au bout de deux heures fait savoir par son porte-parole « *que si un des otages était exécuté, les conséquences seraient très graves pour l'Iran* ». Le 12 novembre, le gouvernement américain, en représailles, stoppe les commandes pétrolières à l'Iran. L'Europe, quant à elle, ne suit pas les directives de la Maison Blanche. Deux jours plus tard, les fonds iraniens présents sur le territoire américain sont gelés.

Le 27 décembre 1979, les Soviétiques envahissent l'Afghanistan. Le traité SALT II qui devait être ratifié au Sénat retombe dans les oubliettes. Pour les républicains conservateurs, cette invasion démontre que les Etats-Unis reculent devant la détermination des Soviétiques à imposer le communiste dans le monde. D'autres pays sont déjà tombés entre les mains du Kremlin : le Yémen du Sud, le Mozambique, le Laos, le Vietnam, l'Angola, le Cambodge, l'Ethiopie et le Nicaragua.

Le 4 janvier 1980, Carter dénonce au Congrès l'attaque soviétique. Suite à cette déclaration, une cinquantaine de pays boycottent les Jeux olympiques du 20 février 1980.

Le 7 avril, l'Amérique rompt les liens diplomatiques avec l'Iran. Le 11 avril, Carter étudie un plan militaire pour sauver les otages. Le 21 avril, le secrétaire d'Etat Cyrus Vance lui présente sa démission.

Le 25 avril 1980, Carter autorise l'intervention militaire. Un groupe aéroporté composé d'avions C-130 et d'hélicoptère RH-13 va tenter de reprendre le contrôle de l'ambassade. Durant le vol, un des hélicoptères transportant huit soldats s'écrase à la suite d'une collision avec un C-130. Deux cadavres américains sont profanés par la foule iranienne devant les caméras de télévision. Carter est anéanti. Il annule l'opération et s'explique à la télévision : « *C'était ma décision pour l'opération de sauvetage et c'est encore ma décision pour annuler cette opération de sauvetage. La responsabilité est entièrement la mienne.* » Cet événement présage la fin de sa carrière présidentielle. La presse de Washington écrit dans ses colonnes : « *Carter est le 66e otage.* »

Jimmy Carter doit faire face à Edward Moore Kennedy qui se prépare à se lancer dans les prochaines primaires. Kennedy prend la tête dans les premiers sondages. Jimmy Carter fait un discours lors de l'inauguration de la bibliothèque JFK à Boston. Il raconte, ému, qu'il était assis sur son tracteur le 22 novembre 1963 quand les nouvelles sont arrivées de Dallas. La presse est nombreuse pour assister à cette journée spéciale qui réunit le président et Ted Kennedy, deux candidats aux primaires. Après son discours, le président Carter commet un impair avec l'ex-Première Dame des Etats-Unis en l'embrassant sur la joue. Jackie est choquée par cette familiarité.

Le fantôme de Chappaquiddick ressurgit sur la route de Ted

Kennedy. Le 11 août 1980, il se retire de la course présidentielle en citant les vers d'Alfred Tennyson que ses frères aimaient et demande à ses supporters de soutenir le président en fonction: « *Pour vous, le rêve ne mourra jamais…* »

Carter remporte les primaires.

Le 16 juillet 1980, les républicains choisissent leur candidat: le gouverneur de la Californie, Ronald Reagan.

Le 27 juillet 1980, après plusieurs semaines d'agonie, le Shah décède. Ses funérailles ont lieu en Egypte. Trois millions d'Egyptiens suivent les obsèques sur des files de plusieurs kilomètres. Richard Nixon fait le déplacement à titre privé et dénonce l'indignité de son pays.

Le 28 octobre 1980, un débat télévisé oppose les deux candidats aux élections présidentielles. Reagan est en tête des sondages à la fin de l'émission. La presse surnomme Carter: « *le perdant* ». Cet adjectif restera dans l'inconscient collectif du peuple américain.

Reagan remporte la victoire avec une confortable de 51% des votes populaires contre 41% pour Carter. Il est élu à la présidence des Etats-Unis. Les otages américains sont toujours retenus à l'ambassade de Téhéran.

Le 5 novembre 1980, sur la scène de son QG, Jimmy Carter déclare: « Je vous ai promis il y a quatre ans de ne jamais vous mentir et je ne peux donc pas vous dire que ce soir je n'ai pas mal. Mais j'accepte la décision du peuple américain. J'ai appelé le gouverneur Reagan et lui ai assuré toute ma coopération au cours des quelques semaines à venir pour qu'une transition sans heurt s'effectue. »

Après le résultat de ces élections, Carter ne baisse pas les bras pour sauver les otages américains. Il donne l'ordre de dégeler les 8 billions de dollars iraniens bloqués depuis la prise de l'ambassade américaine à Téhéran en espérant obtenir la libération des Américains avant la présidence de Reagan. La réponse est claire: les otages seront gardés jusqu'à la prestation de serment du 40e président des Etats-Unis. Cet ultime refus scelle la présidence de Carter.

Le 14 janvier 1981, Jimmy Carter prononce un discours d'adieu à la Maison Blanche : « *Ce soir, je voudrais tout d'abord dire quelques mots sur le bureau ovale et la présidence des Etats-Unis. C'est à la fois le bureau le plus puissant au monde et parmi les plus sévèrement limités par la loi et nos traditions. Le président reçoit une responsabilité importante mais il ne peut le faire sans l'aval de son peuple, représenté officiellement par notre Congrès et officieusement de bien d'autres façons … à travers toute une série d'institutions publiques et privées. Et c'est ainsi que cela doit être.* »

Le personnel de la Maison Blanche est invité à Camp David pour partager un dernier repas avec le couple présidentiel et leurs enfants. C'est la première fois que les femmes de chambre et gouvernantes de la Maison Blanche entrent à Camp David ! A la fin du repas, Carter leur sert de guide et leur fait visiter les lieux.

Avant de quitter définitivement le bureau ovale, Jimmy Carter déclare : « *Sous ma présidence, l'Amérique n'a pas été en guerre.* »

Pendant sa retraite, Carter s'occupe activement de la Bibliothèque en Géorgie qui porte son nom. Il reste impliqué dans les affaires du monde. Son travail est salué par les médias. En 1989, Time Magazine annonce dans ses colonnes : « *Carter est le meilleur ex-président des Etats-Unis.* »

En juin 1994, la Corée du Nord se retire officiellement de l'agence internationale de l'énergie atomique. Ce retrait est pris au sérieux par le gouvernement de Bill Clinton. Il prouve que les tensions entre la Corée du Nord et celle du Sud sont à leur apogée. Jimmy Carter est envoyé en voyage privé en Corée du Nord pour rencontrer le président Kim II- Sung. A son retour, le pays communiste gèle son programme nucléaire en échange de la construction de réacteurs nucléaires qui produiront moins d'uranium.

Un an plus tard, Carter participe aux pourparlers pour le retour d'Aristide à Haïti au lieu d'une occupation militaire américaine.

Pour l'ensemble de ses actions humanitaires et diplomatiques et la signature des accords de paix de Camp David, Jimmy Carter, 78 ans est choisi pour recevoir le Prix Nobel de la Paix. Le 11 octobre 2002, Jimmy Carter, aux côtés de son épouse, sort devant le portail de leur maison pour répondre aux questions des journalistes : « *Au départ, nous avons reçu un appel d'Oslo à quatre heures du matin et j'ai pensé que c'était une bonne blague ! J'encourage tous les pays qui ont un problème de travailler avec les Nations Unies au lieu de créer des guerres.* »

En 2003, il condamne la guerre en Irak menée par le gouvernement de George W. Bush.

Auteur de plusieurs dizaines d'ouvrages, Jimmy Carter anime des conférences dans le monde entier. Sa renommée d'homme sage en fait une des figures américaines les plus écoutées par les chefs d'Etat. Le 8 janvier 2009, il retrouve le bureau ovale grâce à l'invitation de George W. Bush qui réunit ce jour-là les présidents encore en vie.

En 2013, Il travaille toujours aux côtés de son épouse à la Fondation Carter destinée à construire la paix dans le monde.

★
★★

XXXX

RONALD WILSON REAGAN

LA PEUR DU ROUGE

MANDAT PRÉSIDENTIEL : 1981-1985 / 1985-1989
VICE-PRÉSIDENT : GEORGE BUSH
PARTI POLITIQUE : RÉPUBLICAIN
RELIGION : PRESBYTÉRIEN

Tampico est un lieu-dit entouré de champs de maïs qui s'étendent à perte de vue. Le reste du monde se trouve à des centaines de kilomètres ! C'est dans cet endroit perdu de l'Amérique que, le 6 février 1911, est né Ronald Wilson Reagan, le 40e président des Etats-Unis. Complétement myope, le gamin de l'Illinois doit attendre son dixième anniversaire avant de « *découvrir l'existence des feuilles sur les arbres* ! » Ses parents viennent de lui offrir des lunettes. Il les quittera plus tard pour les remplacer par des lentilles de contact.

Nelle Wilson Reagan (1883-1962) est mère au foyer. Membre des disciples du Christ, elle prie chaque jour. Son mari, catholique irlandais, John Edward Reagan (1883-1941), est porté sur la boisson. Il tient une épicerie de village. A l'école, Ronald Reagan est un excellent élève. Il a 10/10 dans toutes les matières. Son zèle et son intelligence l'éloignent naturellement de ses camarades de classe. Il a très peu d'amis. Dans sa chambre, il a accroché un poster : « *La vie est juste comme une jolie chanson douce, aussi allume la musique !* » Entre 1932 et 1937, il est employé comme chroniqueur sportif dans une station de radio de l'Illinois. Il devient une véritable personnalité régionale.

Ayant belle allure et une incroyable confiance en lui, Reagan part à la conquête d'Hollywood. Il a 27 ans et veut être acteur de cinéma. Il signe un premier contrat avec la Warner et touche 200 dollars par semaine. Sa carrière s'envole. En fin stratège, il choisit uniquement des rôles de héros : « *C'est lui qui porte toujours un chapeau blanc ! Le chapeau noir des cow-boys, c'est pour les méchants* ». Avec plus de soixante films à son actif, Reagan est une star dans son pays. Le 26 janvier 1940, il se marie avec Jane Wyman (1917-2007). Le couple aura deux enfants : Maureen (1941) et Michael (1945), un orphelin qu'il adoptera.

En 1941, la guerre est déclarée. Ronald Reagan est réformé en raison de sa mauvaise vue mais il est affecté au service de la propagande. Il participe aux montages de documentaires ultra patriotiques. En récupérant des bandes d'images sur les camps de concentration, le capitaine Reagan est marqué à jamais. Il garde secrètement une copie qu'il promet de montrer à ses deux enfants quand ils seront majeurs.

En 1948, Ronald et Jane Reagan divorcent. L'actrice déclare dans les journaux : « *Il ne parle que de politique à table !* » Pendant cette période, Reagan se pose des questions sur les espoirs du communisme. Une enquête du FBI est menée à son insu. Il perd peu à peu ses illusions procommunistes et obtient la présidence du syndicat national des acteurs (SAG). Hollywood est en grève : le monde du cinéma se rebelle contre l'implacable chasse aux sorcières dont il fait l'objet. Les acteurs de sensibilité de gauche tentent de reprendre le contrôle du syndicat, Reagan s'y oppose. Il reçoit des menaces de mort et ne se promène plus sans son révolver. En 1949, inquiet par l'expansion communiste dans le monde, il travaille avec la collaboration du FBI. Faisant partie désormais de la droite dure du pays, il rédige avec J.E Hoover la « *fameuse liste noire* ».

Une jeune actrice, Nancy Davis (1923), est soupçonnée d'être un membre sympathisant du parti communiste. Elle demande à rencontrer le président du syndicat national des acteurs pour lui prouver son innocence. Reagan tombe fou amoureux d'elle. Ils se marient le 4 mars 1952. Le couple aura deux enfants : Patricia et Ronald surnommé Skip.

Lorsqu'Eisenhower est élu à la présidence des Etats-Unis, il se rapproche de Nikita Khrouchtchev. Le mot est lâché par les médias : la détente. La carrière anticommuniste de Reagan s'arrête là. Désormais, il agace les Américains par ses discours jugés réactionnaires. Il traverse une période de vaches maigres aux côtés de Nancy. Pour survivre, il accepte des rôles ridicules dans des spots publicitaires. Il signe néanmoins un contrat juteux avec la General Electric (GE) pour une série de shows télévisés. La série débute en 1954.

En 1960, pendant la campagne présidentielle qui oppose JFK à Nixon, Reagan fait campagne pour le républicain. Son anticommunisme renforce la campagne de Nixon. JFK est cependant élu avec une marge étroite de 100000 voix. En 1961, Reagan critique violemment l'Union soviétique et les actions du gouvernement de Kennedy en matière de politique étrangère. La General Electric n'apprécie pas et le licencie.

En 1964, Barry Goldwater (1909-1998) le remarque. Le républicain représente l'aile dure du parti : « *Il n'y a pas de honte à être extrémiste si c'est pour défendre notre liberté !* » Reagan proclame un discours en sa faveur à San Francisco. Goldwater est battu mais la notoriété nationale de Reagan a commencé. En 1966, le patronat républicain de la Californie remarque les ambitions de l'homme. Il lui suggère de se présenter au poste de gouverneur de la Californie. Quand les journalistes lui demandent ce qu'il fera s'il remporte les élections, Reagan sourit : « *Je ne sais pas, je n'ai jamais joué un rôle de gouverneur...* » Sa campagne électorale débute à Sacramento. Il se présente « *comme la vraie voix de l'Amérique opposée à celle des hippies... ces gens-là vont détruire notre société !* » Il est élu.

Pendant la présidence de Lyndon Johnson, des dizaines de milliers d'étudiants manifestent dans tout le pays leur opposition à la guerre du Vietnam. Le gouverneur de la Californie n'hésite pas à utiliser la force publique pour briser leurs revendications. A l'université de Berkeley, elles se terminent dans le sang. Les policiers utilisent le gaz et la matraque pour disperser la foule. Reagan envoie la garde nationale pour « *terminer le travail* ». Il se présente contre Nixon aux primaires de 1968. Ses discours sont toujours aussi extrémistes : « *Le monde libre est en train de sombrer dans le communisme... l'Amérique veut la paix mais nous garderons notre force!* » Mais Nixon remporte les élections et... le bureau ovale.

En 1972, Nixon se rapproche de Brejnev et de Mao. Il part en visite officielle en Chine pour rencontrer l'auteur du petit livre rouge et reçoit le Soviétique à la Maison Blanche. La presse encense sa main tendue et sa volonté de mettre fin, une fois pour toutes, à la guerre froide. Au bureau ovale, en écoutant les discours de Reagan, le président murmure à Henry Kissinger : « *Ce type est un idiot* ».

Après la démission de Richard Nixon en 1974, Gerald Ford, en même temps que le fauteuil de président, reprend les désillusions d'une Amérique trahie. Sa politique modérée vis-à-vis de l'Union soviétique est attaquée par Reagan qui réveille habilement le spectre du Rouge. Lorsque Jimmy Carter arrive à la Maison Blanche le 20 janvier 1977, son gouvernement doit faire face à des crises internationales terribles : la chute du Shah d'Iran et la prise des 66 otages américains à Téhéran.

En 1980, durant la campagne présidentielle, Ronald Reagan, prônant le port d'armes, n'a qu'à montrer du doigt la Maison Blanche déstabilisée devant ces événements pour faire peur aux citoyens américains. Il n'a de cesse de leur parler de l'arsenal nucléaire des Soviétiques et du retard américain dans ce domaine. Et des Soviétiques qui violent les traités européens pour asseoir leur suprématie militaire.

Au cours de sa campagne, il visite une base de lancement de missiles et demande à un des responsables : « *Qu'est ce qui se passerait si les Russes nous envoyaient leurs missiles nucléaires ?* » On lui répond : « *Oh! Nous le saurions très vite mais nous n'aurions plus que 8 minutes à vivre.* » C'est dans ce climat que Reagan entame sa campagne électorale contre Jimmy Carter.

Le comité *du danger immédiat* appuie les propos de Reagan. Il adresse à la presse des rapports élaborés par des ex-agents de la CIA. Ils sont évidemment catastrophiques. Reagan insiste : « Certains disent que je suis stupide mais il y a une différence entre être stupide et donner une solution simple pour la guerre froide : soit nous gagnons, soit nous perdons ! ». Après l'invasion des Soviétiques en Afghanistan, Reagan décolle dans les sondages. Son charisme écrase la discrétion de Jimmy Carter.

Le 20 janvier 1981, le temps est magnifique. La température s'élève déjà à douze degrés. Un record pour la saison. A 8H00, les Reagan prient dans la petite chapelle Saint John de la Capitale. Puis ils retrouvent le couple Carter pour le breakfast traditionnel. Sur les deux kilomètres qui séparent la Maison Blanche du Capitole, la limousine présidentielle est applaudie par plus de 100 000 Américains ! De la voiture décapotée, Ronald et Nancy Reagan les saluent avec bonheur. Pourtant, à deux reprises, les services secrets obligent le futur président et son épouse à rentrer dans l'habitacle blindé pour des mesures de sécurité. Des manifestants pro palestiniens hurlent leur colère. A 11h55, le vice-président George Bush prête le serment de fidélité à la Constitution américaine devant le président de la Cour Suprême des Etats-Unis. Cinq minutes plus tard, Ronald Reagan, souriant, pose sa main droite sur la Bible: *« Moi, Ronald Reagan, je jure solennellement que j'accomplirai mon devoir de président des Etats-Unis, que je préserverai, protégerai et défendrai la Constitution des Etats-Unis dans la mesure de mes moyens. Que Dieu me vienne en aide ! »* Nancy, émue aux larmes, embrasse son époux. Une salve d'honneur est tirée par des canons pour saluer la prise de fonction du 40ᵉ président des Etats-Unis. Reagan prononce ensuite un discours de 15 minutes qu'il a lui-même écrit à la main : « *L'Amérique ne se soumettra jamais ! Il faut se remettre au travail... Il n'y aura pas de compromis... Nous ne sommes pas condamnés au déclin.* » Tandis qu'il termine son discours, Jimmy Carter sort discrètement de l'assemblée par la porte est. Il vient d'apprendre la libération des otages.

Le lendemain de son élection, Reagan annonce : « *Tous les dirigeants de l'Union soviétique que je connais, depuis ceux de la révolution jusqu'aux dirigeants actuels, ne cessent de répéter la même chose lors de divers congrès communistes : leur objectif est la promotion d'une révolution mondiale et d'un État unique socialiste ou communiste. En corrélation avec cet objectif, ils ne reconnaissent officiellement comme morale que celle qui fera avancer leur cause. Ainsi, ils se réservent le droit de commettre des crimes, mentir, tricher… Cette attitude est immorale ! Nous fonctionnons selon des critères moraux si différents. Je pense que quand vous traitez avec eux – même en période de détente – il faut garder cela à l'esprit.* »

Au sein de son gouvernement, le 40e président choisit quelques personnalités du *Comité du Danger Immédiat*. Une partie de la droite dure du pays est au pouvoir.

Dès 21 janvier 1981, Nancy Reagan entame la rénovation de la Maison Blanche avec le soutien de leur ami fidèle Ted Graber. Le célèbre décorateur a déjà travaillé sur la résidence familiale des Reagan à Los Angeles. Il travaille en priorité sur les appartements privés du premier étage. La tâche est importante : 14 chambres à coucher, 7 salles de bains, des dressings, bureaux et plusieurs salons. La presse critique ces travaux : « *C'est la première fois qu'un président change immédiatement la décoration de la Maison Blanche… Jackie Kennedy avait attendu plusieurs mois avant de démarrer les chantiers… Doit-on s'attendre avec les Reagan à une déco « Beverly Hill 's Class ? »* James Ketchum, conservateur de la résidence présidentielle et du Sénat, en rajoute : « *Quand les Kennedy, les Johnson et les Nixon sont arrivés au 1600 Pennsylvania Avenue, ils ont attendu plusieurs mois pour mieux connaître les principales pièces d'habitation avant de lancer un programme de rénovation…* » Graber estime que chaque pièce coûtera 50 000 dollars sans compter les objets d'antiquité qui s'ajouteront à ces travaux. La presse ironise : « Les factures seront de toute façon payées sans problème. »

Camp David subit également les « *assauts* » de Nancy Reagan. En attendant la fin des transformations, le couple présidentiel se réfugie les week-ends dans son ranch de Santa Barbara en Californie. La presse y est régulièrement conviée pour papoter avec le 40e président des Etats-Unis. Ronald Reagan symbolise à lui seul « l'American Way of Life » : il coupe du bois, s'occupe des bêtes, porte des chemises à carreaux et des bottes de cow-boy, plaisante sur tout, monte à cheval, fait des réparations sur les toits ...

Quant à la cuisine servie à la Maison Blanche, Nancy exige qu'un programme hebdomadaire lui soit présenté chaque lundi. Les dépenses culinaires liées aux appartements privées sont à la charge des Reagan comme le Congrès l'a signifié depuis la présidence de Washington. Seules les réceptions officielles sont remboursées par le Département d'Etat après vérification de chacune des factures. La Première Dame des Etats-Unis demande au chef que la fameuse soupe *Reagan* soit proposée sur les fiches officielles. Elle est à base de haricots, de pâtes et de hamburgers... Avant d'arriver à la Maison Blanche, les Reagan en avaient fait une provision sous forme de congelés ! Elle insiste également sur les deux desserts préférés du président : gelées de fruits frais au gewurztraminer et glace à la noix de coco. Le vendredi 6 février 1981, la Première Dame des Etats-Unis organise le 70e anniversaire du président. Il est le plus vieil occupant du bureau ovale depuis 1789. Autour de lui : ses quatre enfants, leurs chiens Lucky et Rex et le gratin d'Hollywood : Frank Sinatra, républicain après le 22 novembre 1963, Cary Grant, Jimmy Stewart ... Le gâteau d'anniversaire est composée d'une pyramide haute de 2m, elle-même entourée de dix autres pyramides en glace sculptée et de sept immenses bougies.

Le 30 mars 1981, en sortant à pied de l'hôtel Hilton à Washington D.C., Reagan est victime d'une tentative d'assassinat, filmée en direct par la télévision. John Warnock Hinckley Jr, 26 ans, vient de tirer à six reprises sur le président avec un Röhm RG14. Un des six projectiles, en rebondissant sur la vitre blindée de la limousine présidentielle, touche Reagan au poumon gauche. Ses jours sont en danger. Il est emmené aux urgences de l'hôpital George Washington. Avant d'être anesthésié, Reagan demande aux chirurgiens : « *J'espère que vous êtes tous républicains !* ». Le chef de la salle lui répond : « *Aujourd'hui, Monsieur le président, nous sommes tous républicains !* »

D'autres personnes ont été touchées durant l'attentat : l'attaché de presse, James Brady, 41 ans, un agent de police, Thomas Delahanty et un membre du service secret, Timothy McCarthy, qui s'est opposé aux tirs.

James Brady restera paralysé à vie. Quinze ans plus tard, l'ancien attaché de presse recevra des mains du président Clinton la médaille présidentielle de la liberté. Sous la présidence de George W. Bush, la salle de presse de la Maison Blanche portera son nom. Depuis cet attentat, James Brady milite pour le contrôle des armes à feu aux Etats-Unis.

John Warnock Hinckley Jr explique au F.B.I qu'il cherchait à interpeller Jodie Foster dont il était tombé fou amoureux. Hinckley a vu 15 fois le film « *Taxi Driver* » où l'actrice joue aux côtés de Robert de Niro. La veille de sa tentative d'assassinat, il lui avait adressé une lettre : « Ces sept derniers mois, je t'ai laissé des dizaines de poèmes, de lettres et de messages d'amour dans l'infime espoir que tu puisses développer de l'intérêt à mon égard. Bien que nous ayons parlé au téléphone quelques fois, je n'ai jamais eu le courage de simplement te rencontrer pour me présenter. [...] La raison pour laquelle je vais faire cela est que je ne peux plus attendre une seconde de plus pour t'impressionner. » Quelques semaines plus tard, Reagan reprend sa place au bureau ovale sous les applaudissements du personnel de la Maison Blanche. Il y reçoit le Prince Charles qui fait la surprenante découverte « *du premier sachet de thé de sa vie* » en partageant une tasse avec Reagan.

Le 6 octobre 1981, au Caire, durant une parade militaire, Anouar El-Sadate, président de la république arabe de l'Egypte, est assassiné devant les caméras de télévision. L'opinion internationale est abasourdie. Une fatwa avait été lancée contre le Prix Nobel de la Paix par l'iman Omar Abdel-Rahman (cerveau de l'attentat du 26 février 1993 au World Trade Center). Les funérailles ont lieu avec la présence des présidents Richard Nixon, Jimmy Carter et Gerald Ford. Reagan ne se déplace pas pour des raisons de sécurité. Après cette tragédie, la paix au Moyen-Orient est de nouveau menacée.

En 1982, plus de 800 000 manifestants américains condamnent la hausse des dépenses militaires. Ils le font savoir à New York devant les télévisions du monde entier. Le 8 mars 1983, à Orlando, devant une assemblée d'évangélistes, le président Reagan compare l'Union soviétique à l'Empire du mal. Ce clin d'œil aux films de George Lucas fait la Une de la presse internationale. On apprend que Reagan adore la guerre des étoiles. A la tribune de l'ONU, Reagan menace sans sourciller le ministre Andreï Gromyko : « *On n'arrête pas la tyrannie avec des mots.* » Les tensions entre l'Union soviétique et les Etats-Unis n'ont jamais été aussi tendues depuis la crise des missiles sous la présidence de Kennedy.

Sous les mandats présidentiels de Reagan, la CIA et le NSA sont pleinement utilisés pour menacer l'empire communiste dans le monde. Les deux agences gouvernementales distribuent des armes aux combattants moujahidin en Afghanistan tout en leur assurant une formation militaire. Elles déstabilisent les marchés pétroliers et poursuivent plusieurs opérations clandestines. La production d'Euromissiles est impressionnante durant la présidence de Reagan malgré les fortes réticences des principaux chefs d'Etat comme François Mitterrand (1916-1996). Le 23 mars 1983, Reagan donne son feu vert au programme qui permettra de détruire en vol des missiles nucléaires. Le coût est estimé à plus de 50 milliards de dollars en raison de l'intervention de milliers de satellites. La « *guerre des Etoiles* » de Reagan n'en est qu'à son balbutiement. Les Soviétiques doivent négocier avec le « *cow-boy* » de la Maison Blanche.

En 1984, Reagan est réélu. Le bilan de son premier mandat a satisfait les Américains: baisse des impôts et de l'inflation, diminution des dépenses publiques hormis l'aérospatial et l'armement, privatisation de certaines entreprises publiques. La partie d'échecs entre l'Union soviétique et les Etats-Unis s'oriente vers une victoire américaine.

Le 16 janvier 1985, Reagan prononce un discours historique surnommé par la presse : « *Ivan et Anya* ». Le texte de cette allocution est basé sur une rencontre hypothétique entre deux Soviétiques et deux Américains dont l'issue serait la découverte de points fondamentaux. Reagan y confirme son intention de se diriger vers une production zéro des armes atomiques.

Le 21 janvier 1985, la capitale est victime d'un froid épouvantable. On se prépare au discours du président Reagan mais certaines manifestations extérieures ont dû être annulées. Au lieu de prêter serment devant le Capitole, Reagan le fait à l'intérieur de l'édifice devant quelques centaines de privilégiés ! La chanteuse noire Jessy Norman réveille l'atmosphère en interprétant plusieurs chansons américaines. Après le discours du président, les Marines jouent l'hymne américain. Dans la soirée, neuf bals officiels sont organisés dans la capitale. Les Reagan y sont attendus avec impatience.

Le 12 juillet 1985, les médecins confirment à Nancy Reagan que des polypes cancéreux ont été dépistés sur le colon du président. Il est opéré. Les chirurgiens lui enlèvent la partie droite du colon. Pendant sa convalescence, George Herbert Bush, prend les commandes du bureau ovale.

Le 21 novembre 1985, Mikhaïl Gorbatchev, 54 ans, à la tête de l'Union soviétique depuis mars dernier, tend la main à Ronald Reagan. Plus jeune que le président américain, le Russe est en train de changer le visage de l'Union soviétique. Le nouveau secrétaire général sait aussi utiliser la communication pour asseoir ses objectifs. Son épouse est à ses côtés. C'est une première à Moscou ! Le couple fait des milliers de kilomètres pour visiter des usines, des puits de pétrole… Les relations avec les pays européens deviennent plus actives. Le couple Gorbatchev est à la Une des médias people.

Le 19 novembre 1985, le sommet de Genève confirme la fin des tensions entre les deux grands pays. Reagan et Gorbatchev se rencontrent pour la première fois au Château de la Fleur d'eau où siège la délégation américaine. Une entrevue de quinze minutes est prévue. Elle dure plus d'une heure. C'est un événement mondial.

Gorbatchev veut moderniser son pays. L'Union soviétique doit se pencher sur son patrimoine culturel et sur ses capacités économiques. Le président russe défend la liberté d'expression (Glasnost) et propose de profondes réformes sociales (la Perestroïka). L'homme dérange à Moscou mais il plaît à Reagan. La presse internationale insiste sur leur relation amicale. Le jour du réveillon, ils se souhaitent une bonne année via la télévision.

Le 28 janvier 1986, l'Amérique est sous le choc : la navette spatiale Challenger a explosé après 73 secondes de vol sous le regard de spectateurs du monde entier. Les 7 astronautes sont tués sur le coup. Le drame entraîne l'arrêt immédiat du programme de construction des navettes. Le 26 avril 1986, la catastrophe de Tchernobyl prouve qu'il est temps pour les superpuissances de s'entendre sur les moyens pour protéger la planète. L'Union soviétique est obligée d'accepter la vérité : sa situation économique est désastreuse.

Le 12 juin 1986, le président Reagan prononce un de ses plus célèbres discours devant la porte de Brandebourg à Berlin : «*Monsieur Gorbatchev, abattez ce mur !*» Entre le 11 et le 12 octobre 1986, Reagan et Gorbatchev se retrouvent, pour trois entrevues, en Islande. Le sujet principal de leur réunion : le désarmement des armes nucléaires plus particulièrement des fusées nucléaires stratégiques. Des prolongations ont lieu. La presse évoque des premiers compromis. Le 8 décembre 1987, Gorbatchev et Reagan signent finalement un traité de 160 pages, à la Maison Blanche, qui stipule la réduction des armes nucléaires et la destruction de 1 000 missiles installées en Europe. Un an plus tard, Gorbatchev promet de retirer ses troupes de l'Afghanistan. Gorbatchev recevra le Prix Nobel de la Paix en 1990 pour avoir su mettre un terme définitif à la guerre froide.

En novembre 1986, l'affaire «*Irangate*» frappe de plein fouet le bureau ovale. Durant le conflit militaire opposant l'Iran à l'Irak, les ayatollahs iraniens ont pu s'approvisionner secrètement en armes en Amérique. Les accords ont été passés avec des proches du président Reagan. Les Américains sont écœurés. A la télévision, le 40e président nie ces accusations. Mais quelques jours plus tard, voulant éviter un second «Watergate», le gouvernement confirme la livraison d'armes en Iran. Il la justifie par la volonté de libérer les otages détenus par le Hezbollah au Liban et la volonté de financer, grâce aux profits de ces ventes, la rébellion antisandiniste au Nicaragua. Le 1er décembre 1986, Reagan répond aux questions de la Commission d'enquête sur l'Irangate. Le 18 novembre 1987, le Congrès rend ses conclusions : « *Le président ne savait pas ce que faisaient ses conseillers, mais il aurait dû !* » Plus de 130 fonctionnaires sont condamnés ou démissionnés. Reagan échappe à l'Impeachment, la presse lui a trouvé un nouveau surnom : « *le président téflon* ».

La situation économique des Etats-Unis n'est pas brillante en raison des dépenses en matière d'armement. La politique ultralibérale de Reagan n'a pas permis de faire baisser le chômage. La dette publique est passée de 25 milliards de dollars en 1980 à 111 milliards en 1984 ! L'écart entre les riches et les pauvres s'est creusé.

En 1989, vieillissant, Ronald Reagan laisse le bureau ovale à son vice-président : George Bush. Ce dernier remporte les élections présidentielles. Après voir quitté la Maison Blanche, Reagan rencontre Peggy Noonan du Wall Street Journal. Il lui confie : « *Pour mieux résumer mes deux mandats : j'ai essayé de reculer les frontières de la liberté tout en préservant la paix...* » En 1990, Reagan écrit son autobiographie « *An American Life* ». Malgré l'Irangate, il reste l'un des présidents préférés des Américains. En 1994, Ronald Reagan annonce qu'il est atteint de la maladie d'Alzheimer. Il meurt à 93 ans, le 5 juin 2004, à Los Angeles. Ses funérailles nationales ont lieu le 11 juin en présence de centaines de personnalités. Le président George W. Bush prononce une allocution devant 4000 invités officiels, à la cathédrale de Washington D.C. : « *Ronald Reagan croyait que l'Amérique n'était pas un endroit dans le monde mais l'espoir du monde.* » Nancy, 82 ans, remercie le président des Etats-Unis pour sa gentillesse. Gorbatchev assiste aux funérailles avec émotion.

*
**

XXXXI

GEORGE HERBERT WALKER BUSH

MANDAT PRÉSIDENTIEL : 1989-1993
VICE-PRÉSIDENT : J. DANFORTH QUAYLE
PARTI POLITIQUE : RÉPUBLICAIN
RELIGION : ÉPISCOPALIEN

> *« Tu ne dois jamais être méchant avec quelqu'un que tu bats. Et tu ne dois pas geindre dans tu perds ! »*
>
> Dorothy Walker Bush

Samuel Prescott Bush, new-yorkais, (1863-1948), préside la compagnie Buckeye Steel Casting et fait partie des proches conseillers du président Herbert Hoover. Son fils, Prescott, (1895-1972), bel homme, diplômé de Yale, reprend en main le destin de cette famille richissime. En 1918, il obtient par l'intermédiaire d'excellentes relations à Washington D.C., la direction de la Section des munitions et des armes légères du Bureau des Industries de guerre. Il entre en contact avec les plus grands fabricants d'armes du monde entier. Héros en 1914-1918, Prescott épouse Dorothy Walker (1901-1992) le 6 août 1921. Fille du magnat de Wall Street, George Herbert Walker, Dorothy met au monde cinq enfants dont George Herbert Walker Bush qui naît le 12 juin 1924 à Milton dans le Massachussetts. Le couple déménage à Greenwich dans le Connecticut.

Prescott Bush est nommé président de Brown Brothers & Harriman et de plusieurs compagnies bancaires d'investissements. Cet établissement investit dans l'acier, le pétrole et l'armement … Les Bush font désormais partie des familles les plus riches des Etats-

Unis comme la famille Kennedy et celle des Rockefeller. Prescott Bush et son beau-père, George Herbert Walker, reconnu par ses adversaires d'être antisémite, et brutal avec ses propres enfants, s'entendent à merveille. Ils partagent des parties de golf sur les plus prestigieux fairways américains. Walker est un excellent joueur : il est d'ailleurs à l'origine de la prestigieuse Walker Cup qui oppose les meilleurs amateurs britanniques et américains ! En 1924, l'un des financiers personnels d'Adolf Hitler (jusqu'en 1938), Fritz Thyssen, crée l'Union Banking Corporation (UBC). Prescott Bush et son beau-père doivent gérer les intérêts de l'établissement aux Etats-Unis. En fait, cette banque servira à collecter des sommes importantes venant de la communauté allemande pro nazie résidant en Amérique. Finalement, des archives déclassifiées prouveront qu'il n'était en rien mêlé politiquement au parti nazi et qu'il n'avait lui-même jamais contribué financièrement à la montée d'Hitler. En 1942, le grand journal la Tribune de New York accuse Prescott Bush d'être « l'ange d'Hitler ». Tous les biens provenant de l'UBC sont immédiatement saisis par le gouvernement américain pour commerce avec l'ennemi ! La banque ne sera cependant jamais fermée après examen des documents saisis par le gouvernement : aucun d'entre eux ne prouve le moindre lien direct personnel entre Prescott Bush et le parti nazi. En 1952, il est élu sénateur du Connecticut.

George H. Bush passe ses étés dans la résidence familiale de Kennebunkport dans le Maine. La demeure, composée de dix chambres, s'étend sur cinq hectares le long de l'océan Atlantique. C'est un des lieux les plus chics des Etats-Unis, « *là où il faut être* ». On y déguste des homards, on y fait de belles promenades sur les plages immenses et du shopping dans les très luxueuses boutiques.

Après des études primaires à Greenwich, George H. Bush entre, en 1936, à la prestigieuse Phillips Academy à Andover dans le Massachussetts. Exclusivement privée et masculine, elle se situe à une demi-heure de l'université d'Harvard. Le président Washington y avait autrefois prononcé un discours historique et avait prié ses neveux d'y entrer. Les élèves y reçoivent une instruction sévère qui les prépare aux grandes universités telles que Princeton ou Yale. George H. Bush s'y plaît : il est nommé capitaine de l'équipe de basket et président de la Greek Fraternity.

Pendant le bal de Noël au Round Hill Country Club de Greenwich, George H. Bush rencontre Barbara Pierce, 16 ans. Fille du président de McCall 's Publishing et de Marvin Pierce, Barbara est une jolie brune qui a beaucoup de personnalité. Ils tombent amoureux et ne se quittent plus. Le 6 janvier 1945, George H. Bush épouse Barbara. Le couple aura six enfants : George W (1946), John surnommé « *Jeb* » (1953), Neil (1955), Marvin (1956), Dorothy (1959) et Pauline qui naît en 1949 mais mourra en 1953 des suites d'une leucémie.

Le jour où les Japonais attaquent Pearl Harbor, George H. Bush s'engage dans l'aviation. En juin 1942, il rejoint la Navy. Il effectue 58 sorties. Le 2 septembre 1944, au cours d'une mission périlleuse, son avion est abattu par les batteries japonaises au-dessus du Pacifique. A mille pieds, Bush tente de récupérer le contrôle de son appareil. Son copilote tente de sauter en parachute mais est tué dans l'accident. Finalement, l'avion de chasse sombre dans le Pacifique. Bush nage pendant des heures avec d'être sauvé in extremis par le sous-marin Finback. La presse fait l'éloge de ce héros qui sera récompensé par la Flying Cross pour sa bravoure. Bush rentre chez lui en décembre 1944.

Après avoir obtenu son diplôme à Yale, George H. Bush est envoyé par son père dans une compagnie pétrolière. En 1951, il créé sa propre entreprise avec des partenaires privés : Bush-Overby Oil. Deux ans plus tard, la firme crée une filiale : Zapata Petroleum. En 1954, elle est propriétaire de 71 puits de pétrole ! George H. Bush reste ambitieux et inaugure Zapata Offshore à Houston. En 1960, à la tête d'une fortune colossale, il remporte les élections pour la présidence du Parti républicain du comté de Harris à Houston. Sous sa présidence, le parti prend une ampleur historique.

En 1964, George Herbert Bush est candidat aux élections sénatoriales du Texas. Il perd face au sénateur démocrate Ralph

Yarborough (1903-1996). Ce dernier a hérité de l'appui du président Lyndon Johnson pour défendre le programme présidentiel « *la Grande Société* ». Bush, battu, revient aux affaires. En 1966, il remporte les élections à la Chambre des Représentants pour la 7ème circonscription du Texas. Encouragé en 1970 par Richard Nixon et le parti républicain, il se représente aux élections sénatoriales du Texas mais il est encore battu. Le lendemain de sa défaite, Nixon lui offre un poste d'ambassadeur aux Nations Unies.

En 1973, Nixon le pousse à la présidence nationale du parti républicain. Mais les deux hommes se fâchent lors de l'affaire du Watergate. Bush refuse de soutenir Nixon et est soupçonné par les proches conseillers du président d'être « *gorge profonde* »... Le 7 août 1974, il adresse une lettre au président : « *Votre démission serait une bonne chose pour les républicains* ». Nixon le fera deux jours plus tard.

Sous la présidence de Gerald Ford, Bush est nommé directeur de la CIA. Il a pour principale mission de rénover l'image de l'agence. Il obtient 500 millions de dollars auprès du Congrès pour envoyer deux satellites espions dans l'espace. Il quitte la CIA le jour de l'élection de Jimmy Carter pour se consacrer à la présidence de la First National Bank à Houston. En 1979, il annonce qu'il est candidat aux élections présidentielles au même titre que Ronald Reagan. Il perd les primaires mais obtient la vice-présidence des Etats-Unis après la victoire de Reagan.

Reagan remporte un second mandat en 1984. Bush reste son vice-président et travaille également au Conseil National de Sécurité (NSC). Pendant le scandale de l'Irangate, il déclare au Congrès n'avoir jamais eu connaissance de cette transaction avec les Iraniens. Le 12 octobre 1987, il remporte les élections présidentielles avec le soutien, notamment, de ses puissants alliés et amis, pétroliers du Texas, qu'il n'a eu de cesse de défendre à la Chambre des Représentants en 1967...

Le 20 janvier 1989, Bush prête serment aux côtés de Barbara. Il pose la main gauche sur la Bible qui a appartenu à George Washington. Dans son discours inaugural, il remercie le travail de Ronald Reagan et demande à l'assemblée de prier avec lui : « Père Céleste, nous nous inclinons devant toi et nous te remercions de ton amour … » Il termine son investiture par cette citation : « Les grandes nations et les grands hommes doivent tenir leurs promesses ! ». 150 000 Américains applaudissent avec ferveur le 41e président des Etats-Unis. Les manifestations durent cinq jours car les Américains célèbrent également le 200e anniversaire de l'investiture de George Washington.

A la Maison Blanche, Barbara Bush exige que les produits chimiques utilisés en cuisine soient envoyés aux poubelles : « Je ne veux pas que mes petits-enfants mangent ces choses là ! » Elle passe personnellement en revue chaque menu privé en favorisant les plats préférés de son époux : fruits de mer et cuisine chinoise. Les repas sont pris en famille. Aucun membre de la famille Bush n'a le droit de s'exprimer sur un plateau TV. Barbara est là pour le rappel à l'ordre. La journée de la Première Dame des Etats-Unis débute par une séance de natation d'une heure dans la piscine privée. En survêtement, elle regagne ensuite ses appartements privés pour un petit déjeuner et prépare le protocole de la journée avec sa secrétaire particulière. Trouvant la Maison Blanche trop lugubre, Barbara Bush organise les plus importantes visites officielles dans leur propriété de Kennebunkport. François Mitterrand, John Major, le Roi de Jordanie, le premier ministre de l'Arabie Saoudite, celui du Danemark, découvrent ainsi la beauté des plages du Maine. De son côté, George H. Bush adore le golf et joue régulièrement avec son fils George W au Country Club de Kennebunkport : le Cape Arundel Golf Club.

Le début de sa présidence est marqué par trois événements majeurs : le retrait des troupes soviétiques d'Afghanistan, la fin de la guerre froide avec l'Union soviétique et la chute du mur de Berlin. Bush soutient également le chancelier Helmut Kohl dans sa volonté de réunifier l'Allemagne

En Amérique Centrale, le général Manuel Noriega, reconnu coupable par les Etats-Unis d'être le responsable de 80% de la cocaïne qui franchit les frontières américaines, s'est proclamé chef d'Etat du Panama. Un lieutenant américain est assassiné. Bush annonce à la Maison Blanche: «*Noriega c'est fini!*» Le 3 janvier 1990, les troupes américaines capturent le criminel Manuel Noriega. Il est emprisonné à Miami. Le 11 juillet 1992, la sentence tombera: 40 ans de prison pour trafic de drogue. Le président Bush se félicitera du jugement rendu. Au Panama, la population célèbre la nouvelle dans les rues.

Le 2 août 1990, les troupes irakiennes de Saddam Hussein envahissent le Koweït. Bush réagit rapidement avec le soutien du Congrès, de la coalition de 33 autres pays et de l'ONU. Le 17 janvier 1991, plus de 600 000 hommes dont 300 000 Américains sont envoyés pour reprendre le territoire. L'opération «*tempête du désert*», hyper médiatisée par CNN et par la presse internationale, est un succès. En quatre jours, le Koweït est libéré. La cote de popularité du président US atteint un sommet historique bien que la presse internationale s'interroge déjà sur les intérêts éventuels que la compagnie pétrolière des Bush, la Pennzoil Company aurait au Moyen-Orient.

En juillet 1991, le couple présidentiel se rend à Moscou pour y rencontrer Gorbatchev. Une prestigieuse réception est donnée à l'ambassade américaine. Barbara Bush s'est occupée du moindre détail de la soirée y compris du menu: soupe de cresson, filet de bœuf aux truffes, sorbet citron vert à la mousse de vodka! Gorbatchev est ravi. Un mois plus tard, Gorbatchev est renversé par un putsch. Boris Eltsine est nommé président de la République Socialiste Fédérale Soviétique de la Russie et obtient aussitôt le soutien amical de Bush. Gorbatchev quitte la scène politique de la Russie avec beaucoup d'amertume.

L'économie américaine ne parvient pas à se sortir du marasme des dernières années. Le chômage est en hausse. Les électeurs oublient les succès de la politique étrangère de George Herbert Bush. Il perd les élections présidentielles face au candidat démocrate, William Jefferson Clinton. Le 13 janvier 1993, George H. Bush rejoint

Ronald et Nancy Reagan au salon diplomatique de la Maison Blanche afin de remettre à l'ex-président des Etats-Unis la médaille de la liberté. C'est la dernière apparition publique de Reagan. Le lendemain, le commandant suprême des armées, Colin Powell, rend un hommage à la présidence de George H. Bush sous les applaudissements des centaines d'officiers présents.

En quittant la Maison Blanche le 20 janvier 1993, George Herbert Bush n'avait pas envisagé une seule fois de perdre le bureau ovale. Son chagrin touche son fils George W qui lui promet de reprendre le flambeau. Barbara Bush organise le dernier petit déjeuner avec le personnel de la Maison Blanche. George Herbert Bush, les larmes aux yeux, est incapable de prononcer le moindre mot. Il rejoint la limousine présidentielle pour rejoindre le Capitole afin de saluer William Jefferson Clinton, le nouveau président des Etats-Unis d'Amérique.

Le 20 janvier 2001, il assiste avec fierté à l'investiture de son fils George W. Bush qui a donc tenu sa promesse. Le 11 janvier 2004, il prononce un discours plein d'émotion lors des funérailles de Ronald Reagan. Neuf jours plus tard, il assiste au deuxième discours d'investiture de son fils, élu avec un record historique de 62 millions de bulletins de vote ! Ce dernier restera à la Maison Blanche jusqu'au 20 janvier 2009, laissant la place à son successeur, Barack Hussein Obama qui vient de remporter les élections présidentielles. A la fin de l'année 2012, George Bush connaît de graves difficultés de santé et est hospitalisé.

*
* *

XXXXII

WILLIAM JEFFERSON CLINTON

LE REVE DE JFK EST- IL DE RETOUR ?

MANDAT PRÉSIDENTIEL : 1993-1997 / 1997-2001.
VICE-PRÉSIDENT : AL GORE JR
PARTI POLITIQUE : DÉMOCRATE
RELIGION : PROTESTANT

« Comme tout le monde, j'aimerais vivre longtemps. La longévité n'est pas négligeable. Mais je ne m'en soucie pas en ce moment. Je veux juste me conformer à la Volonté de Dieu. Il m'a autorisé à monter au sommet de la montagne. Et de là-haut, j'ai vu la terre promise. Je n'y parviendrai peut-être pas avec vous mais je veux que vous sachiez ce soir que notre peuple l'atteindra. Je suis donc heureux ce soir. Je n'ai pas d'inquiétudes. Je ne crains personne. Mes yeux ont vu la Gloire de la venue du Seigneur. »

Martin Luther King, 3 avril 1968

Le 24 juillet 1963, quatre mois avant son assassinat, John Fitzgerald Kennedy quitte les principaux membres de son cabinet pour rejoindre les étudiants qui l'attendent depuis une heure dans la roseraie de la Maison Blanche. Il fait un temps splendide. Bill Clinton, 16 ans, est au premier rang. Le président s'approche pour les saluer tous. Puis il pose la main gauche sur le pupitre afin de soulager discrètement son dos qui le fait souffrir depuis hier soir. Il sourit et déclare d'un ton sympathique : « *Les trois arbres que vous voyez derrière vous ont été plantés des mains du président Andrew Jackson quand il était ici à la Maison Blanche. L'arbre le plus important derrière eux a été planté par le premier président des Etats-Unis à occuper la Maison Blanche : John Adams. Nous avons tous quelque chose à donner à notre pays, vous tous ici également. Les Etats-Unis resteront debout face à Berlin ou à Saigon…* » Bill Clinton, partisan inconditionnel des Kennedy, l'écoute attentivement. Lorsqu'ils se serrent la main, Cecil W. Stoughton prend une photographie qui fera le tour du monde durant la campagne présidentielle de 1992. Virginia Clinton affirmera que cette journée déclencha son engagement politique. Son fils démentira gentiment ses propos : « *Je n'en suis pas sûr. J'ai gardé un exemplaire du discours que j'ai prononcé à la suite de cette rencontre avec le président Kennedy. J'ai fait ce discours devant l'American Legion à Hot Springs. Je n'y fais nullement allusion.* » Derrière l'anecdote iconographique qui touchera les électeurs nostalgiques de la Nouvelle Frontière, William Jefferson Clinton incarnera une nouvelle Amérique. Bien différente de celle de 1960.

Les Blythe vivent dans une ville agricole de 6 000 habitants où les frontières du Texas, de la Louisiane et de l'Arkansas convergent. Dans la nuit du 17 mai 1946, William Jefferson Blythe III, 28 ans, représentant commercial, a un accident de voiture. Il s'extrait de sa Buick mais retombe dans une fosse de drainage d'un mètre de profondeur dans laquelle il se noie. Sa veuve, Virginia Dell Cassidy (1923-1994), anesthésiste, est enceinte d'un petit garçon. William Jefferson Blythe IV naît le 19 août 1946 à la maternité du Julia Hospital à Hope dans l'Arkansas. Quatre ans plus tard, Virginia se remarie avec Roger Clinton. En 1953, les Clinton s'installent à Hot Springs. Hélas, Roger Clinton, alcoolique, frappe régulièrement son épouse.

Bill fait partie des meilleurs élèves du Collège d'Hot Springs. Lors des assemblées scolaires, il prononce avec aisance de bons discours qu'il a lui-même rédigés. Il est à la tête de plusieurs associations et fait partie des Boys Nation. Doué pour le saxophone, joli garçon, il anime les meilleures soirées du Collège où les filles tombent amoureuses de lui. Le 25 juillet 1956, il est heureux d'avoir enfin un frère : Roger Cassidy Clinton.

Lors de la campagne présidentielle de John Fitzgerald Kennedy, le collégien Bill Clinton prend la parole en public pour défendre les idées du sénateur du Massachussetts. Finalement, le républicain Richard Nixon remporte l'Arkansas avec 50,2% des voix mais JFK est élu à la présidence des Etats-Unis. Le 28 août 1963, assis devant sa télévision comme des millions d'Américains, Bill Clinton assiste au discours de Martin Luther King : « *J'ai fait un rêve.* » Il est fasciné par le charisme et les dons d'orateur du pasteur : « *Oui, j'ai rêvé qu'un jour, sur les collines de cette terre rouge de Georgie, les fils des anciens esclaves et les fils d'anciens propriétaires d'esclaves pourront s'asseoir ensemble à la table de la fraternité.* » Clinton, en larmes, vient de trouver sa voie : la politique. Le 22 novembre 1963, il apprend, en plein cours de mathématiques, la mort de JFK.

En 1964, à 18 ans il obtient son diplôme. Il rejoint l'université de Georgetown à Washington D.C. Nul doute possible pour le corps professoral : il est doué pour la vie publique. Son existence au campus est agréable. Il fait la connaissance d'étudiants venus du monde entier. Les week-ends, Clinton sait faire la fête dans les bars les plus populaires du quartier : le *Tombs,* le *Billy Martin,* le *Cellar Door* et le *1789 Restaurant.*

En 1966, durant les vacances d'été, il fait un stage chez le sénateur James William Fulbright (1905-1995). Il y rencontre Edward Moore Kennedy pour lequel il éprouve beaucoup d'admiration. Le 8 novembre 1967, il retourne dans l'Arkansas : son beau-père qu'il a toujours appelé papa s'éteint des suites d'un cancer. De Retour à Washington, Clinton fait la connaissance du jeune sénateur de l'Etat de New York : Robert Kennedy. Il connaît par coeur ses discours. Il est fasciné par sa personnalité, son engagements et par... son célèbre Terre-Neuve : Brumus ! Depuis 1968, tout comme Robert Kennedy, Clinton s'oppose à l'intervention américaine au Vietnam en manifestant dans la capitale aux côtés de ses amis et de ses professeurs. En avril et en juin 1968, l'assassinat de King puis celui de Kennedy le bouleversent.

Clinton obtient son diplôme de Georgetown avec mention. Après une série d'entretiens difficiles, la bourse Rhodes lui est accordée. Il partira étudier deux ans en Angleterre à l'université d'Oxford. Il quitte les Etats-Unis le 4 octobre 1968. Quatre semaines plus tard, Richard Nixon emporte la présidence des Etats-Unis. Le cauchemar du Vietnam est à son apogée. A Londres, Bill Clinton participe aux manifestations qui dénoncent les actions du gouvernement républicain.

Le 30 avril 1969, Clinton reçoit sa convocation militaire. Il pense qu'il ne pourra pas terminer ses études à Londres. On lui répond le contraire. De retour au pays, il évite son affectation au Vietnam en poursuivant des études de droit à l'université de l'Arkansas. Chaque mois, il apprend la mort de ses amis tués au combat. La guerre lui est insupportable. En 1970, il rejoint l'université de Yale. Au cours d'une ses innombrables allocutions, une jeune étudiante de 23 ans Hillary Rodham, l'écoute, amusée. Clinton est debout sur une chaise : « *Oui, aux Etats-Unis nous cultivons les plus gros melons du monde.* » Elle éclate de rire tout en se moquant gentiment de ses cheveux longs bouclés et de sa barbe légèrement rousse. Ils se revoient régulièrement à la bibliothèque universitaire et à la cafétéria. Hillary prend les devants : « *Si tu dois continuer à me regarder comme ça et m'obliger à soutenir ton regard, autant que je sache à qui j'ai affaire. Je m'appelle Hillary Rodham. Et toi ?* » Ils emménagent au 21, Edgewood Avenue à quelques pas de l'université. Ils se marient le 11 octobre 1975. Le couple aura une fille le 27 février 1980 : Chelsea Victoria.

En 1976, Bill Clinton est nommé procureur de l'Arkansas et obtient, deux ans plus tard, le fauteuil de gouverneur pour le perdre en 1980 face au Texan républicain Frank White (1933-2003). Il rejoint un cabinet d'avocat à Little Rock mais en 1982, il se représente aux élections. Hillary est sa directrice de campagne. Il regagne son siège de gouverneur de l'Arkansas. Son travail remarquable pour l'un des Etats les plus pauvres des Etats-Unis est salué par la presse.

Lors des primaires de 1988, le gouverneur de l'Etat du Massachussetts, Michael Dukakis bat les autres candidats démocrates, Al Gore et Jesse Jackson. Le 20 juillet 1988, lors de la Convention Nationale des démocrates, Clinton prononce son discours de nomination :

« Je voudrais vous parler de Mike Dukakis. Il a parcouru tellement de chemin en si peu de temps que chacun se demande quel genre d'homme il est, quel gouverneur il a été et quel président il sera... » Finalement, Dukakis est largement battu par George Bush aux élections présidentielles.

En 1992, Bill Clinton s'engage dans la course des primaires. Hillary Clinton rencontre Jackie Kennedy Onassis pour un déjeuner dans son appartement new-yorkais : « Je suis convaincue que votre époux va remporter cette élection. Je vais vous donner quelques conseils à ce sujet. » Clinton obtient le soutien officiel de la famille Kennedy et se fait rapidement connaître sur le plan national. Il remporte l'investiture. A la Convention Nationale des démocrates, il déclare : « *Ce soir, il est temps de guérir l'Amérique... Adolescent, j'ai entendu John F Kennedy en appeler à la citoyenneté de chacun... Demain peut être plus brillant qu'aujourd'hui et chacun d'entre nous y a sa part de responsabilité morale et personnelle.* »

Clinton choisit Al Gore, 44 ans, comme colistier. Ensemble, ils rajeunissent l'image de la course à la présidence. Les électeurs tombent sous leur charme et sous le charisme de Clinton. Au bureau ovale, le président Bush enrage : le peuple semble avoir déjà oublié la victoire militaire au Koweït. Il donne le feu vert pour lancer une campagne importante sur les chaînes de télévision pour *abattre* Clinton. Le milliardaire Ross Perot, troisième candidat à la présidentielle rejoint Bush dans l'ultime bataille. Durant les trois débats télévisés, Bill Clinton fait preuve de sang-froid face à ses attaques : « *Si vous votez pour lui, s'il devient président, surveillez vos portefeuilles car bonjour vos impôts !* » Clinton grimpe toujours dans les sondages.

Le 4 novembre 1992, William Jefferson Clinton, 46 ans remporte les élections présidentielles avec 43% des votes populaires contre 38% pour le président sortant, George Bush. Il déclare : « *Cette victoire est plus que la victoire d'un parti, c'est la victoire de tous ceux qui travaillent dur en respectant les règles.* » Son élection suscite une joie immense dans un grand nombre de pays comme la France, l'Allemagne, l'Angleterre et ceux d'Amérique latine.

Le 18 janvier 1993, célébrant l'anniversaire du Prix Nobel de la Paix, Martin Luther King, Bill Clinton s'adresse aux diplomates de Washington : « *Notre politique reposera sur trois idées fortes : la sécurité économique des Etats-Unis, la restructuration de l'armée et le soutien aux valeurs démocratiques dans le monde* ». Il se rend, accompagné de la future Première Dame des Etats-Unis, du futur vice-président Al Gore et de leur fille Chelsea, à l'université d'Howard pour rendre hommage au combat du pasteur King. Le lendemain, Bill Clinton, accompagné par sa famille, se rend au cimetière national militaire d'Arlington pour se recueillir devant les tombes du président John Fitzgerald Kennedy et du sénateur Robert Kennedy.

Le 20 janvier 1993, à dix heures du matin, les Clinton rencontrent le couple Bush à la Maison Blanche. Sur le perron, Bill Clinton s'agenouille pour caresser le chien de Barbara. L'ambiance semble sympathique. Malgré une température de moins cinq degrés, le soleil brille au-dessus de la capitale. Ils regagnent ensuite le Capitole. Les chœurs de l'université de Little Rock interprètent l'hymne américain pour les accueillir. Sous le regard des télévisions du monde entier, William Jefferson Clinton prête serment en posant la main droite sur la Bible. Puis pendant vingt minutes, il s'adresse aux Américains sans relire la moindre note : « *Aujourd'hui, une génération élevée dans l'ombre de la guerre froide doit prendre de nouvelles responsabilités dans un monde réchauffé par le chaud soleil de la liberté mais menacé par les anciennes haines et les nouvelles pestes ! Il n'est rien mauvais en Amérique qui ne puisse être amendé grâce à ce qui est bon en Amérique ! Ce ne sera pas facile, il faudra faire des sacrifices...* » Pendant sa prestation, son équipe envahit déjà les principaux bureaux de la Maison Blanche. Son mobilier personnel est installé dans ses appartements privés et dans le bureau ovale. Le lendemain, le président Clinton fait ouvrir la Maison Blanche aux citoyens américains afin qu'ils puissent le rencontrer. C'est une première.

Dès le premier soir, le couple soupe dans la cuisine principale de la Maison Blanche ! Clinton est en jogging et dévore des sandwichs au beurre de cacahuète tout en lisant des magazines de golf. La famille se retrouve ainsi, mangeant les restes des frigos sous l'œil amusé du personnel. Hillary Clinton insiste auprès de lui : pas de chocolat ni de produits laitiers pour le président, il y est allergique. Clinton travaille sur le bureau de JFK. Il a fait poser un buste du 35e président des Etats-Unis près de la cheminée et deux tableaux : les portraits de George Washington et d'Abraham Lincoln. Pour se détendre, Clinton joue à des tas de jeux de société dont le Master Boggle et fait un jogging chaque matin. Devant les menaces de mort de plus en plus nombreuses, Clinton finira par abandonner cet exercice pour le plus grand bonheur des services secrets.

Les Américains s'interrogent sur le rôle que jouera Hillary Clinton au sein de sa présidence. La presse écrit : «*La victoire de Bill, c'est aussi la victoire d'Hillary !*». La First Lady qui a accompagné Bill Clinton durant six campagnes électorales est une femme de caractère. Les médias du monde entier examinent son parcours universitaire et sa carrière en tant qu'avocate. Ils en concluent que la santé et l'éducation sont les deux dossiers qu'elle aimera sans doute traiter durant le premier mandat de son époux.

Le 26 février 1993, un attentat préparé par Al-Qaïda est perpétré au World Trade Center. Un camion transportant 700 kg d'explosifs détruit une partie des sous-sols de la tour nord, tuant six personnes et faisant 1 042 blessés. L'Amérique est sous le choc. C'est la première fois qu'elle est attaquée sur son territoire par un ennemi de l'extérieur.

Dès le début de sa présidence, Clinton met son gouvernement au travail sur les droits civiques des minorités raciales. Il demande également que les homosexuels puissent s'engager ouvertement dans l'armée américaine. Aux Etats-Unis, l'homosexualité est de mieux en mieux organisée financièrement et politiquement. Une grande partie des gays a supporté sa candidature en espérant un meilleur avenir. Les grands pontes de l'armée américaine n'apprécient pas la recommandation du président et le font vite savoir à travers les médias. Les conservateurs s'empressent d'attaquer les premières semaines de sa présidence.

Avec l'aide d'Hillary Clinton, le 42e président des Etats-Unis se penche sur le dossier délicat de la réforme de la sécurité sociale aux

Etats-Unis. Près de trente-huit millions d'Américains ne bénéficient d'aucune assurance maladie. Fondé sur une articulation complexe de politiques publiques et d'assurances privées régulées par l'État, le système de santé des Etats-Unis est une source importante d'inégalité dans la société américaine. Les puissantes firmes pharmaceutiques se pressent dans les cabinets de lobbying pour s'opposer violemment à ce projet. En réponse, 600 experts travaillent aux côtés d'Hillary Clinton. Ils sont soutenus également par le travail colossal du sénateur Edward Moore Kennedy qui, depuis 1962, n'a pas cessé de défendre cette réforme progressiste. Elle propose, entre autres, que l'assurance maladie soit prise en charge par l'employeur à hauteur de 80%. Finalement, au vu de la complexité des 1 300 pages qui composent le dossier, il est rejeté au Congrès.

Après cet affront politique, la presse s'empare du passé privé du président. Elle évoque les relations extraconjugales du gouverneur Bill Clinton. Les supposées maîtresses dévoilent des détails croustillants sur sa sexualité. Ces déclarations brisent l'image idyllique du couple présidentiel. Elles sont suivies par le scandale de l'affaire immobilière Whitewater. Le 20 juillet 1993, Vince Foster, 48 ans, conseiller des Clinton se suicide dans un des parcs publics de la Virginie.

Le 13 septembre 1993, le président Clinton reçoit, à la Maison Blanche, Yasser Arafat et Yitzhak Rabin, les ennemis jurés du Proche-Orient. Cette prouesse diplomatique est saluée par les chefs d'Etat du monde entier. Devant trois milles invités dont Jimmy Carter et George Bush, les trois ministres des Affaires étrangères des trois pays signent le traité de Washington qui permettra la création d'un Etat palestinien souverain. C'est un des plus importants succès politiques de Clinton. Sous des milliers d'applaudissements, Arafat et Rabin se serrent la main devant la presse internationale.

Le 19 mai 1994, Jacqueline Bouvier Kennedy Onassis, 64 ans, s'éteint des suites d'une longue maladie. Elle est enterrée aux côtés de JFK au cimetière d'Arlington. Le 23 mai, Clinton, très touché, prononce son oraison funèbre : «*Elle a porté les fardeaux avec grâce, dignité et beaucoup de bon sens.*» Le 22 janvier 1995, Clinton assiste à la veillée funéraire de Rose Fitzgerald Kennedy, mère du président Kennedy. Elle avait 104 ans. Le 6 juin 1998, Clinton autorisera la présence exceptionnelle de son ambassadeur à Paris au siège de l'Unesco, Felix G. Rohatyn, à l'exposition «*Kennedy, le rêve américain*» qui rend hommage aux actions du président Kennedy et de son frère Robert Kennedy. Cet événement sera soutenu officiellement par les Etats Membres de l'Unesco dont les Etats-Unis ne font plus partie. Il sera organisé par Pierre Salinger, ancien porte-parole du président Kennedy, par le photographe Jacques Lowe et par le biographe français, Frédéric Lecomte-Dieu. Robert Kennedy Junior assistera à l'inauguration. Plus de 30 000 visiteurs viendront découvrir cette manifestation. Le 16 juillet 1999 avant 22h10, l'avion de John Kennedy Junior, le fils du président assassiné, disparaît des écrans de contrôle. Les cendres de John Jr Kennedy seront dispersées dans les eaux de Martha's Vineyard en présence des Clinton. La presse reparlera de la malédiction des Kennedy.

En novembre 1994, les républicains reviennent sur la scène politique de Washington en remportant la majorité aux élections législatives. Pendant l'année 1995, les républicains s'opposent aux aides-repas dans les établissements scolaires et tentent de plafonner les impôts pour les grosses fortunes. Le peuple se retourne contre les deux Chambres. Le 42e président des Etats-Unis symbolise, avec son gouvernement, la sauvegarde des acquis des plus démunis, des laissés-pour-compte.

Le 12 septembre, Clinton évite une tentative d'assassinat. Frank Corder, 38 ans, pilotant un bimoteur, s'écrase dans le jardin ouest de la Maison Blanche sans toucher le bureau ovale. Quelques semaines plus tard, Francisco Duran tire à 29 reprises sur la Maison Blanche avec un fusil d'assaut. Personne n'est touché. Le président est en train de regarder un match de football à la télévision. Duran est neutralisé par les services secrets. Il est condamné à 40 ans de prison.

Depuis l'effondrement de l'Union soviétique, plusieurs pays, suspendus autrefois à l'autorité russe, annoncent leur indépendance: la Croatie et la Slovénie. Les Etats-Unis, devant l'incapacité européenne à réagir, interviennent durant les conflits en Yougoslavie. Dès le mois de mai 1995, Clinton donne son accord pour un bombardement massif des positions serbes. Le dictateur, Milosevic, réplique en prenant en otages des membres des Nations Unies. Le 30 août 1995, le bureau ovale autorise des bombardements sur la capitale serbe. Un traité est enfin signé à Paris, en septembre.

Le 4 novembre 1995, un détraqué assassine le premier ministre israélien Yitzhak Rabin. Les efforts pour une paix durable au Proche-Orient s'effondrent dans ce bain de sang. La presse internationale revient sur le traité de Washington signé deux ans plus tôt grâce à Clinton.

Clinton ne baisse pas les bras devant une paix possible au Proche Orient. Le 2 octobre 1996, il reçoit le nouveau premier ministre israélien, Benyamin Netanyahou et Yasser Arafat à la Maison Blanche. Le 23 octobre, au cours d'une entrevue à l'ONU avec Boris Eltsine, Clinton attrape un fou rire. Cette image passe dans les médias du monde entier.

Clinton se représente pour un second mandat présidentiel. Ses supporters ont récolté 10 millions de dollars pour sa campagne. Le républicain Bob Dole s'acharne sur les scandales de sa vie privée. Mais l'Amérique compte sur les engagements de son président, elle vote en masse pour sa réélection. Le 5 novembre 1996, Bill Clinton remporte 379 grands électeurs contre 159 pour Dole. Al Gore reste son vice-président. Il prête serment le 20 janvier 1997. Sa cote de popularité est en hausse : « *Un mandat de quatre ans n'est pas assez long pour faire quoi que ce soit* ». Clinton s'engage à poursuivre les actions de son gouvernement dans le domaine de la précarité et de la lutte contre le chômage.

Un nouveau scandale interrompt cette courte période d'accalmie. Paule Corbin Jones, 30 ans, l'accuse de harcèlement sexuel. Bill Clinton était gouverneur de l'Arkansas lorsque les faits se seraient déroulés. La presse s'empare de l'affaire. On compare la vie sexuelle de Clinton avec celle du président Kennedy. Le 21 janvier 1998, l'affaire Monica Lewinsky éclate à la Une du Washington Post. Le journal accuse le président d'avoir demandé à Lewinsky de mentir sous serment pour dissimuler leurs rapports sexuels. Cette fois, on ne parle plus du passé du gouverneur Clinton mais du président Clinton dans une période écoulée entre novembre 1995 et mars 1997. La jeune fille était une des stagiaires de la Maison Blanche. Elle s'est confessée auprès d'une de ses amies : Linda Tripp. Elle lui a avoué avoir eu des relations sexuelles avec le président dans le bureau ovale. Tripp l'a enregistrée à son insu et a fait écouter ces confessions en octobre 1997 à un journaliste de Newsweek. Puis, elle les a données à Lucianne Goldberg, chargée des relations publiques du parti républicain. Le 12 janvier 1998, Linda Tripp prend contact avec le procureur ultraconservateur Kenneth Starr qui s'empare des enregistrements. Bill Clinton nie les faits : « *Je n'ai jamais eu de relations sexuelles avec cette femme, madame Lewinski.* ». Le procureur accuse le président de subordination de témoin. Aux Etats-Unis, cet acte est considéré comme un crime. Les meilleurs avocats affluent à la Maison Blanche pour porter secours au président des Etats-Unis qui risque la destitution. Clinton intervient au beau milieu d'une réunion avec Arafat : « *Ces accusations sont fausses. Je demande à tout le monde de dire la vérité.* » Le 21 janvier 1998, il répond en direct à la télévision aux questions d'un journaliste : « *Ce n'est pas vrai.* » Fin janvier 1998, Hillary Clinton soutient son mari lors d'une interview sur NBC.

Dans la tourmente de ces sordides affaires, le 17 mars 1998, jour de la Saint Patrick, Clinton réunit à la Maison Blanche les dirigeants des partis de l'Irlande du Nord pour engager un processus de paix avec les Anglais. Le 10 avril 1998, les accords du Vendredi Saint sont signés mettant fin à trente années de conflit ayant causé près de 4 000 morts. C'est un immense succès diplomatique pour le président des Etats-Unis.

Le 7 août 1998, les ambassades des Etats-Unis de Tanzanie et du Kenya subissent un terrible attentat revendiqué par Al-Qaïda. Ces terroristes sont dirigés par le milliardaire Oussama Ben Laden. 257 victimes et plus de 5 000 blessés sont à déplorer. Le centre antiterrorisme de la CIA informe Clinton que Ben Laden n'est pas un simple terroriste mais qu'il est à la tête d'une véritable organisation. Le lundi 17 août, Clinton interrompt ses opérations militaires délicates et rejoint la salle des Cartes de la Maison Blanche pour un interrogatoire de quatre heures concernant l'affaire Monica Lewinsky. Quelque temps plus tôt, au tribunal, Hillary Clinton a dû répondre aux questions de Kenneth Starr. L'entretien avec le président Clinton est projeté en direct aux membres du Grand Jury installés au Palais de justice. Il avoue qu'il a bien eu des contacts intimes avec la stagiaire entre 1996 et 1997 mais sans avoir eu de relations sexuelles. A 22 heures, le président Clinton s'adresse à la Nation pour lui avouer la vérité sur ses relations avec Lewinsky. C'est un coup de tonnerre dans les médias du monde entier. Le lendemain, le couple présidentiel rejoint sa maison de vacances à Martha 's Vineyard. De là, le 19 août, à 15 heures, Clinton autorise des frappes ciblées sur des sites Al-Qaïda en Afghanistan. Ben Laden n'est pas tué mais plusieurs de ses officiers le sont. L'usine chimique du Soudan est détruite par des missiles de croisière. Clinton signe le décret présidentiel 13099 imposant des sanctions contre Oussama Ben Laden et Al-Qaïda. Quelques mois plus tard, la sanction touchera également les talibans. Les comptes bancaires soupçonnés d'être détenus par Al-Qaïda sont bloqués. Clinton est déçu de l'indécision des Saoudiens quant aux mesures possibles pour contrer Al-Qaïda et Ben Laden. La CIA souhaite éliminer Ben Laden. Le Washington Post annonce, dans ses colonnes, l'accord du président pour autoriser cette exécution.

En novembre 1998, les républicains perdent la majorité à la Chambre des Représentants. Un mois plus tard, ils votent la destitution de Clinton. Les démocrates y sont opposés. Le Sénat prépare une procédure d'Impeachment. Devant les preuves accablantes d'une réelle relation avec Lewinski où l'on étale les moindres détails des relations entre le président et la stagiaire, Clinton fait des excuses publiques, le 11 décembre 1998. Hillary Clinton est humiliée. Le 27 janvier 1999, les sénateurs votent pour la comparution de trois témoins clés dans l'affaire Lewinsky. 55 républicains et un démocrate se sont donc prononcés dans ce sens. Fin janvier 1999, le président

Clinton est convoqué au Sénat. Des sénateurs républicains refusent de voter sa destitution. Clinton reste à la Maison Blanche.

Une des dernières actions du gouvernement Clinton - qui sera sévèrement critiquée par une grande partie de la presse internationale lors de la crise financière de 2010 - est le projet de l'abrogation du Glass-Steagall Act qui instaurait depuis 1933 (à la suite de la crise financière de 1929) une séparation entre les activités exercées par les banques commerciales américaines et celles développées par les banques d'investissement. Le Congrès, majoritairement républicain, votera celle-ci avec le soutien des démocrates…

Le vice-président Al Gore est en campagne pour les élections présidentielles. Devant le scandale de Lewinsky, il ne souhaite pas avoir Bill Clinton à ses côtés. Les deux hommes sont en froid depuis la dernière déclaration publique de Clinton reconnaissant les faits avec la jeune stagiaire. Le 8 novembre 2000, le camp de George W. Bush annonce la victoire de leur candidat aux élections présidentielles mais les démocrates contestent les résultats. Les Etats-Unis subissent une grave crise. Finalement, le 9 décembre 2000 le scrutin présidentiel est validé par la Cour Suprême des Etats-Unis. George W. Bush est le nouveau président des Etats-Unis. Al Gore est sous le choc. On le dira dépressif par la suite. Les Clinton quittent la Maison Blanche pour passer les vacances de Noël à Camp David.

Le 20 janvier 2001, Clinton souhaite bonne chance au 43e président des Etats-Unis. Il déménage à New York où sa femme, Hillary, vient de remporter les élections sénatoriales de l'Etat reprenant le siège de Robert Kennedy. Elle est élue avec 56% des voix. Pour régler les honoraires de ses avocats, Bill Clinton accorde des conférences dans le monde entier. Elles lui rapportent plus de 40 millions de dollars. Il est nommé ambassadeur de la Paix par les Nations Unies.

De son côté en juin 2003, Hillary Clinton signe également son autobiographie. Elle fait un bilan complet des huit années passées à la Maison Blanche en abordant les bons et les mauvais souvenirs dont l'affaire Lewinsky. L'éditeur lui avance 8 millions de dollars.

Dans ce livre, elle confie aux Américains que Bill Clinton lui a tout avoué le samedi 15 août 1998 dans leur chambre à coucher : « *Seul notre chien avait envie de tenir compagnie à Bill !* » Les ventes du livre explosent dans les librairies du monde entier. En juin 2004, Clinton publie ses mémoires : « *Ma vie* ». C'est un énorme succès dans les librairies du monde entier.

Aux yeux des Américains, Bill Clinton demeure leur président favori avec Kennedy et Lincoln. Le 26 juillet 2004, il soutient officiellement la candidature démocrate de John Kerry aux élections présidentielles. C'est un des amis de la famille Kennedy. On retrouve une photographie de lui sur le yacht privé du président en compagnie de sa belle-mère et de Jackie. Le mythe Kennedy peut encore faire vendre. Pourtant John Kerry perd les élections face à George W. Bush. En 2008, Clinton soutient la candidature démocrate à l'investiture de son épouse face au candidat Barack Obama. La campagne est très dure. Obama, Noir, créé l'événement sur le Net, et sur les réseaux sociaux comme Facebook. Pour les minorités raciales, il est l'incarnation du rêve de Martin Luther King. Hillary Clinton abandonne les primaires et rejoint Obama. Le 1er décembre 2008, le président élu, Barack Obama, nomme Hillary Clinton ministre des affaires étrangères. Le 12 octobre 2009, elle annonce aux médias qu'elle ne se présentera plus aux élections présidentielles. Le 11 février 2010, Bill Clinton subit une opération cardiaque. Sa fondation a engrangé plus de 100 millions de dollars et son travail au sein de sa propre ONG qui combat la pauvreté en Afrique est salué par les chefs d'Etat du monde entier. Il n'a rien perdu de sa superbe. Passionné de golf, il partage ses meilleurs souvenirs dans quelques magazines spécialisés : « Quand j'ai quitté la Maison Blanche j'ai joué le meilleur golf de ma vie. J'étais en forme. Je suis descendu à 10 ! »

Bill Clinton revient sur la scène politique pendant la seconde campagne présidentielle de Barack Hussein Obama. Après la victoire de ce dernier, Hillary Clinton quitte son poste au Département d'Etat pour commencer une nouvelle carrière de conférencière. Pour les primaires de 2016, la presse se demande si elle se représentera car depuis mars 2013, les sondages lui sont, de plus en plus, favorables. Quant à Bill Clinton, il tape des balles de golf au Liberty National Golf Club sans répondre aux questions des journalistes de Washington D.C.

⁂

XXXXIII

GEORGE WALKER BUSH

MANDAT PRÉSIDENTIEL : 2001-2005 / 2005-2009
VICE-PRÉSIDENT : RICHARD BRUCE CHENEY
PARTI POLITIQUE : RÉPUBLICAIN
RELIGION : PROTESTANT MÉTHODISTE

« Quand je marche dans la vallée de la mort, je ne crains aucun mal car tu es avec moi. »

Psaume 23

« Les choses se mettent en place toutes seules »

George W. Bush

George Walker Bush naît le 6 juillet 1946 à New Haven dans le Connecticut. En 1964, après des études à Philips Academy, dans le Massachussetts, il suit les traces de son père en rejoignant l'université de Yale. Mais ses succès sont plus importants auprès des filles ! Durant cette période insouciante, il participe ponctuellement à la campagne « *de papa* » pour les sénatoriales. Le candidat s'oppose farouchement au projet de loi sur les droits civiques en faveur des minorités raciales soutenu par son adversaire démocrate. Malgré des sommes colossales dépensées pendant la campagne, George Bush est sévèrement battu.

En juin 1968, George W. Bush obtient sa licence en histoire. L'Amérique traverse une période cruelle sans précédent avec les assassinats du pasteur Martin Luther King, du sénateur de l'Etat de New York, Robert Kennedy et l'enlisement dans la guerre au

Vietnam. Il rejoint les pilotes de chasse de la Garde nationale aérienne du Texas Il est considéré par ses pairs comme un bon pilote mais son unité ne sera jamais envoyée en Asie. Lors de sa première campagne présidentielle, la presse ne manquera pas de signaler que cette escadrille n'avait aucune chance de combattre en Asie et que c'est pour cette raison que son père l'y avait envoyé !

En juin 1975, il obtient son MBA. Le 4 septembre 1976, en vacances chez ses parents, il est contrôlé positif lors d'un test d'alcoolémie. Emprisonné au poste de Kennebunkport, il est libéré sous caution par l'avocat du clan. Son père, directeur de la CIA depuis janvier dernier, le reçoit dans son bureau : « *Tu n'es plus un enfant !* » En juillet 1977 à Midland, chez son ami Joe O'Neill, George W. Bush rencontre Laura Welch. Ils se marient le 5 novembre 1977. Ils auront deux jumelles : Barbara et Jenna.

En 1978, il se présente, pour le 19e district du Texas, aux élections du Congrès. Il a pour adversaire le démocrate Kent Hance. La machine électorale des Bush se met en marche : 400 000 dollars sont rapidement dépensés. Des spots télévisés le montrent en train de faire son jogging. De son côté, Hance ironise avec les électeurs texans : « *Chez nous, quand on court c'est qu'on a le feu au cul !* » Bush est battu.

En 1979, grâce au soutien financier de ses parents, il crée sa propre compagnie pétrolière : Arbusto Energy. Des investisseurs privés participent au capital tout en espérant un retour du *papa Bush*. En 1980, ce dernier se lance dans la course aux primaires. La campagne tourne court car le seul républicain capable de battre Jimmy Carter est Ronald Reagan. George Bush rejoint son camp. Après la défaite de Jimmy Carter, il est nommé vice-président des Etats-Unis. Huit ans plus tard, il sera à la tête du pays.

Les affaires pétrolières de son fils ne sont guère florissantes. Arbusto Energy court à la faillite. En 1982, un homme d'affaires verse 1 million de dollars dans le capital, mais en vain. En 1984, deux investisseurs rachètent la compagnie. En janvier 1989, George W et Laura Bush s'installent dans leur luxueux ranch de 1320 m2 à

Dallas. Avec l'aide de soixante-dix investisseurs, G.W. Bush rachète l'équipe de baseball, les Texas Rangers, pour 46 millions de dollars. A la surprise de beaucoup, il gère parfaitement les sponsors. Comme il le confie aux journalistes de Washington D.C.: « *J'apprends ainsi à manager de fortes têtes.* ».

En 1992, il est aux côtés de son père lors de sa défaite pour son second mandat présidentiel. Devant son chagrin, il lui promet qu'un Bush reviendra à la Maison Blanche. Deux ans plus tard, il revend ses parts des Texas Rangers et se présente pour le poste de gouverneur du Texas. Son adversaire démocrate est une femme très populaire : Ann Richards. Sa mère lui conseille de se retirer : « *Tu ne peux pas gagner.* » George W. Bush ne l'écoute pas et s'entoure d'une équipe de professionnels dont Karen Hugues chargée de la communication. En octobre, les deux candidats se rencontrent pour un unique débat télévisé. Dans l'ascenseur qui les mène au studio, Ann Richard lui lance : « Ça va être dur pour toi, mon garçon ! » Il est élu avec les félicitations du New York Times !

Quatre ans plus tard, il est réélu avec 69% des suffrages. Sa politique est une des plus dures des Etats-Unis : 150 condamnés ont déjà été exécutés dans son Etat. En décembre 1999, la presse lui demande quelle est la personne qui l'a le plus marqué dans sa vie : « *Le Christ, car il a changé mon cœur* » leur répond-il en souriant.

En 2000, il se présente aux primaires avec un programme ultra libéral : « *Nous allons apporter la prospérité dans les régions les plus reculées des Etats-Unis. Nous allons donner à chacun la possibilité de réussir. Nous donnerons à chaque enfant l'éducation qu'il mérite, à chaque famille une vie digne et pleine d'espoirs* ». Il remporte les élections et est désormais le candidat républicain pour la présidence des Etats-Unis. Lors de la Convention Nationale à Philadelphie, il choisit Dick Cheney comme colistier. La réputation du dirigeant de la compagnie pétrolière Halliburton est plus que sulfureuse. Sa société a décroché, entre autres, d'importants et juteux contrats avec l'Irak. Bush n'a pas d'autre choix, ses puissants amis du Texas apprécient la présence de Cheney à ses côtés.

Les premiers sondages pour Al Gore sont peu encourageants. Sa campagne a bien du mal à démarrer. Son éloquence n'est pas comparable à celle de Clinton, les Américains le trouvent mou. De plus les mensonges de Clinton à propos de sa relation avec Monica Lewinsky ont ébranlé la confiance qu'on avait en lui.

Du côté républicain, la presse ne fait aucun cadeau, non plus, à Bush. Elle ironise sur ses nombreuses gaffes comme le jour où il murmure à Dick Cheney, pensant que les micros sont coupés : « *Ce journaliste du New York Times est un véritable trou du cul.* » Elle lui reproche ses lacunes en matière de politique étrangère : il n'a d'ailleurs jamais quitté le territoire des Etats-Unis ! Bush confond souvent certaines capitales et ignore le nom de certains chefs d'Etat avec lesquels il devra travailler s'il est élu.

Après le vote massif de 105 millions d'Américains, le 7 novembre 2000, on annonce, vers minuit, la victoire du démocrate. Vers 01h15 du matin les résultats s'inversent. Bush aurait gagné la Floride et de ce fait l'élection… De longues minutes passent sans qu'Al Gore reconnaisse sa défaite. Dans le camp Bush, on s'inquiète. Jeb Bush, gouverneur de la Floride, confirme à son frère que les résultats en sa faveur sont en train de s'effondrer. Le vice-président des Etats-Unis Al Gore joint George W. Bush et ne s'avoue pas vaincu : « Je préfère attendre la fin des résultats. » Les républicains annoncent pourtant leur victoire devant les caméras de télévision. Les démocrates répliquent en contestant leurs chiffres. Ils font appel à leurs avocats afin qu'ils déposent une requête à la Cour de Floride pour qu'elle examine avec soin les votes. Le monde est abasourdi. G. W. Bush doit attendre la décision de la Cour de Floride. Celle-ci rend son jugement le 8 décembre : on doit recompter toutes les voix. Bush fait appel de cette décision à la Cour Suprême. Une bataille juridique historique commence. Le 12 décembre, la Cour Suprême estime que la procédure de recomptage serait une violation de la clause de protection légale de la Constitution et approuve les résultats de l'élection de la Floride 2 912 790 voix pour Bush contre 2 912 253 pour Al Gore. L'équipe d'Al Gore est scandalisée.

Bush est dans sa chambre à coucher avec sa femme lorsque NBC confirme cette décision : «*J'ai sans doute été le premier président à connaître les résultats de son élection dans son lit!*» Il lui reste moins de 40 jours pour former son gouvernement et son administration.

Le 43e président des Etats-Unis prête serment le 20 janvier 2001. C'est un protestant pratiquant qui tient désormais le destin de l'Amérique. Ses principaux membres, les «*faucons*», sont invités à le rejoindre dans la prière chaque matin. Bush travaille sur le célèbre bureau de JFK, le Resolute Desk qui avait été offert par la Reine Victoria au président Rutherford B. Hayes. Son chien, Spot, un springer anglais, le suit partout. Dans la salle de cinéma du sous-sol de la Maison Blanche, le couple présidentiel assiste régulièrement à des projections de films à grand spectacle. Pour la première, il choisit « 13 jours» avec Kevin Costner, ce film racontant précisément ce qui s'est passé durant la crise des missiles. Pour cette occasion, Edward Moore Kennedy est invité à les retrouver. A son arrivée, il est accueilli par Bush qui le conduit à un buffet composé de hot-dogs et de hamburgers. Ils se parlent peu car au Sénat, cette après-midi, Kennedy s'est opposé formellement à la candidature de l'ultraconservateur John Ashcroft pour le poste de ministre de la Justice.

Après la séance, Bush lui propose de collaborer avec lui sur son projet intitulé «*aucun enfant laissé-pour-compte*». Cette réforme défendrait le principe de transparence des écoles devant la National Education Association. Kennedy accepte. Elle sera adoptée au Sénat le 12 décembre 2001. En mai 2002, les républicains reviendront sur leurs engagements financiers fixés à 22,6 milliards de dollars. Kennedy sera très déçu par Bush. Le président lui répondra que ces coupes sont la conséquence inévitable de la guerre engagée en Afghanistan.

Le mardi 11 septembre 2001, avant neuf heures du matin, en visite dans une école primaire de Floride, Bush apprend qu'une des deux tours du World Trade Center vient d'être touchée par un avion. Son conseiller spécial, Karl Rove, lui annonce que c'est sans doute un accident. Mais par téléphone sécurisé, la secrétaire d'Etat, Condoleezza Rice, l'informe que c'est le vol 11 d'American Airlines, transportant 81 passagers et 11 membres d'équipage, qui a percuté la Tour. Bush entre dans la classe de CEI et salue les institutrices présentes. Dix-huit minutes plus tard, Andrew Card, chef de cabinet, lui murmure que la deuxième tour vient d'être touchée à son tour par le Vol 175 d'United Airlines transportant 56 passagers et 9 membres d'équipage. Et il ajoute : « L'Amérique est attaquée ». Face au président, les portables des journalistes présents dans la salle reçoivent des texto de leur rédaction. Bush garde son sang-froid et continue à écouter les poèmes des enfants. Trois minutes plus tard, il rejoint une autre classe réservée au service secret. De là, comme des centaines de millions de personnes dans le monde, il constate à la télévision le désastre. Il donne aussitôt une conférence télévisée : « *Aujourd'hui, nous avons une tragédie. Deux avions se sont écrasés sur les tours du World Trade Center. Il s'agit apparemment d'un attentat terroriste. J'ai parlé au vice-président, au gouverneur de New York, au directeur du FBI... J'ai ordonné une enquête à grande échelle pour trouver qui a commis cet acte. Le terrorisme contre notre Nation n'atteindra pas ses buts. Je vous demande de vous joindre à moi pour une prière* ».

A 9h38, le vol 77 d'American Airlines, dans lequel se trouvaient 58 passagers et 6 membres d'équipage, s'écrase sur le Pentagone. Le symbole de la puissance américaine, où travaillent 20 000 fonctionnaires, est éventré. 125 d'entre eux sont tués sur le coup. Parmi les victimes du vol 77, une des amies du président : la journaliste de CNN, Barbara Olson. Bush joint le mari par téléphone et lui garantit que les coupables payeront. Immédiatement après cette attaque, l'ensemble des employés des bâtiments publics de la capitale est évacué.

Les quatre terroristes aux commandes du Vol 93 d'United Airlines sont attaqués par des passagers, courageusement menés par Todd Beamer, 33 ans. Ils ont pris connaissance des attentats du World Trade Center via des texto de leurs proches. Ils savent qu'ils n'ont aucune chance de survivre : leur avion s'écrasera sur une cible importante de la Pennsylvanie : la Maison Blanche ou le Capitole. Todd Beamer joint un membre du personnel d'United Airlines par téléphone et lui explique en détail les scènes horribles qui se sont déroulées dans l'appareil puis il hurle : « *Vous êtes prêts, les gars, allez on y va !* ». Le vol 93 s'écrase à 10h33 sur Shanksville à 170 km du Lincoln Center. Neuf jours plus tard, au Congrès, George W. Bush rendra hommage à Todd Beamer.

Rapatrié sous haute protection dans Air Force One, Bush exige des explications de la CIA. Il n'arrive pas à joindre sa femme… ce qui le met hors de lui. Les télévisions ne fonctionnent plus. Il est mis ensuite à l'abri dans la base militaire d'Offutt, au Nebraska. De là, il donne l'ordre à l'aviation militaire d'abattre les appareils survolant la capitale et New York sans avoir répondu aux sommations. L'ensemble des vols sur le territoire américain est aussitôt interdit. A New York, à 10h et à 10h30, les deux tours, où travaillent plus de 50 000 personnes, s'effondrent sur les secours. Près de 3 000 Américains sont tués. C'est une onde de choc qui frappe le peuple américain.

De retour à la Maison Blanche, Bush fait une brève allocution. Il est au bord des larmes. Le secrétaire général des Nations Unies, Kofi Annan, déclare de son côté : « *Dans de tels moments, le calme et le jugement sont plus importants que jamais.* » Tony Blair, le premier ministre britannique, soutient Bush avec une sincère émotion. Les deux hommes resteront solidaires lors des futurs événements militaires.

Le lendemain, au sortir du terrible cauchemar, l'Amérique découvre l'amplitude des dégâts. On parle désormais de 10 000 victimes. C'est la deuxième fois dans son histoire, après l'attaque des Japonais sur Pearl Harbor, que le pays est attaqué par un ennemi extérieur. Les drapeaux des bâtiments publics sont mis en berne. Le président Vladimir Poutine déclare : « Les États-Unis ont aujourd'hui fait face à une agression sans précédent de la part du terrorisme international. Tout d'abord, je tiens à exprimer mes sincères et profondes condoléances à toutes les victimes et aux familles des disparus. L'événement qui s'est produit aux Etats-Unis, aujourd'hui va au-delà des frontières nationales. Il s'agit d'un défi effronté à l'humanité entière, du moins à l'humanité civilisée. Et ce qui s'est passé aujourd'hui est une preuve supplémentaire de la pertinence de la proposition russe de mettre en commun les efforts de la communauté internationale dans la lutte contre le terrorisme, ce fléau du XXIe siècle. »

Le 14 septembre 2001, dans le monde entier, des manifestations officielles de solidarité à l'Amérique sont spontanément organisées comme à la Cathédrale Saint Paul de Londres où des milliers de Britanniques rejoignent le chant des invités de la Reine Elisabeth pour entonner l'hymne américain. Trois minutes de silence sont observées dans le monde entier. Au Vatican, Jean Paul II prie pour le repos des victimes. Les chaines italiennes cessent leurs programmes durant ces trois minutes de recueillement pour diffuser un spot : « *Cette attaque n'est pas une attaque contre les Etats-Unis mais contre l'humanité tout entière.* »

Bush étonne ses adversaires par sa capacité à réagir vite. Trois jours après les attentats, il survole Manhattan à bord de l'hélicoptère présidentiel. Pour sa sécurité, il a dû attendre 72 heures avant d'obtenir le feu vert du FBI et de la CIA. Son vol est protégé par des chasseurs F-15. Les parois des immeubles sont encore fumantes. Bush rejoint les courageux pompiers new-yorkais et avec l'aide d'un mégaphone déclare : « *Je veux que vous sachiez tous qu'aujourd'hui l'Amérique prie à genoux pour celles et ceux qui perdu un proche ici.* » A ses côtés, le pompier Bob Beckwith. La foule hurle : « *On ne vous entend pas.* » Le président reprend sa superbe et lui lance spontanément : « *Moi, je vous ai entendus* ». La réplique fait le tour du monde.

Le 20 septembre 2001, Bush, visage fermé, annonce au Congrès : « *Chaque nation, dans chaque région, doit désormais prendre une décision ! Soit vous êtes avec nous, soit vous êtes contre nous... avec les terroristes... Justice sera faite !* » Il termine son allocution par le psaume 23 : « *Quand je marche dans la vallée de la mort, je ne crains aucun mal car tu es avec moi.* »

Le lendemain, au Fort Campbell, dans le Kentucky, lieu symboliquement lié à l'attaque des Japonais sur Pearl Arbor en 1941, Bush se transforme sous les caméras de télévision en véritable chef de : « *Si vous donnez de l'argent ou si vous nourrissez un terroriste, vous êtes un terroriste... vous devrez rendre des comptes alors aux Etats-Unis!* » Durant les 25 prochains mois, la CIA préviendra le bureau ovale de près de 10 000 attentats supposés intervenir sur le territoire américain. Quant au FBI, il confirme au président que plus de 300 agents d'Al-Qaïda vivent aux Etats-Unis.

Un rapport précise au président l'historique d'Al-Qaïda : lorsque les Soviétiques quittèrent l'Afghanistan, les Américains laissèrent le pays se reconstruire seul. Les talibans prirent d'assaut les grandes villes et imposèrent leurs lois brutales : lapidation des homosexuels, des femmes adultères, interdiction d'écouter de la musique, le port de la barbe pour les hommes devint obligatoire,... le chaos régnait donc. Les plus conservateurs parmi les talibans apportèrent leurs appui aux positions radicales du milliardaire Ben Laden : « *Mort aux chrétiens, mort aux Américains.* » Des milliers de terroristes s'entraînèrent pour ce djihad. Une des rares personnes sur le territoire afghan à s'opposer à cette folie meurtrière était le chef militaire Ahmed Chah Massoud. Le 6 octobre 1998, Massoud adresse un courrier au président Bill Clinton : « *J'ai passé ces vingt dernières années, la plus grande partie de ma vie d'adolescent et d'adulte, aux côtés de mes compatriotes, au service de la nation afghane, à mener une dure bataille pour préserver notre liberté, notre indépendance, notre droit à l'autodétermination et à la dignité. Les Afghans ont combattu pour Dieu et leur pays, seuls parfois, avec l'aide de la communauté internationale à d'autres moments. Contre toute attente, nous, le monde libre et les Afghans, avons arrêté et contrecarré l'expansionnisme soviétique, il y a de cela dix ans. Mais les habitants attaqués de mon pays n'ont pu savourer les fruits de la victoire. Au lieu de cela, ils furent jetés dans un tourbillon d'intrigues étrangères, de supercheries gigantesques, et de querelles intestines. Notre pays et notre noble peuple furent brutalisés et victimes d'une avidité qui n'avait pas lieu d'être, d'intentions hégémoniques et de l'ignorance. Nous, Afghans, avons aussi fait des erreurs. Nos défauts sont des conséquences de notre innocence politique, de notre inexpérience, notre vulnérabilité, des représailles, des querelles et d'hommes bouffis d'orgueil. Mais cela ne justifie en aucune façon ce que certains de nos prétendus alliés de la guerre froide ont fait pour saper cette juste victoire et déclencher leurs plans diaboliques de destruction et d'assujettissement de l'Afghanistan. Aujourd'hui, le monde voit et perçoit clairement les résultats de méfaits aussi inconsidérés. Le Sud de l'Asie Centrale est plongé dans les troubles, et des pays sont au bord de la guerre. La production illégale de la drogue, les activités et les organisations terroristes y sont en hausse. Des massacres de masse à motivation ethnique ou religieuse, des déplacements forcés de populations ont lieu, et les droits de l'homme et de la femme les plus élémentaires sont violés sans vergogne. Le pays a été graduellement occupé par des fanatiques, des extrémistes, des terroristes, des mercenaires, des mafias de la drogue, et des assassins professionnels. Une faction, les Taliban, qui ne représente en aucune manière l'Islam, l'Afghanistan ou notre héritage culturel vieux de plusieurs siècles, a exacerbé cette situation explosive. Ils refusent obstinément de parler ou d'obtenir un compromis avec la moindre autre partie afghane. Malheureusement, cette sombre réalisation n'aurait pu se matérialiser sans l'aide et l'implication directe de cercles gouvernementaux et non-gouvernementaux influents au Pakistan. En dehors de l'aide logistique, du fuel et des armes reçues du Pakistan, nos services de renseignement indiquent que plus de 28 000 citoyens pakistanais, incluant du personnel paramilitaire et des conseillers militaires sont parties prenantes dans l'occupation des Taliban dans plusieurs régions d'Afghanistan. Actuellement, nous tenons dans nos camps de prisonniers de guerre plus de 500 citoyens pakistanais incluant du personnel militaire. Trois problèmes majeurs - le terrorisme, la drogue et la question des droits de l'homme - ont leur origine dans les zones tenues par les Taliban, mais furent engendrés à l'instigation du Pakistan, formant, ainsi imbriqués, les angles d'un triangle funeste. Pour beaucoup d'Afghans de toutes ethnies ou religion, l'Afghanistan est un pays à nouveau occupé, pour la deuxième fois en dix ans. Laissez-moi corriger un certain nombre d'affirmations fallacieuses propagées par les commanditaires des Taliban et leurs lobbies à travers le monde. Dans le court et le long terme, cette situation ne profitera à personne, même en cas de contrôle total par les Taliban. Il n'en résultera pas la stabilité, la paix et la prospérité de la région. Le peuple d'Afghanistan n'acceptera pas un régime si répressif. Les pays de la région ne se sentiront jamais en sécurité. La résistance ne cessera pas en Afghanistan. Elle prendra au contraire une nouvelle dimension nationale, englobant les Afghans de toutes les ethnies et de toutes les strates sociales.* ».

Ben Laden fait assassiner Massoud deux jours avant les attentats du World Trade Center. Deux terroristes tunisiens se faisant passer pour des journalistes belges et munis d'une caméra de la télévision française France 3 se font exploser à ses côtés.

Le 2 octobre 2001, le journaliste Bob Stevens est contaminé par de l'anthrax. Il meurt trois jours plus tard. A la Maison Blanche, les cellules de crise défilent toute la journée. Bush est épuisé. Cinq autres journalistes meurent des mêmes symptômes. La CIA lui confirme qu'une simple attaque avec ce bacille dans le métro new-yorkais provoquerait la mort de plus de centaines de milliers d'Américains en quelques jours. La presse obtient l'information, le pays vit les jours les plus durs de son histoire. Dans le reste du monde, les chefs d'Etat craignent une attaque similaire.

Le NSA informe le bureau ovale que deux terroristes résidant aux Etats-Unis : Khalid Al-Mihdhar et Nawaf Al-Hamir ont bien pris contact avec des cellules d'Al-Qaïda à l'étranger.

Le 6 octobre 2001, Bush annonce les frappes aériennes sur l'Afghanistan : « *Ces attaques ont pour but d'empêcher ce pays de devenir une base pour les terroristes. Elles ont pour but, également, d'attaquer les forces du régime taliban. Nous sommes soutenus dans cette mission par de nombreux partenaires qui nous ont rejoint comme la France, l'Allemagne, le Canada, l'Australie, les Britanniques… plus de 40 pays du Moyen-Orient, d'Asie et d'Europe nous ont ouvert leur espace aérien et nous ont offert le service de leurs agences de renseignements… nous sommes aidés par la volonté du monde entier. Il y a plus de deux semaines de cela, j'ai adressé aux chefs taliban des demandes très claires : fermer les camps d'entraînement des terroristes et nous livrer les responsables du réseau Al-Qaïda. Aucune de ces demandes n'a été suivie. Alors, les Taliban vont payer le prix.* » Après les attentats du 11 septembre 2001, Bush retrouve de la crédibilité dans le cœur des Américains. Sa popularité frise les 90%, du jamais vu.

Les messages de soutien officiel affluent du monde entier. Oussama Ben Laden, 44 ans, est recherché «*mort ou vif*». Pour les Américains, il est devenu le diable en personne. Les médias du monde entier dressent un portrait de l'auteur du 11 septembre 2001. Le FBI le classe parmi les dix personnes les plus dangereuses de la planète. Il est déjà responsable des attentats des deux ambassades américaines touchées en 1998 sous la présidence de Clinton. Sa fortune personnelle est estimée à plus de 300 millions de dollars. Il s'est marié avec une Britannique et ils ont eu plusieurs enfants. Entre 1979 et 1989, il a participé à la guerre en Afghanistan, luttant ainsi contre l'invasion soviétique. Durant cette période, il s'est rapproché des fondamentalistes. Après la défaite cinglante de Moscou, il est retourné dans son pays, en Arabie Saoudite, qui l'acclame en héros. Deux ans plus tard, en 1991, il a quitté le Moyen-Orient pour diriger Al-Qaida. En 1998, il a lancé officiellement le djihad contre les Américains.

Bush envoie des troupes en Afghanistan pour anéantir les camps de base des Taliban et détruire les avant-postes d'Al-Qaïda. Des premiers terroristes sont envoyés dans le pénitencier militaire à Guantanamo. Ben Laden reste introuvable. Le 22 décembre 2001, le Britannique Richard Reid, membre d'Al-Qaida, tente de se faire exploser dans le vol 63 d'American Airlines avec 197 passagers à son bord. Il est maîtrisé de justesse par le service de bord et le journaliste français Thierry Dugeon.

En janvier 2002, au Congrès, le président Bush évoque pour la première fois « *l'axe du mal* » imaginé par les *faucons* de son cabinet. Il comprend la Corée du Nord, l'Irak et l'Iran. Le 28 mars 2002, la police pakistanaise livre à la CIA l'un des cerveaux des attentats du 11 septembre 2001 : Abu Zubaydah. Ce dernier résiste aux formes classiques des interrogatoires. Ses aveux sauveraient sans doute des dizaines de milliers de vies. Bush donne l'aval de l'utilisation du waterboarding avec la présence de médecins compétents. Cette torture consiste à faire croire au supplicié qu'il va mourir noyé. Abu Zubaydah livre enfin des informations essentielles qui permettent de localiser des haut placés d'Al-Qaida. D'autres terroristes subiront le même sort comme Khalid Cheikh Mohammed. Ce dernier révélera, entre autres, des attentats à l'anthrax prévus aux Etats-Unis.

Bush autorise également la création du NCTC : le centre national antiterroriste avec la nomination d'un directeur. Les nouvelles frappes d'Al-Qaïda impressionnent l'opinion mondiale : Bali, Londres, Madrid... aucune capitale dans le monde n'est à l'abri de Ben Laden. En juin 2002, Hamid Karzai est nommé démocratiquement chef du nouveau gouvernement en Afghanistan. Du côté du Pakistan, Bush est fortement déçu par le général Musharraf et l'informe expliquant que la CIA et le NSA lui indiquent que des terroristes d'Al-Qaida ont trouvé refuge dans son pays.

Le 11 septembre 2002, Bush s'adresse, depuis la tribune de l'Organisation des Nations Unies à plus de 50 chefs d'Etat, exceptionnellement réunis. Il propose une résolution à l'Irak qui lui éviterait un conflit militaire avec les Etats-Unis à la condition exclusive de son désarmement total. Dans un discours de vingt minutes, le président fait l'inventaire des menaces irakiennes qui pèsent sur le monde : « En 1991, l'Irak s'est engagé à cesser de produire et à détruire des armes de destruction massive et des missiles de longue portée. Pour permettre de contrôler cela, elle avait accepté la présence d'inspecteurs. L'Irak a rompu aujourd'hui ses engagements. » Il termine en lançant un ultimatum à Saddam Hussein. Une heure plus tôt, le secrétaire général, Kofi Annan, a affirmé que seule l'ONU peut légitimer un conflit militaire. Bush ne l'entend pas.

En octobre 2002, le Congrès autorise le gouvernement Bush à faire une guerre préventive contre l'Irak. Une première dans l'histoire des Etats-Unis. Le sénateur Edward Moore Kennedy, le lion du Sénat, crie au scandale : « *C'est l'une des pires bévues de l'histoire de la politique étrangère américaine !* » Le 8 novembre 2002, la résolution

1441 apportée au Conseil de sécurité des Nations unies exige la totale coopération du gouvernement de Saddam Hussein pour une transparence sans limites aux inspecteurs venus vérifier la présence ou non d'armes de destruction massive. Le 6 février 2003, Bush aux côtés de Colin Powell annonce à la Maison Blanche: « *La partie est terminée, Saddam Hussein!* ». Il demande à l'ONU une résolution pour pouvoir recourir à la force. Une grande partie de l'armée américaine se prépare à l'imminence d'une guerre. La 101e Division Aéroportée composée de 16 000 soldats est mobilisée et rejoint les troupes déjà présentes dans le Golfe.

Le 17 mars 2003, Bush s'adresse à la Nation après avoir demandé à son ambassadeur des Nations Unis de retirer la résolution présentée précédemment: « *Le Conseil de sécurité des Nations Unies ne s'est pas montré à la hauteur de ses responsabilités. Il est temps que nous assumions les nôtres. Hussein et ses fils doivent avoir quitté l'Irak dans les deux jours sinon un conflit militaire commencera immédiatement.* » Le soir, Bush donne une allocution: « *Le temps de la tromperie et de la cruauté est terminé. Saddam Hussein et ses fils doivent quitter l'Irak dans les 48 heures. S'ils refusent, une intervention militaire sera lancée…* ». Saddam Hussein lui répond à travers la télévision: « *En ce jour, le criminel Bush a réussi son crime. Au nom de nos valeurs, chacun de nous doit se battre et se sacrifier. Lancez votre épée contre l'ennemi. Que votre lumière les aveugle!* »

Le 20 mars 2003, les Etats-Unis et la coalition internationale envahissent l'Irak. Pour justifier cette intervention militaire, appelée « *Liberté pour l'Irak* », Bush confirme que Saddam Hussein possède des armes de destruction massive. Des pays européens comme la France critiquent sévèrement l'intervention des Etats-Unis. On brise des bouteilles de vin français dans les rues new-yorkaises. Les ambassades sont à cran. Le 1er mai 2003, la victoire totale est annoncée. Dans la capitale, les GI renversent, avec l'aide d'Irakiens, le buste du dictateur. Ben Laden, quant à lui, reste introuvable. Les agents de la CIA ne trouvent nulle trace d'armes de destruction massive.

Durant l'été 2003, une affaire de la plus haute importance secoue le bureau ovale et le peuple américain : l'affaire Valérie Plame. L'épouse de Joseph Wilson, ex-ambassadeur des Etats-Unis, est un agent de la CIA. Depuis des années, sa couverture est restée parfaite. Dans le New York Times du 6 juillet 2003, Joseph Wilson met sérieusement en doute la réelle présence d'armes de destruction massive en Irak: « *Si mes informations ont été considérées comme inexactes, je comprends. Je serais alors intéressé de savoir pourquoi. Si, cependant, mes informations ont été ignorées parce qu'elles ne correspondaient pas à des idées préconçues sur l'Irak, alors on peut légitimement faire valoir que nous sommes entrés en guerre sous de faux prétextes* ». Wilson a lui-même été envoyé en mission en 2002 au Niger pour identifier un réseau de vente d'uranium avec l'Irak. Il ne trouva rien. De cette déclaration naît le scandale Nigergate qui tentera de prouver que le dossier remis à l'administration Bush pour annoncer au monde que l'Irak était en possession d'armes de destruction massive était bidon.

Le 16 juillet 2003, la profession réelle de Valérie Plame est divulguée par plusieurs journalistes. Sa vie est menacée. Un procureur est saisi de l'affaire : ces fuites de la CIA relèvent d'un crime fédéral. Il demande que deux journalistes, Judith Miller et Matthew Cooper dévoilent leurs sources. Invoquant le premier amendement de la Constitution, ceux-ci refusent. La Cour Suprême le leur ordonne. C'est une première dans l'histoire de la presse américaine. L'employeur de Cooper, le Times Inc, envoie les informations exigées à la Cour Suprême mais Judith Miller du New York Times refuse toujours de coopérer. Le 7 juillet 2005, elle est envoyée en prison et en ressort trois mois plus tard. Sa source, Lewis Libby, secrétaire général du vice-président des Etats-Unis, l'a autorisée à divulguer son nom. Libby, entretemps, démissionne de son poste. Le procureur condamne Lewis Libby à trente mois de prison ferme et 250 000 dollars d'amende. Le président Bush utilisera son droit de grâce pour libérer l'ex-secrétaire de Dick Cheney.

Pendant ce scandale, Saddam Hussein est capturé par quatre membres de la Delta Team Force le 14 décembre 2003. L'homme responsable de la mort de dizaines de milliers de civils va devoir répondre de ses actes devant un tribunal irakien. Il sera condamné à la peine de mort pour crime contre l'humanité. Saddam Hussein est pendu à Bagdad le 30 décembre 2006.

G.W. Bush sollicite un second mandat présidentiel et se retrouve confronté au ticket John Kerry et John Edwards. Leur slogan touche les Américains déçus par son premier mandat : « *L'espoir est en route* ». Le premier débat télévisé se déroule à Miami. La presse salue la performance et l'élégance du démocrate. Lors des deux derniers débats, la campagne connaît un véritable coup de théâtre. Le journaliste animateur, Bob Schieffer, demande à Kerry sa position sur le mariage gay : « *Nous sommes tous les enfants de Dieu, Bob, et je pense que si vous parliez un jour avec la fille de Dick Cheney, qui est lesbienne, celle-ci vous répondrait qu'elle est ce qu'elle est et qu'elle est née ainsi* ». Stupeur dans le studio. Kerry déçoit beaucoup d'Américains.

Le soir des élections, le 2 novembre 2004, les résultats sont en faveur du démocrate. Les républicains ne bronchent pas. Peu avant minuit, la tendance s'inverse. La carte des Etats-Unis est de plus en plus rouge. Vers quatre heures du matin, la victoire de George W. Bush est contestée par quelques membres de l'équipe de Kerry. On ne parle plus des votes de la Floride acquis pour les républicains mais de ceux de l'Ohio qui représentent 20 grands électeurs. Mais le 3 novembre 2004 à 11H02 du matin, John Kerry félicite le président George Walker Bush et lui souhaite bonne chance pour son second mandat.

Le 20 janvier 2005, George W. Bush prête serment devant le président de la Cour Suprême. Sa femme et leurs deux filles sont à ses côtés. Le ton de son discours d'investiture est martial. Dans son allocution, il prononce plus de quarante fois le mot liberté: « *Aujourd'hui, l'Amérique adresse un nouveau discours au peuple du monde. Que tous ceux qui connaissent la tyrannie et le désespoir le sachent : les Etats-Unis n'ignoreront pas votre oppression ni excuseront vos oppresseurs. Lorsque vous vous lèverez pour votre liberté, nous nous lèverons à vos côtés.* » Plus de 40 millions de dollars sont dépensés lors de ces cérémonies.

Le 2 avril 2005, Jean Paul II qui avait su rassembler diverses générations grâce à son appel « *N'ayez pas peur !* » s'éteint. Pour la première fois dans l'histoire du Vatican, un président des Etats-Unis assiste aux obsèques d'un pape. Bush est accompagné de son père et de Bill Clinton.

L'opposition démocrate dénonce la position du gouvernement en faveur d'Israël. Pourtant, Bush continue de défendre l'idée de la création d'un Etat palestinien. Il reçoit Mahmoud Abbas pour le prier de respecter les conditions qui permettraient d'aboutir à un processus de paix avec les Israéliens. Deux ans plus tard, Bush organise la conférence d'Annapolis dans le Maryland qui a pour objectif de trouver une solution dans ce conflit. Un premier geste est officialisé : Ehud Olmert et le président de l'Autorité palestinienne, Mahmoud Abbas, définissent le sort des milliers de réfugiés palestiniens et le réel statut de la ville de Jérusalem.

Au cours du premier trimestre de 2005, Bush doit faire face à une nouvelle priorité : l'Iran. Les renseignements qui émanent de son secrétaire d'Etat sont inquiétants. Le régime dictatorial construirait une installation permettant de puiser de l'uranium, élément indispensable pour la fabrication d'armes de destruction massive. Pourtant, deux ans plus tôt, le gouvernement iranien s'était engagé à cesser ce programme. Mahmoud Ahmadinejad, à la tête du pays déclare : « *Israël est un cadavre puant qui devrait être rayé de la carte et l'holocauste est un mythe !* » Bush se rapproche de Tony Blair, de Vladimir Poutine et d'Angela Merkel pour connaître leurs positions. Ils l'approuvent. Les tensions entre les Etats-Unis et l'Iran annoncent l'imminence d'un nouveau conflit militaire américain au Moyen-Orient.

Le lundi 29 août, à 6h10 du matin, l'ouragan Katrina, catégorie 5, dévaste la Louisiane avec des vents de plus de 250 km/h. Des vagues de plus de 8m de hauteur s'abattent sur la région située en-dessous du niveau de la mer. Près de 500 000 Américains vivent à la Nouvelle-Orléans. La ville est totalement noyée. Dans les quartiers pauvres où vit une population noire à 99%, la situation est dramatique. Après la Nouvelle-Orléans, Katrina se dirige vers le Mississipi et le Tennessee avec des rafales de 170 km/h. Le maire et le gouverneur de la Nouvelle -Orléans enragent contre le président qui est toujours en vacances au Texas. Le 1er septembre, Bush est « *en dehors de l'événement !* » Des bébés prématurés noirs et des personnes âgées meurent d'épuisement. 230 000 km2 de terres ont été dévastées, plus de 1 500 Américains ont trouvé la mort. Le coût matériel s'élève à des milliards de dollars. La cote de popularité de George W. Bush s'effondre. Un président américain n'a jamais été aussi détesté. Il faudra attendra cinq jours pour que Michael Brown, directeur de la Federal Emergency, débarque sur place. Son travail est immédiatement critiqué. Il est limogé le 12 septembre par le président qui reconnaît ses torts.

Le 17 octobre 2006, Bush signe « *protecting America* ». Les prisons secrètes de la CIA et les méthodes d'interrogatoire dites *contraintes* sont officiellement autorisées. Il déclare : « *Je suis fier de cette loi et je la dédie aux victimes du 11 septembre 2001. Les femmes et les hommes qui sont chargés d'interroger les terroristes le feront désormais sous une loi.* » En l'actant, il met à l'abri la CIA d'éventuelles poursuites judiciaires. Il justifie sa décision en citant l'arrestation de l'un des organisateurs du 11 septembre 2001 « *qui nous a permis d'appréhender ses associés, de déjouer d'autres attentats et de sauver des vies* ». L'Amérique le soutient dans sa majorité. Neuf jours plus tard, Il reconduit l'« *USA Patriot Act* » qui légalise les écoutes téléphoniques et l'accès à la CIA des données privées des citoyens suspectés. Cette loi antiterroriste statue surtout sur l'identité des combattants : illégaux ou ennemis. Quatre plus tard, un grand nombre de ces dispositions seront considérées comme anticonstitutionnelles par le Congrès. Le 9 novembre 2007, le Ministère de la Justice déclarera que le FBI a dépassé à plusieurs reprises le cadre de ses prérogatives en mettant sur écoutes téléphoniques des personnes non suspectées de terrorisme.

Le 14 décembre 2008, lors d'une conférence de presse à Bagdad, Bush évite adroitement les chaussures d'un jeune journaliste iranien de 29 ans, Muntadhar al-Zaidi qui hurle : « *Espèce de chien !* ». Le président ironise avec les journalistes présents dans la salle : « *Ce sont des choses qui arrivent dans les sociétés libres. C'est une manière comme une autre d'attirer l'attention! Si vous voulez savoir, c'était du 44!»*

Depuis 2007, l'économie américaine traverse une crise financière sans précédent. Elle s'étend à l'échelle planétaire. Les Etats-Unis voient leur système bancaire s'effondrer. Les propriétaires ne parviennent plus à rembourser leur prêt. Le président de la Réserve Fédérale, Ben Bernanke, annonce au président: «*Nous sommes au bord du chaos!*» Depuis son premier mandat, la dette des administrations explose. Le chômage aux Etats-Unis atteint les 6%. L'addition commence à être lourde pour les Américains.

A quelques mois des prochaines élections républicaines, le candidat républicain John McCain est mal placé dans les sondages. La cote de popularité de Bush est la plus basse de l'histoire des Etats-Unis: elle atteint 33% d'opinions favorables. Depuis les débuts de sa présidence, l'Amérique a perdu beaucoup de sa superbe et de la sympathie que lui accordaient ses anciens alliés. La presse internationale met au grand jour le passé sulfureux des Bush: l'influence des complexes militaro-industriels qui ont gagné des milliards de dollars grâce aux conflits en Irak et en Afghanistan, l'influence des puissants néoconservateurs au sein même de l'administration Bush qui ont voulu remodeler le monde arabe en créant le *Grand Moyen-Orient* dès 2001 tout en en prétextant offrir la démocratie par des frappes militaires préventives , la démission en masse des spécialistes du Moyen-Orient au sein du Conseil National de Sécurité qui ont dénoncé *la doctrine Bush* . Après les attentats du 11 septembre 2001, deux Américains sur trois avaient soutenu leur président pour une intervention militaire en Irak. A la veille des élections présidentielles, plus de la moitié d'entre eux dénoncent désormais la politique menée au Moyen-Orient par les néoconservateurs. Les professeurs des grandes universités affirment que, désormais, le *Grant Moyen-Orient* dessiné par les faucons de Bush est bien plus dangereux que l'ancien, à cause de la montée en puissance de l'Iran.

L'unique chance de McCain reste la bataille qui oppose Barack Obama et Hillary Clinton. Finalement, au milieu des primaires

Hillary Clinton rejoint le camp d'Obama. Le 4 novembre 2008, Obama et son vice-président Joe Biden remportent une écrasante victoire. Le 20 janvier 2009, tôt dans la matinée, les Bush prient dans leurs appartements privés de la Maison Blanche puis George W. Bush écrit une lettre destinée à son successeur. Il la dépose sur le Resolute Desk.

Le 44e président des Etats-Unis, Barack Hussein Obama prête serment. Une voix parmi la foule nombreuse s'élève : « Barack Obama, le président des Etats-Unis d'Amérique, le rêve américain est de retour ! » Après une absence de plusieurs années, l'Amérique retrouve une entente cordiale avec l'Europe. Les journaux laissent un portrait peu flatteur du président Bush : « *Il fait partie des hôtes de la Maison Blanche les moins aimés de l'Amérique et de ses principaux partenaires.* » A l'opposé, dans ses mémoires, l'ex-premier ministre britannique Tony Blair dit son admiration pour George W. Bush: « Il est loin d'être l'imbécile que l'on prétend. »

*
**

XXXXIV

BARACK HUSSEIN OBAMA

YES WE CAN

MANDAT PRÉSIDENTIEL : 20 JANVIER 2009 -
VICE-PRÉSIDENT : JOE BIDEN
PARTI POLITIQUE : DÉMOCRATE
RELIGION : EGLISE UNIE DU CHRIST

« Je parle d'une chose fondamentale, l'espoir des esclaves qui chantent des hymnes à la liberté autour d'un feu. L'espoir des immigrants qui partent pour une destination lointaine. L'espoir d'un jeune marin qui patrouille dans le delta du Mékong, l'espoir d'un petit gringalet au nom étrange qui considère qu'il a lui aussi sa place aux Etats-Unis. Je parle de l'audace de l'espoir, il est le plus grand cadeau de Dieu et c'est la pierre angulaire de notre Nation. Il n'y a pas d'Amérique blanche, une Amérique noire, une Amérique hispanique et une Amérique asiatique, il y a une seule Amérique. »

Barack Hussein Obama

« J'ai appris du monde noir comment entrer dans le monde blanc. Je me suis convaincu qu'à chaque monde correspondent une langue propre, des codes et des habitudes particulières. J'ai pensé que cela suffisait de les faire miens pour y appartenir. »

B.H. Obama

Le 27 juillet 2004, à la Convention nationale des démocrates, John Kerry invite le jeune parlementaire de Chicago, Barack Hussein Obama, à prononcer son discours : « *L'audace de l'espoir* ». Il gagne immédiatement la sympathie des milliers de supporters. L'Amérique découvre un nouveau visage politique dans la lignée du pasteur Martin Luther King ou du président John Fitzgerald Kennedy.

Barack Obama Sr (1936-1982), Kenyan et musulman, rencontre Anne Dunham (1942-1995) à l'université d'Hawaï. Elle y fait de brillantes études en anthropologie. Anne est littéralement conquise par les talents d'orateur de ce jeune étudiant noir. Ils se marient le 2 février 1961. Barack Hussein Obama II naît de cette union le 4 août 1961. Les Obama résident à Honolulu.

A la veille du discours de Martin Luther King, «*j'ai fait un rêve*», Barack Obama Sr annonce à son épouse qu'il quitte Honolulu pour rejoindre l'université d' Harvard. Ni elle ni son fils ne l'accompagnent. En 1964, le couple divorce. Barack Obama Sr, diplômé d'économétrie et d'économie, retrouve ses terres ancestrales. Il est embauché au Kenya, au Ministère des Transports. Il y fonde deux nouvelles familles avec une Américaine, Ruth Nidesand et avec une Kenyane Jael Otieno. En 1965, il écrit un manifeste contre la politique menée dans son pays. Il perd sa place et tombe dans l'alcoolisme. Il se tue à en voiture à Nairobi. Il n'a que 46 ans.

Anne Dunham se remarie avec un consultant pétrolier indonésien, Lolo Soetoro (1935-1987). Ils auront une fille prénommée Lauma. Elle déménage à Djakarta, dans la capitale indonésienne, avec son jeune fils qui ne s'y plaît pas du tout. De plus, ses relations avec son beau-père ne sont pas excellentes. Anne le renvoie chez ses grands-parents maternels, à Hawaï. Il a dix ans. Barack Obama s'épanouit dans sa nouvelle vie même s'il est parfois confronté au racisme. Son grand-père le défend avec panache: « *Vous êtes en présence de l'arrière petit- fils du Roi d'Hawaï!*»

Après des études à l'école privée de Punahou, Obama est envoyé à la prestigieuse Occidental College de Los Angeles et rejoint ensuite l'université de New York. Diplômé en sciences politiques, il s'engage dans diverses associations new-yorkaises où il excelle. En 1985, il s'installe dans l'un des quartiers pauvres du sud de Chicago pour s'occuper des plus démunis. Il est payé 200 dollars par mois. Durant cette même période, il entre à l'Eglise Unie du Christ, une branche progressiste protestante.

En 1988, il suit des études de droit à Harvard et est nommé rédacteur en chef de la revue de l'université *Harvard Law Review*. C'est la première fois qu'un étudiant noir se trouve aux commandes de ce poste prestigieux. Sa personnalité avenante plaît beaucoup et, rapidement, il fera partie de l'élite.

En première année, il signe un stage dans l'un des plus anciens cabinets d'avocats des Etats-Unis : Sidney Austin. Parmi la centaine de juristes qui y travaillent, Obama fait la connaissance de sa responsable de stage : Michelle Robinson (1964). Diplômée d'Harvard, cette jolie femme noire est dotée d'une forte personnalité. Ambitieuse, elle collabore aux campagnes municipales du maire Richard Daley. Ce dernier est l'un des membres les plus influents du parti démocrate. Son père, Richard Joseph Daley (1902-1976), était un ami des Kennedy. Il a joué un rôle clé dans son élection en 1960. Obama est littéralement fasciné par Michelle Robinson. Ils se marient en 1992 et auront deux filles : Malia (1998) et Natasha (2001).

Son diplôme en poche, Obama est professeur de droit à l'université de Chicago. Michelle, appréciée au sein du parti démocrate de Chicago, soutient l'engagement politique de son mari qui se prépare aux élections sénatoriales. A 35 ans, Obama est élu au Sénat pour la 13e circonscription de l'Illinois. En 2000, il se présente aux élections pour le poste du 1er district à la Chambre des Représentants. Il est battu par le célèbre démocrate Bobby Rush (1946), ex-fondateur des panthères noires. En juillet 2004, de nouveau en campagne sénatoriale pour l'Illinois, Obama électrise la Convention Nationale des démocrates par son discours innovateur : « *Je parle d'une chose fondamentale, l'espoir des esclaves qui chantent des hymnes à la liberté autour d'un feu. L'espoir des immigrants qui partent pour une destination lointaine. L'espoir d'un jeune marin qui patrouille dans le delta du Mékong, l'espoir d'un petit gringalet au nom étrange qui considère qu'il a lui aussi sa place aux Etats-Unis. Je parle de l'audace de l'espoir, il est le plus grand cadeau de Dieu et c'est la pierre angulaire de notre Nation. Il n'y a pas une Amérique blanche, une Amérique noire, une Amérique hispanique et une Amérique asiatique, il y a une seule Amérique.»* La presse s'empare du phénomène. Il signe un contrat d'édition pour deux millions de dollars. «*L'audace de l'espoir*» devient aussitôt un best-seller.

Obama et son équipe électorale ouvrent un QG à Chicago afin de se préparer aux prochaines primaires. Michelle Obama est sa principale collaboratrice. Parmi leurs objectifs, ils doivent rassurer l'électorat noir qui se méfie de son métissage. Il séduit Jessy Jackson célèbre compagnon de route du pasteur Martin Luther King. Il est le plus jeune candidat à la présidence depuis John Fitzgerald Kennedy et c'est un Noir: «*Les changements en Amérique ont lieu quand les gens se mobilisent...ça vient du bas vers le haut! Face à la guerre, pensez que la paix est possible!*» Pour ces primaires, il doit affronter la sénatrice de l'Etat de New York, Hillary Clinton. Les Clinton ne sont pas enchantés de voir ce jeune sénateur de l'Illinois leur voler la vedette.

Barack Hussein Obama lustre intelligemment son image. Facebook et MySpace sont ses principaux outils de propagande. Sur sa page Facebook, 3 millions d'amis le soutiennent! Obama devient *une marque*. En 1960, la presse comparait la machine électorale des Kennedy à une campagne marketing menée par un hypermarché, Obama a dépassé ce cap. Google propose des centaines de pages Obama. Deux objectifs dans ce marketing du Net: obtenir un maximum de dons et de sympathie. Le site *mybarackobama.com*, qui a couté 1 million de dollars, en amasse plus de 200 dont 90% proviennent de particuliers. Son équipe électorale utilise You Tube pour diffuser gratuitement ses allocutions et ses interviews. L'album Obama composé de plus de 50 000 photographies est consultable sur le Net. Des centaines de milliers de SMS sont adressés aux électeurs américains et aux ressortissants. Plus d'un milliard de mails sont échangés via un carnet riche de 13 millions d'adresses.

Le 3 janvier 2008, le soir du vote de l'Iowa, le sénateur du Massachussetts, Edward Moore Kennedy écoute à la télévision son discours. Il est séduit par son charisme qui lui rappelle celle de son frère aîné : « *Je sens qu'il y a du changement dans l'air.* » Obama remporte cette première étape des primaires. Sa victoire surprend le camp démocrate. La campagne entre Obama et Clinton est si dure qu'elle passionne la presse internationale : « *Y a-t-il vraiment une place pour une femme ou un Noir au bureau ovale ?* » Le 28 janvier 2008, Caroline Bouvier Kennedy Schlossberg et Edward Moore Kennedy lui donnent leur soutien officiel. « *Y aura-t-il encore de la place dans le train pour un vieux comme moi ?* » lui demande le sénateur du Massachussetts.

Lors des débats télévisés sur CNN, l'audience explose. Pendant les questions des journalistes, Hillary Clinton prend des notes. Obama se contente de croiser les mains et de rester calme malgré les attaques de son adversaire. Hillary Clinton tente de marquer le coup: « *C'est un Clinton qui a fait le ménage après un premier Bush, il en faudra un autre pour le second!* ». Obama se retourne vers elle tout en buvant son verre d'eau. Jusqu'à la fin du printemps, le résultat des primaires est incertain. Le 7 juin 2008, Hillary Clinton abandonne sa candidature et offre son soutien à Barack Hussein Obama.

Mi-juillet 2008, Obama crée un événement médiatique sans précédent pour un candidat à la présidence. Il marche sur les pas du président Bush en se rendant en Irak où 146 000 soldats américains attendent leur retour au pays. Il leur promet de s'occuper d'eux dès qu'il sera à la Maison Blanche. Bush enrage. Obama y rencontre également les autorités irakiennes. Le 24 juillet 2008, il pose ses mains sur le mur des Lamentations à Jérusalem, devant la communauté juive internationale. Chez les républicains on ironise : « *Obama adore le basket et à ce jeu on marque des points ! Là il vient d'en marquer un !* »

Le 28 août 2008, jour anniversaire de Martin Luther King, Obama est élu candidat démocrate pour l'élection présidentielle. Il choisit Joe Biden comme colistier. A Denver, il déclare : « *Je suis conscient que je ne suis pas le candidat le plus évident pour ce poste ! Je n'ai pas le profil type… et je n'ai pas passé ma carrière dans les couloirs de Washington D.C.* »

Ensemble, ils voyagent dans de nombreux pays dont l'Allemagne où Obama prononce un discours historique à Berlin – reprenant ainsi à son compte le « *Ich bin ein Berliner* » de JFK.

Le parti républicain est littéralement écrasé par l'Obama-mania. John McCain, avec l'impopularité du président Bush, sombre dans les sondages. Il sait déjà qu'il ne peut plus rien faire contre l'engouement des Américains pour cet orateur extraordinaire.

Le 4 novembre 2008, 63% des Américains votent pour élire leur président. C'est déjà un record historique. Obama est élu avec le soutien de 365 grands électeurs contre 173 pour le candidat républicain… Les larmes de Jesse Jackson, compagnon de route de Martin Luther King, émeuvent le monde entier. John McCain salue son succès avec panache. Dans son discours de victoire, Barack Hussein Obama cite Abraham Lincoln et John Fitzgerald Kennedy.

Le 10 novembre 2008, Obama rencontre George W. Bush. Ce dernier lui confie les dossiers confidentiels de la sécurité intérieure et extérieure du pays. Il recevra quotidiennement ces rapports jusqu'à son investiture. Une première dans l'histoire de la Maison Blanche. Le 21 novembre 2008, Obama délivre son plan pour sauver les deux millions et demi d'emplois menacés dans l'industrie automobile : « *Cette crise financière extraordinaire réclame des réponses extraordinaires* ». Il choisit comme secrétaire au Trésor, le plus jeune de l'histoire des Etats-Unis : Timothy Geilthner, 46 ans, ancien président de la banque centrale de New York. Obama lui confie 700 milliards de dollars.

Le 20 janvier 2009, le 44e président des Etats-Unis prête serment aux côtés de son épouse et de leurs deux filles. Il déclare : « *Aujourd'hui, je vous l'affirme, nous sommes confrontés à de vrais défis, sérieux et nombreux. Nous n'allons pas les surmonter facilement ni rapidement. Mais, sachez-le, Américains, nous les surmonterons.*

Le temps est venu de réaffirmer notre idéal de toujours, de choisir le meilleur de notre histoire, de perpétuer notre bien le plus précieux : nos nobles idées transmises de génération en génération telles que, comme Dieu l'a promis, tous les hommes naissent égaux et libres ! ». Ted Kennedy, atteint d'une tumeur au cerveau, l'écoute avec beaucoup d'émotion. Le rêve de ses deux frères s'est réalisé sous les applaudissements de deux millions d'Américains. Une personne de couleur est arrivée au bureau ovale. Obama laisse ensuite la parole à un évêque épiscopalien homosexuel et à un pasteur évangélique opposé à l'avortement.

Pour compenser son manque d'expérience, Obama fait appel à d'anciens ministres. Un grand nombre de ses électeurs sont surpris de sa décision. Parmi ses principaux ministres, Obama choisit, pour les Affaires étrangères, Hillary Clinton qui déclare : « *Nous avons, sous le leadership du président Obama, un homme qui veut tendre la main au monde... faisons-le sans illusions mais saisissions les chances qui s'ouvriront à nous.* » Le directeur de campagne Robert Gibbs, 37 ans, est nommé porte-parole de la Maison Blanche. Les deux hommes se connaissent depuis 2004. Rahm Emmanuel est nommé Secrétaire général de la Maison Blanche. A 48 ans, père de trois enfants, ancien conseiller de Bill Clinton (1993-1998), il est connu dans la capitale pour son arrogance.

Le 22 janvier 2009, Obama signe le décret pour la fermeture de Guantanamo et annonce : « *L'Amérique ne torture pas, j'assumerai cela. Pour construire un monde meilleur, nous devons nous comporter d'une manière qui reflète les aspirations des Américains* ». Il oblige ainsi les autorités militaires servant à Guantanamo à ne plus maltraiter les prisonniers et à respecter le manuel du soldat qui interdit, entre autres, les humiliations et les actes dégradants. Cependant, Greg Craig, chargé de ce dossier, lui fait savoir que la réalité des faits reste très préoccupante : aucun Etat en Amérique n'acceptera de récupérer ces détenus.

Obama s'attaque à la réforme de la santé promise durant sa campagne. La réaction de ses adversaires ne se fait pas attendre.

Le *Tea Party*, un mouvement populiste, le traite de nazi. Des personnalités soutenant la réforme reçoivent des lettres de menaces à leur domicile. Des vitrines des QG démocrates sont brisées ! Les républicains mettent en garde le peuple américain : « *Cela va aggraver notre déficit* ». Ce dossier est défendu depuis quarante ans par le sénateur Edward Moore Kennedy. Le lion du Sénat ne verra jamais l'aboutissement de son travail car il s'éteint le 25 août 2009, à l'âge de 77 ans, en admirant les côtes de Hyannis Port. Au son des cornemuses, sa dépouille mortelle est conduite à la bibliothèque JFK de Boston. Des dizaines de milliers d'Américains lui rendent un dernier hommage. Le samedi 29 août à 10 heures du matin, Obama et Joe Biden assistent à ses funérailles nationales à la basilique Notre-Dame de Boston. Le président des Etats-Unis y prononce son oraison funèbre. Ted Kennedy est enterré au cimetière militaire d'Arlington pour rejoindre ses deux frères : John et Robert. Quinze jours plus tard, Barack Hussein Obama présente son projet au Congrès, d'un ton offensif : « *Le temps des querelles est bien terminé ! On ne peut jouer plus longtemps, le temps de l'action est venu ! Nous sommes la seule démocratie au monde, la seule Nation prospère qui tolère autant de difficultés pour des millions d'Américains. Nous avons actuellement plus de trente millions de personnes qui sont dépourvues de couverture médicale.* »

Depuis le début de 2005, l'action General Motors a perdu 95% de sa valeur et plus de 80 milliards de dollars. Le grand constructeur survit grâce à une aide de 10 milliards de dollars octroyée par le gouvernement Bush. Dès le 20 janvier 2009, le nouveau président exige de la firme un nouveau plan de sauvetage. Le 28 mars 2009, Obama refuse catégoriquement leur proposition : « *Soyons clairs, notre gouvernement n'a aucun intérêt à diriger General Motors et n'a évidemment aucune intention de le faire ! Mais ce que nous voulons, c'est donner à General Motors la possibilité de pouvoir faire les changements majeurs qui s'imposent pour se sortir de la crise, plus forts et plus compétitifs.* » Après huit années de service, le 29 mars 2009, le PDG de General Motors, Rick Wagoner, remet sa démission. Son remplaçant, Frederick Henderson, 51 ans, a trente jours pour présenter un projet fiable au gouvernement: « *Octobre et novembre 2009 ont été les plus mauvais mois que nous ayons connus depuis la seconde guerre mondiale!* » Huit mois plus tard, Henderson remettra également sa démission.

Pour suivre la tradition des présidents américains depuis Herbert Hoover, les Obama doivent « *trouver leur chien* »! Cela occupe une grande partie de la presse américaine qui lance des paris: un cocker comme celui de JFK? Un labrador comme les Clinton? Un berger allemand comme celui d'Hoover? Ou un scottish comme celui des Bush ... Finalement en avril 2009, Ted Kennedy offre aux deux filles du président un chiot de six mois d'origine portugaise qui répond au nom de Bo! La presse demande au président: « *Où va-t-il dormir ce soir?* » Obama leur répond en riant: « *A la Maison Blanche, mais pas dans mon lit!* »

La porte du bureau du président est constamment ouverte. Ses secrétaires l'aperçoivent souvent avec un ballon de basket à la main, en train de réfléchir. Il lui est arrivé une fois d'aller leur chercher des hamburgers au Mc Do du coin, à la grande surprise des services secrets et du personnel du fastfood. Sa « cool attitude » est sa marque de fabrique, il n'en démord pas. Les photographes et cameramen officiels qui le suivent à la Maison Blanche reçoivent des instructions précises du département des relations presse car le 44e président des Etats-Unis ne laisse rien au hasard dans ce domaine. Ses discours parfaitement écrits sont de la plume du dévoué Adam Frankel.

En ce qui concerne la First Lady, les magazines épient sa coupe de cheveux, ses kilos perdus ou rattrapés... Dans les jardins présidentiels, elle redessine avec talent le potager d'Eleanor Roosevelt, oublié depuis 1943. Ce jardin de 100 m2 composé de légumes et de plantes aromatiques est situé près de la pelouse sud de la résidence. Elle a aussi publié un livre de recettes, « American Grown ». Cette démarche singulière symbolise le combat de Michelle Obama contre l'obésité: « *C'est une passion, faire en sorte que les enfants de ce pays mangent une nourriture saine, que les familles choisissent correctement ce qu'elles mangent, restent actives. Ce livre parle de notre expérience, mais aussi des défis concernant la santé auxquels notre pays a à faire face.»*

Le président voyage beaucoup et prononce des discours identiques à ceux de sa campagne présidentielle. Il veut séduire. Pourtant, lors du sommet du G20, certains chefs d'Etat sont assez surpris par sa froideur, son air un peu hautain qui tranche avec son image télévisée. Il tente de ressouder les liens entre l'Amérique et les pays musulmans. Le 7 avril 2009, son voyage à Istanbul fait partie de sa stratégie. Il y rencontre différents chefs religieux. En compagnie du premier ministre de la Turquie, le président visite la Mosquée du Sultan Ahmed. Trois mois plus tard, lors de la conférence du Caire, le 5 juin 2009, il débute son allocution par «*Salam alikoum*». Après les deux mandats présidentiels de Bush, c'est une surprise de taille au sein de la communauté arabe. Il poursuit sur sa lancée: «*Je suis venu chercher un nouveau commencement entre les Etats-Unis et les musulmans du monde entier, qui se fonde sur un intérêt et un respect mutuels ; qui se fonde sur le fait que l'Amérique et l'islam ne sont pas exclusifs l'un de l'autre et ne sont pas voués à se faire concurrence. Au lieu de cela, ils se chevauchent et partagent des principes communs: justice et progrès ; tolérance et dignité de tous les êtres humains… Nous avons le pouvoir de faire le monde que nous voulons, mais seulement si nous avons le courage d'un nouveau commencement, en gardant à l'esprit ce qui a été écrit. Le Coran nous dit: « Oh, humanité! Nous t'avons créée mâle et femelle, et nous t'avons dispersée en nations et tribus afin que vous puissiez vous connaître. » Le Talmud nous dit: « Toute la Torah n'a pour but que de promouvoir la paix. » La Bible nous dit: « Bénis soient les bâtisseurs de paix, car ils seront appelés fils de Dieu. » Les peuples du monde peuvent vivre ensemble en paix. Nous savons que c'est la vision de Dieu. Maintenant, cela doit être notre travail, ici sur terre. Merci. Et que la paix soit sur vous. »*

Le 20 mai 2009, le Congrès, pourtant à majorité démocrate, refuse que la prison de Guantanamo soit fermée. Les démocrates et les républicains refusent de payer les 80 millions de dollars que coûterait cette opération. Obama enrage: «*Je veux nettoyer le bazar de mon prédécesseur!*» Il répond au Congrès par une allocution télévisée:

« *La fidélité à nos valeurs est la raison pour laquelle les Etats-Unis sont passés d'un groupe de petites colonies à la dimension d'un immense empire, la nation la plus forte au monde… Nous n'allons libérer personne qui pourrait mettre en danger notre sécurité. Personne ne s'est jamais évadé de l'une de nos prisons fédérales de sécurité dans lesquelles sont déjà incarcérés des centaines de terroristes.* » Le soir même, l'ancien vice-président des Etats-Unis, Dick Cheney, revient sur scène en critiquant la naïveté d'Obama : « Rejeter la méthode des interrogatoires musclés est totalement déraisonnable ! Cela ne pourra aboutir qu'à une chose : amoindrir la sécurité de notre pays. » Il doit rebrousser chemin. Le 13 novembre 2009, Greg Craig remettra sa démission et retournera dans le secteur privé sans ajouter d'autres commentaires. Le 7 mai 2011, Obama signera un nouveau décret autorisant la détention à Guantanamo de 47 détenus jugés extrêmement dangereux pour les Etats-Unis. Et, parallèlement, il autorisera la reprise des tribunaux exceptionnels militaires pour les juger.

Le lundi 6 juillet 2009, il rencontre Dimitri Medvedev pour tenter d'apaiser les tensions entre Moscou et Washington. Mais sa déclaration maladroite fait resurgir le goût amer laissé par les Américains lors de la guerre russo-géorgienne et de la mise en place, en Pologne, du bouclier américain anti-missiles : « Je pense que Vladimir Poutine a un pied dans le passé dans la vieille manière de conduire les affaires mais il a un autre pied dans la nouvelle…mais je veux dire au peuple russe que nous ne voulons pas une relation antagoniste. » Du Kremlin, Poutine lui répond : « *Nous ne savons pas faire le grand écart. Nous sommes fermement debout sur nos deux jambes et regardons toujours vers l'avenir ! C'est une particularité de la Russie qui lui a ainsi permis d'aller de l'avant…et de se renforcer.* »

En novembre 2009 à Shanghai, le président des Etats-Unis s'adresse aux étudiants : « *Il n'y a pas une définition unique de ce qu'est un Américain…dans ma propre famille, mon père était originaire du Kenya et ma mère du Kansas ! Alors je vous dis que, quand on voit une réunion familiale chez nous, on se croirait aux Nations Unies !* »

Cette opération de séduction reste un échec. Lors de l'assemblée internationale à Copenhague, Obama se voit refuser la coopération de la Chine sur le dossier urgent du réchauffement climatique de la planète. Les relations entre les grandes puissances sont au point mort. Deux incidents diplomatiques découragent Washington : la reprise des tensions entre les Corée du Nord et du Sud et la réaction de la Chine vis-à-vis des événements liés aux îles Senkaku.

Le 10 décembre 2009, à Oslo, Obama déclare, en recevant le Prix Nobel de la Paix : « *J'aurais tort d'ignorer la controverse. Je ne suis qu'au début et non pas à la fin de mes efforts pour une paix mondiale... Nous sommes toujours en guerre et je suis responsable du déploiement sur le terrain de milliers de jeunes Américains. Certains vont tuer, d'autres vont se faire tuer et je suis venu ici avec un sens très aigu du coût humain que cela représente* ». La presse internationale se demande pourquoi une telle récompense. D'autant plus que le président des Etats-Unis avait confirmé quelques jours plus tôt son intention d'envoyer 30 000 soldats américains en renfort en Afghanistan : « *Les Taliban ont le vent en poupe. La situation est bien plus sérieuse que nous ne le pensions... ces troupes supplémentaires permettraient d'accélérer le relais que nous voulons passer aux troupes afghanes et d'envisager un retrait de nos forces en juillet 2011.* » Obama ne reste pas en Norvège et regagne aussitôt la capitale américaine. Le couple présidentiel décline l'invitation du Roi pour le dîner officiel. Le peuple norvégien est déçu par cette impolitesse.

En janvier 2010, le bureau ovale est en furie en découvrant les salaires et les bonus indécents des plus grands banquiers des Etats-Unis. Les cinquante plus grandes banques du pays sont immédiatement mises dans le collimateur d'Obama. Il propose d'instaurer une taxe exceptionnelle de 0,15% sur la totalité des actifs détenus par ces banques. Elle permettrait au gouvernement de récupérer 117 milliards de dollars : « *Ma détermination ne peut être que renforcée lorsque je découvre les profits énormes et les bonus indécents accordés dans ces sociétés qui doivent leur survie au peuple américain !* ».

Le 27 janvier 2010, le président Obama poursuit les efforts de

Bill Clinton dans la question des droits des homosexuels à être reconnus en tant que tels dans l'armée américaine. Son discours est applaudi par l'assemblée du Congrès excepté par les généraux qui restent assis sans broncher au premier rang. La fameuse loi « *Ne demande rien et ne dis rien* » vit ses dernières heures. L'Amiral Mike Mullen, chef d'Etat-major des armées américaines, est missionné par le président pour abroger cette loi au Congrès : « *Je crois que laisser les lesbiennes et les gays se déclarer librement en tant que tels dans l'armée est une chose juste !* »

En ce qui concerne le dossier Israël-Palestine, Obama suit également la politique initiée par Bill Clinton : « *Nous devons soutenir les Israéliens et les Palestiniens qui cherchent une paix solide.* » Pour tenter de trouver enfin une solution, Obama fait appel au talentueux George Mitchell qui avait remporté une victoire diplomatique historique dans le processus de paix entre l'Irlande du Nord et les Britanniques : les accords du « *Vendredi Saint* ». Mitchell, Hillary Clinton et Joe Biden travaillent de concert pour cette délicate mission. Ils obtiennent la promesse du premier ministre israélien, Benjamin Netanyahu, de geler la construction des colonisations programmées en Cisjordanie. Le temps de trouver un accord pour une paix durable et pour la création de deux Etats distincts. Le président de l'autorité palestinienne, Mahmoud Abbas, félicite Obama pour ce premier effort. En rentrant vers les Etats-Unis, les trois membres du gouvernement apprennent que les travaux d'une colonisation à Jérusalem Est viennent de démarrer. Les Palestiniens quittent aussitôt la table des négociations. Mahmoud Abbas avoue : « *C'est Obama qui avait suggéré le gel des colonisations. Je lui ai dit OK. On est tous les deux montés à cet arbre, mais après cela il est descendu avec une échelle, puis il a enlevé cette échelle et il m'a dit : saute !* »

En mars 2010, Obama remporte son pari. Son projet de loi sur la réforme de la santé est validé. Il tient un discours ironique sur la position des républicains : « *Oui, ils nous ont assuré qu'avec cette loi, c'était la fin du monde ! Eh bien, après avoir signé cette loi, j'ai regardé autour de moi, bien regardé pour voir s'il n'y avait pas des météorites qui tombaient du ciel... en fait c'était une journée magnifique!»* Sur les 47 millions d'Américains qui attendaient d'avoir une couverture santé, 23 millions l'obtiennent après l'accord final de la Cour Suprême. «L'*Affordable Care Act*» oblige désormais les Américains à souscrire à une assurance. A partir du 1er avril 2012, les compagnies d'assurances rembourseront intégralement les mammographies et les contraceptifs. Une première aux Etats-Unis...

Le 20 avril 2010 se produit une gigantesque marée noire qui touche les magnifiques côtes du Golfe du Mexique, à 80 kilomètres de la Nouvelle-Orléans. Une des plateformes de la compagnie pétrolière BP a explosé au large des Etats-Unis, laissant s'échapper des centaines de millions de litres de pétrole. C'est un désastre écologique et touristique sans précédent en Amérique. Cet accident a fait 11 morts et ravagé des centaines de kilomètres de côtes et de plages. Pendant plus de six semaines, le pétrole continue à s'épandre dans l'océan. Au vu du manque de réaction d'Obama, sans doute embarrassé par les relations du gouvernement avec la firme BP, la presse compare cette *catastrophe politique à* Katrina qui a anéanti la popularité de Bush. Le Los Angeles Time écrit dans ses colonnes: «*Jusqu'à la semaine dernière, Obama a manqué d'autorité et de crédibilité. Comme lors de Katrina, la Maison Blanche a répondu à un problème inattendu avec des hésitations et des erreurs ...à la différence de Katrina qui a inondé la Nouvelle-Orléans en vingt-quatre heures, cette marée noire s'est répandue plus lentement*». Karl Rove, l'ancien conseiller de Bush, enchaîne: « *Oui c'est le Katrina d'Obama!*»

Lors de l'anniversaire du World Trade Center, le 11 septembre 2010, les néo-conservateurs, certains New-Yorkais et républicains descendent dans les rues pour manifester leur colère contre le projet de construction d'un centre islamique communautaire à 200 m de Ground Zéro: «Pourquoi imposer cette mosquée à l'Amérique, c'est une gifle à la face de notre peuple! Les plaies du 11 septembre ne sont pas encore refermées!»

Le projet composé de 13 étages est estimé à plus de 100 millions de dollars. L'emplacement a été choisi en accord avec la municipalité de New York : une ancienne usine de la marque Burlington abandonnée depuis les attentats. L'affaire déchire l' Amérique profondément meurtrie par les attentats d'Oussama Ben Laden. De la Maison Blanche, Obama répond à ces manifestations : « *En tant que citoyen américain, en tant que président des Etats-Unis je crois que les musulmans ont les mêmes droits de pratiquer leur religion que quiconque dans ce pays. Cela inclut le droit de construire un lieu de culte dans le sud de Manhattan.* ». Le 21 septembre 2011, les New-Yorkais découvriront le fameux Pack 51, « *la mosquée de ground zéro* » qui proposera aux visiteurs des salles d'expositions, de lecture, de prière, un auditorium, un centre de fitness, une piscine et des cours de yoga.

Le 21 septembre 2010, Lawrence Summers, conseiller économique du président, jette l'éponge. Il quitte le gouvernement en suivant les traces d'Herbert Allison, le secrétaire au Trésor. Cette annonce crée un séisme dans la presse. La secrétaire personnelle du président, Katie Johnson (1981), a déjà quitté son patron le 10 juin dernier. Le 1er octobre 2010, Rahm Emmanuel part de la Maison Blanche pour se lancer dans les élections municipales de Chicago dont il sera élu maire un an plus tard. Le 5 janvier 2011, le porte-parole d'Obama, Robert Gibbs, quitte la Maison Blanche. On ne connaîtra jamais la raison de ce départ. Les journalistes de Washington évoquent une dispute entre lui et Michelle Obama. Le président est en mauvaise posture dans les sondages et doit faire face à une situation qui bloquera les actions de son gouvernement : la Chambre des Représentants retombe entre les mains des républicains. Ce raz-de-marée est historique ! Cela n'est plus arrivé cela en Amérique depuis 1938...L'objectif des républicains est clair : le mettre dehors pour les prochaines élections présidentielles : « *Nous devons empêcher la réélection d'Obama* ». 19 Etats démocrates ont basculé dans le camp adverse. Obama garde le sourire : « *Cela fait mal... je ne souhaite pas aux prochains présidents de prendre une telle gifle ! Oui je me sens mal... Certaines de ces soirées sont grisantes et d'autres sont plus difficiles. Mais ces événements suscitent en moi beaucoup de questions.*

Aurais-je dû agir autrement ? Je suis le président des Etats-Unis et donc, je dois en assumer toutes les responsabilités. Nous n'avons pas fait autant de progrès que nous l'espérions. Notre gouvernement doit faire un meilleur job ! Nous n'avons pas su gérer les choses comme nous aurions dû le faire… »

Le 4 avril 2011, Obama sollicite un second mandat présidentiel. Il doit revoir sa copie. L'homme qui représentait le rêve américain quatre ans plus tôt doit prouver aux électeurs sa réelle capacité à conduire son pays vers un meilleur avenir. Car le bilan de son premier mandat n'est pas à la hauteur des espérances : 44 millions d'Américains vivent en dessous du seuil de pauvreté, des millions d'emplois ont été perdus. La presse ironise sur le fait que son handicap au golf baisse plus vite que le taux de chômage aux Etats-Unis. Elle soupçonne également l'influence de son épouse, surnommée « *Angry Black Woman* », dans ses décisions.

Le mercredi 20 avril 2011, jour anniversaire de la marée noire, Obama affirme que son gouvernement fera tout le nécessaire pour restaurer les côtes du golfe du Mexique : « *Depuis le départ, mon administration a apporté toutes les ressources pour mettre en place la plus grande opération jamais mise sur pied dans l'histoire de notre nation pour répondre à une marée noire* », écrit le président américain. «*Au plus dur de la crise, quelque quarante-huit mille hommes et femmes ont travaillé sans relâche pour atténuer les conséquences de la fuite. Même si nous avons fait des progrès significatifs, il reste du travail* ».

Le 20 octobre 2011, Obama annonce son intention de commencer le rapatriement des soldats américains positionnés en Irak. La majorité d'entre eux serait au pays pour les fêtes de Noël. Les républicains dénoncent cette décision en prétendant que l'armée irakienne est incapable de défendre, seule, ses frontières.

La CIA apporte un dossier ultra confidentiel au président. Oussama Ben Laden et quelques membres de sa famille se cachent au Pakistan en plein cœur d'un petit village, Abbottābād. Ce lieu est situé à 45 km de la capitale pakistanaise. Ben Laden occuperait le troisième étage de cette ferme ceinturée de palissades. Il ne quitte jamais les lieux. Obama, Hillary Clinton, Joe Biden, Robert Gates, le secrétaire de la Défense examinent une maquette des lieux. Obama décide d'envoyer un commando pour capturer ou éliminer Ben Laden. Il demande que le commando soit débarqué sans prévenir les autorités pakistanaises dont il se méfie beaucoup. Plusieurs membres de son cabinet dont Joe Biden hésitent encore. Obama ne revient pas sur sa décision, le directeur de la CIA est à ses côtés : « *C'est une opportunité qui ne se représentera peut-être pas.* » L'opération Geronimo est dirigée par John Brennan de la CIA. Obama ne veut pas que l'information soit donnée aux autres membres de son gouvernement y compris à sa propre famille. Le 11 mars 2011, il refuse la proposition d'une frappe aérienne : elle empêcherait d'identifier le cadavre de l'homme le plus recherché au monde. Le 29 avril 2011, un commando est envoyé pour éliminer le leader d'Al-Qaïda. Le soir même de cette intervention, la Maison Blanche reçoit le gala annuel des journalistes de la Maison Blanche. Obama doit y tenir un discours amusant comme le veut la tradition. Obama quitte la cellule de crise et rejoint, en smoking, ses invités. Au cours de son allocution très attendue, il prend pour cible le milliardaire Donald Trump qui, depuis des semaines, conteste sa nationalité américaine et exige la diffusion de l'acte de naissance intégral du 44e président des Etats-Unis. Obama, souriant, fait un joli numéro pour faire rire les 2000 journalistes présents : « *C'est merveilleux d'être ici. Quelle semaine ! Hawaï a publié mon acte de naissance... Donald Trump est ici ce soir ! Il y a pourtant des questions plus importantes : a-t-on, par exemple, mis le pied sur la lune... mais je vais vous montrer la vidéo de ma naissance.* » Il fait diffuser un court extrait du Roi Lion de Walt Disney. Trump est en furie et les invités rient aux éclats à ses dépens. Vers une heure du matin, Obama entre dans la « situation room ». Il donne le feu vert aux 23 Seals ultra entraînés. Le raid dure 40 minutes, les gardes de Ben Laden sont tués. A six heures du matin, le commando confirme au président la mort de Geronimo, nom de code de Ben Laden, tué d'une balle dans la tête. Un de ses fils, âgé de 24 ans, a été éliminé également. Le dimanche soir, au cours d'une conférence en direct de la Maison Blanche, Obama déclare : « *Bonsoir, ce soir je peux annoncer au peuple américain et au monde entier que les Etats-Unis ont mené une opération qui a tué Oussama Ben Laden, le dirigeant d'Al-Qaïda, le terroriste responsable de l'assassinat de milliers d'hommes, femmes et enfants innocents. Ce soir, nous pouvons dire aux familles qui ont perdu des proches assassinés par Al-Qaïda : justice est faite.* »

Obama a regagné la confiance des Américains. Ils descendent par dizaines de milliers dans les rues pour célébrer l'événement. Le dimanche 2 mai, le corps de Ben Laden est jeté du haut du porte-Avions USS Carl Vinson dans la mer d'Arabie, à deux heures du matin soit 9h30 après son exécution. Le 4 mai 2011, Obama annonce qu'aucune photographie de Ben Laden mort ne sera pas diffusée. Il annonce que 10 000 soldats américains quitteront, avant fin 2012, les terres de l'Afghanistan et que 33 000 les rejoindront en 2013. De son côté, la First Lady, 48 ans, tente d'améliorer son image auprès des femmes ménagères. Elle veut faire oublier son énième surnom dans la presse : « *la maman en chef* ». Elle se consacre davantage à ses deux filles, à Bo leur chien et se lance dans la rédaction d'un livre rendant hommage aux divers potagers, dont le sien, qui ont existé à la Maison Blanche. « *L'histoire du potager de la Maison Blanche et d'autres jardins américains* » est un best-seller. Elle fait le tour des plateaux de télévision et en profite pour clamer le bon travail de son époux.

Les républicains ont choisi le milliardaire Mitt Romney pour contrecarrer les plans de la Maison Blanche. Il est entré en politique en 1994 en se présentant à l'élection sénatoriale du Massachussetts, le territoire protégé des Kennedy. Dieu fait partie de la carrière de cet homme de 65 ans né à Détroit dans le Michigan. Il est marié et père de cinq fils : Tagg, Matt, Craig, Josh et Ben. Romney a occupé des postes au sein de l'église mormone. Chaque année, Romney lui reverse 2 millions de dollars soit 10% de son salaire annuel : « Je crois en mon église et je fais mon possible pour me tenir à ses enseignements. » Sa fortune est estimée à plus de deux cents millions de dollars. Il ne fume pas, ne boit pas d'alcool ni de café et de thé pour suivre les lois mormones. Les classes ouvrières de l'Amérique se reconnaîtront-elles en lui ?

Dans les premiers sondages, Romney a du mal à séduire les Afro-Américains et les Latinos. Il attaque férocement Obama en l'accusant d'être naïf, arrogant et inexpérimenté. Il se moque du sobriquet qui suit Obama comme son ombre : « *no-drama-Obama* ». Oui, le président énerve ses adversaires par son calme légendaire. Romney en rajoute : « *Il passe son temps à s'excuser, l'Amérique ne s'excuse pas !* ». Quand on lui parle de sa fortune, il rétorque que celle d'Obama est estimée à 1, 6 millions de dollars. Mitt Romney gagne les primaires sans surprise : « *Nous avons écrit une page dans l'histoire.* »

Lors de la Convention Nationale des démocrates, Michele Obama fait le spectacle, entourée de ses deux filles : « *En l'honneur de la mémoire de mon père, de l'avenir de mes filles et de tous ceux dont les sacrifices quotidiens nous ont permis d'être ici, travaillons ensemble à l'accomplissement de notre rêve. Unissons-nous pour faire élire Barack Obama. Que Dieu bénisse l'Amérique.* » Après son allocution parfaitement maîtrisée, Obama apparaît sur un immense écran, dans sa suite de Kansas City. Il félicite son épouse : « Vous comprenez pourquoi j'ai insisté qu'elle soit avec moi alors qu'elle refusait

! Il vaut mieux avoir un président persévérant non ? »

Les Américains découvrent, à travers les médias et les allocutions, la personnalité d'Ann Romney. A 63 ans, la candidate au poste de First Lady a vécu une enfance dorée à Bloomfield dans la riche banlieue de Détroit. Lorsqu'elle rencontre Mitt Romney à l'âge de 15 ans, elle décide d'entrer dans la religion mormone. Elle fait de brillantes études à l'Université mormone Brigham Young dans l'Etat de Utah. Elle y obtient un diplôme de français. Mère au foyer, elle élève leurs cinq enfants et s'occupe de leurs dix-huit petits enfants dans la plus pure tradition mormone. En 1998, au cours d'un simple examen, on lui détecte une sclérose en plaques. Ann Romney se passionne pour la carrière de son époux et pour l'équitation ! En 2008, les médecins lui annoncent qu'elle est atteinte d'un cancer du sein. Elle en guérit.

Barack Obama remporte aisément son deuxième mandat avec 306 grands électeurs contre 206 pour le républicain. Vers deux heures du matin, il envoie sur twitter un message : « *4 ans de plus.* » Il arrive, entouré de sa famille, pour remercier ses électeurs : « *Je n'ai peut-être pas mérité votre vote, mais je vous ai écouté. J'ai appris de vous et je me suis amélioré grâce à vous en tant que président. Je reviens à la Maison Blanche plus déterminé et plus inspiré que jamais pour bâtir cet avenir… je ne suis pas d'un optimisme béat !* ».

⁂

Du même auteur:

• *Aux trousses de Cary Grant*, préfacé par Jean Pierre Lavoignat du Film Français et Jean Pierre Lavoignat de Studio Magazine / asa Editions.

• *L'Affaire Steve McQueen* / asa Editions.

• *Génération Kennedy*, préfacé par le Prince Albert II de Monaco et par Pierre Salinger ancien porte parole du président Kennedy / asa Editions.

• *John et Robert Kennedy, l'autre destin de l'Amérique*, préfacé par Felix Rohatyn ambassadeur des Etats-unis d'Amérique, par Arthur Schlesinger Jr. ancien conseiller du président Kennedy et Prix Pulitzer, par Pierre Salinger ancien porte parole du président Kennedy.

• *30 ans 30 photos*, Trophée Lancôme, préfacé par André-Jean Lafaurie / Asa Edition.

• *Histoire des légendes du golf*, préfacé par Sébastian Dohmen Edition Limitée Millennium Golf Club.

• *100 hommes de légendes*, préfacé par Laurent Jalou du groupe Jalou Editions Equinoxe.

• *Jackie, les années Kennedy* / Editions Belfond.

• *Kennedy le rêve de l'Amérique*, préfacé par Frederic Vreeland ambassadeur des Etats-Unis d'Amérique, membre de la CIA , Sécurité National des Etats-Unis / Editions Luc Pire.

• *Robert Kennedy, l' élan brisé* / Editions Timée.

• *John F Kennedy, le rêve inachevé* / Editions Timée.

• *John F. Kennedy le mythe américain* / Editions Timée.

• *Les Kennedy au coeur de l'Amérique* / Editions Timée.

• *Jackie et l'Amérique des Kennedy* / Timée Editions.

• *La saga des présidents US* / les mythiques éditions Jourdan.

• *Les Kennedy* / les mythiques éditions Jourdan.

• *Lawrence d'Arabie*, la légende du désert / les mythiques éditions Jourdan.

• *Le Royal Antwerp Golf Club 125e Anniversaire* / Editions Jourdan

• *Génération Kennedy*, préfacé par Albert de Monaco et Pierre Salinger / Asa Editions.

Dans la même collection :

LES MYTHIQUES

- *La Saga des Présidents US.*
- *Les Légendes du Golf*
- *Les Kennedy*
- *Lawrence d'Arabie*

...

Réalisé en Belgique
Imprimé en CE
DÉPOT LÉGAL : 2013